제임스 마틴 신부,
나를 찾아 떠나다!

제임스 마틴 신부, 나를 찾아 떠나다!

2003년 10월 7일 교회 인가
2004년 9월 30일 초판 1쇄 펴냄
2012년 7월 20일 개정 초판 1쇄 펴냄
2019년 10월 1일 개정 초판 4쇄 펴냄

지은이 · 제임스 마틴
옮긴이 · 성찬성
펴낸이 · 염수정
펴낸곳 · 가톨릭출판사
편집 겸 인쇄인 · 김대영
편집 · 송향숙, 이현주
내지 디자인 · 이현주, 김지혜/ 표지 디자인 · 김지혜

본사 · 서울특별시 중구 중림로 27
지사 · 경기도 고양시 일산동구 노첨길 65
등록 · 1958. 1. 16. 제2-314호
전자우편 · edit@catholicbook.kr
전화 · 1544-1886(대) / (02)6365-1888(물류지원국)
지로번호 · 3000997

ISBN 978-89-321-1273-2 03230

값 13,800원

가톨릭출판사 인터넷쇼핑몰 http://www.catholicbook.kr
직영 매장: 명동대성당 (02)776-3601, (070)8865-1886/ FAX (02)776-3602
　　　　　가톨릭회관 (02)777-2521, (070)8810-1886/ FAX (02)6499-1906
　　　　　서초동성당 (02)313-1886/ FAX (02)585-5883
　　　　　서울성모병원 (02)534-1886/ FAX (02)392-9252
　　　　　절두산순교성지 (02)3141-1886/ FAX (02)335-0213
　　　　　은평성모병원 (02)363-9119
　　　　　부천성모병원 (032)343-1886
　　　　　미주지사 (323)734-3383/ FAX (323)734-3380

가톨릭의 모든 도서와 성물을 '가톨릭출판사 인터넷쇼핑몰'에서 만나 보실 수 있습니다.

성경 ⓒ 한국천주교중앙협의회, 2005

이 도서의 국립중앙도서관 출판예정도서목록(CIP)은 서지정보유통지원시스템 홈페이지(http://seoji.nl.go.kr)와 국가자료종합목록 구축시스템(http://kolis-net.nl.go.kr)에서 이용하실 수 있습니다(CIP제어번호: CIP2012003094).

제임스 마틴 신부,

나를 찾아 떠나다!

제임스 마틴 지음 · 성찬성 옮김

가톨릭출판사

In Good Company
James Martin, S. J.

Copyright ⓒ 2000 by The Society of Jesus of New England
First published in the United States
by Sheed & Ward, an imprint of The Rowman & Littlefield Publishing Group
Lanham, Maryland U.S.A.
Reprinted by permission. All rights reserved.

Korean Copyright ⓒ 2004 by Catholic Publishing House, Seoul, Korea

이 책의 한국어판 저작권은
Sheed & Ward, an imprint of The Rowman & Littlefield Publishing Group과의
독점 계약으로 '가톨릭출판사'가 소유합니다.
저작권법에 의하여 한국 내에서 보호를 받는 저작물이므로 무단전재와 무단복제를 금합니다.

차례

머리말 7

제1부 쉴 수 없는 사람들 9
　도덕 없는 법은 쓸모없다 11
　큰 가지에 달린 꽃잎들 56
　보이지 않는 낚싯바늘 91

제2부 와서 보아라 133
　부러진 갈대 135
　요나의 표징 183
　보통 수준의 생활 방식 204

제3부 늦게야 임을 사랑했습니다 239
　타고난 수도자 241
　단순한 임무들 276
　삶을 온전히 이해하기 317

머리말

이 책은 한 젊은이, 적어도 지금의 나보다는 더 팔팔한 젊은이의 이야기를 담고 있다. 나는 8년 전에 케냐에서 병든 몸을 추스르는 동안 내가 수도 생활을 시작하게 된 사연을 간략하게 글로 써 두었다. 수련 과정의 일환으로 나이로비에서 활동하는 예수회 난민 봉사단에 합류하기 위해 케냐에 도착해서 몇 달이 지난 다음이었다. 일은 너무나도 많고 잠은 매우 부족하여 극도로 피로가 누적되다가 단핵 백혈구가 비정상적으로 많아지는 전염 단핵구증에 걸리고 말았다. 케냐인 의사 말로는 새내기 선교사가 곧잘 걸리는 병인데 두 달 동안 침대에 누워 있는 것 외에는 달리 방법이 없다고 했다. 두 주일이 채 못 되어 예수회 공동체의 도서관(작은 도서실이었다)에 있는 책들을 거의 읽어 버리고 나니, 시간이 엄청나게 남아돌았다. 그러니까 이 책은 내가 대기업을 그만두고 나와 예수회에 입회한 지 몇 년이 채 되지 않던 시절에 쓴 것으로, 말하자면 한가했던 시간의 산물인 셈이다.

내가 원고를 마무리한 후로 (다시 일로 돌아가면서) 원고는 낡은 컴퓨터 디스켓 속에 여러 해 동안 처박혀 있었다. 그러다가 최근 들어 '쉬드 앤드 워드Sheed & Ward사'에서 글을 책으로 낼 생각이 없느냐고 물어 왔고, 그래서 나는 이 원고를 다시 꺼내 보게 되었다. 그리고 읽어 보면서 상당한 충격을 받았다. 마치 오래전에 녹음해 둔 테이프를 다시 듣는 것과 같은 체험이었다. 이것은 물론 나에 관한 이야기지만, 아주 다른 사람의 이야기이기도 했다.

나는 얼마 동안 곰곰이 생각해 보고 나서 원고를 가능한 한 가볍게 편집하되, 지금의 나보다 어린 한 젊은이가 동아프리카에서 그 지루하고 한가로웠던 몇 달 동안 바라본 그대로를 진술할 수 있도록 하는 것이 좋겠다고 마음먹었다. 성소가 주는 최초의 감흥들을 여전히 생생하게 기억하고 있고, 대피정 때의 뜨거운 열기가 여전히 몸에 남아 있고, 수도 생활에 관한 확고한 소신들로 충일되어 있던, 말하자면 아직은 새내기 예수회원의 냄새가 물씬 풍기는 젊은이의 이야기 그대로를.

제1부
쉴 수 없는 사람들

당신한테로 향하게 우리를 만드셨으므로
우리 마음이 당신 안에 쉬기까지 안식이 없나이다.

성 아우구스티노, 《고백록》

도덕 없는 법은 쓸모없다

> 도덕 없는 법은 쓸모없다.
> Leges Sine Moribus Vanae
>
> – 펜실베이니아 대학교 교훈

자메이카의 수도 킹스턴에는 '평화의 여왕이신 성모'라 불리는 호스피스가 있다. 콘크리트로 지어진 건물에 밝은 청색과 흰색으로 페인트칠을 한 이 이층집은 창립자인 콜카타의 마더 데레사 수녀님 덕분에 너무나도 잘 알려진 여자 수도회, '사랑의 선교회'의 보금자리다. 이 호스피스로 가려면 비교적 널따란 킹스턴 빈민가 가운데 한 곳을 걸어서 지나가야 하는데, 그곳에는 옴이 오른 염소들과 사나운 수탉들, 말라 빠진 병아리들이 널려 있는 것은 물론, 때로는 길거리 여기저기에 작은 산처럼 쌓인 쓰레기 더미들을 돼지가 헤집고 다니기도 한다. 아침이면 빛바랜 흰색 셔츠를 교복으로 입어 갈색 얼굴이 유난히 돋보이는 자메이카 어린이들이 열기로 뜨거운 길거리를 달려 학교로 가곤 한다. 그곳 사람들을 손아귀에 쥐고 사는 폭력배들도 호스피스에 있는 수녀들은 건드리지 않는다.

이 수녀들은 킹스턴에 사는 병자들과 임종자들을 보살핀다. 그들은 아침마다 그들 특유의 수도복인 푸른 줄이 섞인 하얀 사리를 입고 보살핌이 필요한 사람들을 찾아 나선다. 그리고 여러 차례 걸쳐 병자들을 호스피스로 데려와서 씻기고 입히고 먹이고 지낼 곳을 제공하는데, 이들은 대부분 여기에서 죽음을 맞이하는 경우가 많다. 남자들은 한쪽 건물에서 잠을 자고, 여자들은 다른 쪽 건물에서 잔다. 이곳은 자메이카의 햇살을 담뿍 받는 널찍한 안뜰이 있는 밝고 쾌적한 장소다. 한낮의 비가 걷히고 나면 거주자들은 안뜰로 나와 앉고, 수녀들이 더러워진 홑청을 빠는 동안, 초록빛 도마뱀들이 나른하게 일광욕을 즐긴다.

내가 이곳 호스피스에서 일하고 있던 어느 날 아침 미국에서 친구가 찾아왔다. 그 시각에 나는 혼자서는 목욕을 할 수 없는 중병의 노인 열댓 명을 씻기고 옷을 갈아입히는 일로 한창 바쁘던 참이었다. 나는 점심 식사 이전까지 남자들을 가능한 한 많이 씻겨 내는 일을 맡고 있었다. 때로는 면도를 해 주고 손톱과 발톱을 깎아 주기도 하는데, 이 일이야말로 내가 가장 싫어하는 일이었다.

나는 깨진 도자기 변기들이 한쪽 벽을 따라 늘어서 있고 반대편에는 샤워기들이 줄지어 있는 커다란 공동 목욕실에서 일하고 있었다. 서 있을 수 없는 사람들은 플라스틱 변기를 부착시켜 만든 철제 의자에 앉히고 양동이에 물을 받아 스펀지로 그들의 몸을 씻겼다. 나는 샤워기에서 쏟아지는 물과 변기에서 넘쳐 나온 오물들로 질퍽한 바닥에 무릎을 꿇고 일을 했다. 수녀들은 목욕실을 세탁장으로도 사용하면서 이곳에 있는 커다란 시멘트 욕조에서 자기네 사리들과 호스피스에서 쓰는 침대 홑청들을 냄새가 코를 찌르는 강력한 표백제로 빨아 냈다. 덕분에 목욕실에는 배설물과 오물 냄새, 표백제와 비누 냄새가 뒤엉켜 있었다. 그래서 나는 숨도 제대로 쉴 수 없었다.

그런 와중에 한 노인이 신발을 신은 채로 샤워를 하겠다고 고집을 부려, 나는 흠뻑 젖어 버린 신발 위로, 바닥에 주저앉은 탓에 이미 젖어 있는 바지를 벗겨 내느라 안간힘을 쓰고 있었다.

욕실 안은 축축하고 무더웠고, 나는 땀을 줄줄 흘리고 있었다. 물에 젖은 타일 바닥에 그림자 하나가 어른거렸다. 고개를 들어 보니 친구가 욕실 문을 열고 나를 지켜보는 모습이 안뜰에서 흘러드는 밝은 빛을 등에 진 채 윤곽을 드러내고 있었다. 그는 몇 초 동안 그렇게 지켜보고 있다가 말했다. "이보게, 와튼 스쿨 친구들이 지금 자네 모습을 보았다면 무슨 생각을 했을까?"

대기업 재무 부서에서 6년간 근무 경력을 가지고서 킹스턴 빈민가에서 일하는 내 자신이 그때까지도 여전히 믿기지 않던 참이었다. 어쩌면 그보다 더 놀라운 것은 내가 가톨릭 수도회인 예수회의 수련자로서 호스피스에서 일한다는 사실이었다. 나는 사제가 되기 위한 10년의 준비 기간 중 일부분을 가난한 이들 가운데서 장시간 일하며 보내고 있었다. 그리고 이를 위해 나는 높은 보수를 주는 직장, 출세, 주택, 가정, (한두 대의) 자가용이 보장되던 바로 그 시점에, 그 모든 것들을 포기해야 했다.

내가 태어난 가정은 신앙심이 대단한 가정, 적어도 한 아들이 사제가 되겠다고 결심하면 '축복받았다'고 생각하는 그런 가정은 아니었다. 부모님은 모두 가톨릭 신자셨으며 아버지는 가톨릭계 학교까지 다니셨고 결혼식도 성당에서 하셨다. 나와 여동생 캐롤린은 세례를 받고 견진도 받았다. 내가 어렸을 때, 우리는 금요일마다 그리고 사순 시기 내내 생선을 먹었으며, 성탄 시기야 부활 시기에 미사를 빼먹는다는 것은 꿈도 꿀 수 없었다. 하지만 부모님의 하느님에 대한 사랑은 신심 깊은 가톨릭 신자들이 좋아하는 종교적 관행들 즉, 식사 전후 기도나 매일 미사, 가정 기도, 묵주 기도 등을 통해 드러난 것이 아니었다. 그보다 그분들은 훌륭한 그리스도인 부모가 되려는 의욕을, 자녀들이 아프면 정성껏 간호하여 건강을 되찾게 해 주고, 미식 축구공을 던지는 방법이나 자전거 타는 법을 가르치고, 자녀들의 숙제를 도와주고, 이런저런 유년 단원 모임에 차로 데려다주고, 학교 연극제를 성원해 주는 등 다른 방식으로 표출하셨다. 바꾸어 말해서 그분들은 그 의욕을 나와 여동생을 사랑하고 격려하는 일로 나타내 보이신 것이다.

하지만 그분들은 성당에 가끔씩만 나가면서도 나에게는 빠짐없이 미사에 참석하고 주일 학교에 나가도록 강요하셨다. 그러니까 신앙심은 어린 시절의 의무 사항이었다. 숙제를 한다거나 침대를 정리한다거나 쓰레기를 치우는 일처럼.

대부분의 가톨릭 신자 어린이들이 그러했듯이, 나는 첫영성체를 하고 견진을 받기 전에 몇 해 동안 주일 학교에서 실시하는 수업을 받아야 했다. 그 수업에는 주일 아침마다 수녀님들이 지역 본당 학교에서 가르치는 교리 수업도 포함되었다. 나는 아침 등굣길에 가톨릭계 학교의 학생들을 지나쳐 가곤 했다. 여자아이들은 초록과 파랑이 섞인 짧은 주름치마를 입었고 남자아이들은 금단추에다 하얀 깃 장식이 달린 진한 감색 블레이저코트를 입었다. 그럼에도 나나 내 친구들 어느 누구도 교구 학교에 다니는 아이들을 알지 못했다. 그들은 고상한 별개의 특권 계급으로 보였다. 그래선지 일요일마다 미사가 끝난 다음에 그들의 책상에 앉을 때면 막연하나마 두려운 느낌이 들곤 했다.

'주님 공현 학교'는 내가 다니는 공립 학교와는 완전히 달랐다. 리지 파크 초등학교의 미니스커트를 입은 젊은 선생님들은 허리에 기다란 묵주알들이 치렁거리는 길고 까만 수도복을 입은 근엄한 수녀님들과는 하나도 닮은 구석이 없었다. 타일을 붙인 이상한 냄새가 나는 복도에 서 있는 여러 색깔의 석고상들도 낯설었다. 키가 2미터쯤 되는 성모님상은 당신 품 안에 들어온 학생들을 빤히 내려다보고 있었고, 연청색 드레스 밑으로 드러난 불그레한 발은 사과로 재갈이 물린 뱀을 짓밟고 있었다. 책상들을 왜 나사로 함께 죄어 놓은 걸까? 나는 궁금했다. 왜 책상들 위에 동그란 구멍들이 뚫려 있는 걸까? 나는 그 구멍으로 주먹을 집어넣고 책상들을 헤집을 수 있었다(그리고 자주 그렇게 하곤 했다). 수녀님들이 지켜보지 않을 때면 (이런 때는 드물었다) 나는 돌쩌귀가 달린 책상 뚜껑을 열고 안에 깔끔하게 정리되어 있는 책 무더기와 필기도구들을 살펴보기도 했다. 몇 해 후에 누군가 내게 자신이 다니던 가톨릭계 학교의 수녀님들이 학생들에게 금요일 오후에는 으레 책상을 정리하여 '공립 학교 아이들'에게 단정치 못하다는 인상을 주지 않도록 하라고 했다고 일러 주었다.

나는 첫영성체와 견진성사에 필요한 자격을 갖출 만큼 오랫동안 주일 학교에 나갔다. 견진성사는 당시에 필라델피아 대주교였던 존 크롤 추기경님께서 예식을 집전하셨다. 그분은 아주 멋진 모습으로 우리 성당을 방문하셨는데, 그래서 나는 하느님은 높다란 주교관을 쓰고 커다란 금지팡이를 짚고 사제들 대여섯 명이 떠받치는 3미터가량 되는 분홍빛 옷단을 끌고 다니실 것이라 생각했다. 내가 견진성사를 받고 싶었던 이유는 내 성과 이름 사이에 토마스라는 견진명을 새로 추가할 수 있었기 때문이다. 그때 내 나이는 아홉 살이었다.

그보다 한 해 앞서 첫영성체를 할 때 남자아이들은 새로 마련한 갈색이나 검정색 양복을 위아래로 입고, 탄력 있는 밴드를 잡아 늘여 셔츠 옷깃에다 두르도록 되어 있는 멋진 하얀색 넥타이를 맸다. 여자아이들은 하얀 드레스를 입고 거기에 어울리는 미사포를 썼다. 부모님은 나를 백화점 안에 있는 사진관에 데려가 갈색 양복을 입은 나를 사진으로 찍어 주셨다. 나는 하얀 탁자 위에 무릎을 꿇고 합장한 두 손 사이에 까만 묵주를 끼워 들고 있었다. 이 중요한 날에 앞서 몇 주일에 걸쳐 상본을 비롯한 선물들을 받았다. 성경과 묵주는 물론이고 기묘하게 생긴 카드에서 10달러짜리 지폐가 마치 가지에서 나뭇잎이 떨어지듯 떨어질 때도 있었다. 영성체 때는 새 이름을 얻지 않았지만 성체를 받아 모실 수 있었는데 맛이 꼭 마분지 같았다. 수녀님들은 우리에게 그리스도의 몸을 씹는 것은 무례한 행동이라고 말씀하셨다. 혀로 받아서 바로 입천장에다 붙여 녹이도록 하라는 것이었다.

하지만 견진성사를 받고 얼마 지나지 않아 나는 주일 학교에 대한 흥미를 잃어 가기 시작했다. 매주 받는 수업들이 그 한 달 새에 점점 더 따분하게 느껴졌다. 꼬박 한 해 동안 구약 성경을 배웠지만, 어느 예언자가 어느 예언자인지 기억할 수 없었다. 그래서 그만두어야겠다고 마음먹었다. 수업이 지루했다. 수녀님들은 무서운 데다가 같은 반에 있는 아이들을 많이 몰랐고 일요일 아침마다 다른 장소도 아닌 학교에서 한 시간을 더 보내야 한다는 것이 싫었다. 게다가 내가 왜 이사야 예언자와 관련된 일들을 알아야 한다는 말인가? 내가 계산해 볼 때 내게 필요한 것들은 이미 받은 상태였다. 첫영성체도 하고 견진성사도 받았다. 그래서 나는 부모님께 이제는 나가지 않게 해 달라고 간청했다. 그렇게 오래도록

(소리 질러 가며) 애걸복걸하고 나서야 그분들은 허락을 해 주셨다.

결국 나의 종교 교육은 불과 몇 년만에 끝이 났고, 아울러 종교 지식도 열 살 때까지 배웠던 선에서 동결되어 버렸다. 내가 아는 많은 친구들이 그렇듯이, 나는 어린아이 수준의 종교관과 신앙관을 지닌 채 성장했다. 열 살의 나이에 대죄와 성사를 명확하게 아는 것이 유익하기는 하지만, 그것을 어른이 되어서도 평생 간직하려면 많은 교육을 더 받아야 하는 법이다.

본당 신자들의 가정이 종교적이고 도덕적으로 성장하도록 돕기 위해 신부님 한 분이 1년에 한 차례 각 가정을 방문하시곤 했는데 이 행사를 '가정 방문'이라고 불렀다. 내가 아직 초등학생이었을 때 주님 공현 학교에 계시는 신부님 한 분이 저녁 식사가 끝난 시간에 우리 집을 찾아오셨다. 우리는 에이 앤드 피 제과 회사에서 만든 케이크와 우유를 대접했다. 어느 해에는 수품된 지 얼마 안 되는 쉬한 신부님이 오셨는데, 그분은 가죽 점퍼를 입고 짧은 구레나룻을 기르고 오토바이를 탔기 때문에 적어도 우리 집에서는 '히피 신부'로 통했다. 오른뺨에 나 있는 상처 자국은 술집에서 격투가 벌어져 생긴 것이라는 말도 들렸다.

쉬한 신부님은 우리 가정이 얼마나 열심한 가톨릭 신자 가정인지 확인하기 위해 준비한 질문들을 우리 부모님께 하셨다. "미사는 참석하십니까? 아이들이 주일 학교에 나갑니까? 고해성사는 얼마나 자주 보십니까? 정기적으로 성체를 받아 모십니까? 교회에 내는 헌금은 얼마나 됩니까?" 부모님은 학교와 이웃에 대해 신부님과 즐겁게 대화를 나누고 마지막으로 본당에서 우리 집으로 매달 보내오는 색 봉투에다 그해 교무금을 넣어 그분에게 건네드렸다. 나와 여동생도 작은 봉투를 받고 있었는데, 우리는 매주 미사 때 거기에 봉헌금을 담아 예물 봉헌 시간에 바구니에 담았다. 그 봉투 앞면에는 '나의 예물'이라고 쓰여 있고 상단의 접는 부분에는 "당신이 하느님의 이름으로 예물을 바칠 때마다 하느님은 당신을 축복하실 것입니다."라고 적혀 있었다.

신부님은 가정 방문을 마치면서 성부와 성자와 성령의 이름으로 우리를 축복해 주셨고, 그동안 우리는 현관 옆 거실 양탄자에 무릎을 꿇고 있었다.

수녀님들은 십자 성호를 제대로 그을 때 사제의 축복이 더 큰 효험을 발휘한다고 가르쳐 주셨다. 그분들의 설명에 따르면 기도할 때 올바른 지향을 갖는 것도 중요했다. 나는 다른 무엇보다도 내가 시험 공부를 하지 않았을 때 하느님이 막강한 후원자가 되어 주신다고 믿고 있었던 만큼, 이런 점들을 안다는 것은 좋은 일이었다. 부모님은 나와 여동생에게 교육은 매우 중요하다고 말씀하셨고, 그래서 나는 학교에서 잘 해내고 싶은 욕구가 대단했다. 덕분에 내가 어린 시절에 한 기도는 하느님께 나의 문제들을 무엇이든 모조리 해결해 달라고 부탁드리는 쪽으로 잔뜩 쏠려 있었다. '이번 시험에서 A를 맞게 해 주세요, 인기를 얻게 해 주세요, 운동을 더 잘할 수 있게 해 주세요.' 등등. 내가 기도드린 내 하느님은 위대한 해결사셨다.

어린 시절에 나는 밤마다 예수님의 시신을 안고 슬픔에 잠긴 피에타 성모님상 앞에서 기도를 드렸다. 플라스틱으로 만들어진 이 화판은 할아버지와 할머니가 1964년 뉴욕에서 열린 세계 박람회장에서 사 오신 것이었다. 그렇기에 내 옷장으로 넘어올 때쯤에는 성모님과 예수님의 모습은 지워지고 없었다. 남은 것이라고는 진한 감색 바탕에 하얀 형광 얼룩뿐이었다. 얼마 뒤에 나는 어머니가 거실 책장에 보관하던 두툼한 화집에서 진짜 피에타상의 모습을 발견했다. 그리고 이 미켈란젤로의 피에타와 내 기도를 도와주는 모조 화판을 연결하느라 엄청난 상상력을 발휘해야 했다.

나는 유다 성인께도 정기적으로 기도를 드렸다. 그분이 불가능한 일들을 보살펴 주는 수호성인이라는 바로 그 점이 그분을 더없이 실용적인 성인으로 만들어 놓았다. ('타대오'라고도 불리는 유다 성인은 절망에 빠진 이들의 수호성인으로 18세기 말부터 가톨릭 신자들 사이에서 어려움을 당했을 때 도움을 청하는 대상이 되어 왔다.-역주) 나는 먼저 하느님께 기도를 드렸는데, 만일 하느님께서 내 기도에 응답해 주시지 않으면 그것은 틀림없이 불가능한 일이었다. 바로 그럴 때 나는 유다 성인께 기도를 바쳤다.

나는 우편물 받기를 좋아했기 때문에, 어떤 잡지에 난 광고를 잘라 내서 전국적으로 유명한, 메릴랜드에 있는 유다 성인의 성지로 보냈다. 동봉한 3달러로 그들은 플라스틱으로 된 25센티미터짜리 밝은 다갈색의 유다 성인상과 길고 어려운 기도문들을 실은 기도서 한 권을 보내 주었다. 기도문 중 일부는 라틴어로 된 것까지 있었다. 내 생각에 기도는 길수록 좋고 모든 기도 중에 가장 효험이 큰 것은 라틴어 기도일 것 같았다. 그래서 가장 중요한 시험이 있을 때만 라틴어 기도문을 활용했다. 유다 성인은 몇 년 동안 내 옷장 위에 참을성 있게 서 계셨는데, 나는 마침내 그분이 나에게 불가능한 일들을 해결해 주는 데 미지근한 역할밖에 해 주지 않는다고 판단하고 옷장 서랍에다 집어넣고 말았다.

1960년대이긴 했지만 나는 비교적 즐겁고 차분한 어린 시절을 보냈다. 그때도 나름대로 고통스러운 순간들이 있었고 때로는 문제들도 발생했지만, 나는 사랑이 가득한 좋은 집안에서 성장했다. 나는 누구 못지않게 행복했고, 좋은 친구들을 사귀었으며 고등학교 내내 좋은 점수를 받았다. 그것은 아마도 내 옷장 서랍 속에 계셨던 유다 성인께서 나를 위해 기도해 주신 덕분이었으리라.

나는 고등학교 시절에 열심히 공부했고 여름이면 결국 대학에 가기 위한 것이었지만 아르바이트를 했다. 처음에는 잔디 깎기로 시작해, 다음에는 신문팔이, 접시 닦기, 웨이터, 캐디, 극장지기, 은행 안내원 등으로 일했고, 몹시 비참했던 어느 해 여름은 작은 상자를 큰 상자에 넣는 조립대에서 보냈다. 그러는 동안 나는 줄곧 대학을 생각하고 있었다.

고등학교 1~2학년 때는 학년에서 수석을 차지했고 대학 입학 자격 시험에서도 좋은 점수가 나왔기 때문에, 나는 명문 대학에 지원하기로 했다. 당시에 내가 조금이라도 아는 명문 학교는 미국 동북부 지역의 여덟 개 사립 명문대를 묶어서 지칭하는 아이비리그밖에 없었다. 아이비리그 이외의 대학을 기웃거린다는 생각은 아예 머릿속에 들어오지도 않았다. 가톨릭계 대학들에 대한 관심은 나의 유다계 친구들이 보이던 관심 정도밖에 되지 못했다. 내가 그 가운데 이야기라도 들어 본 대학은 조지타운과 노트르담 두 곳밖에 없었고 나는 양쪽 어디에 대해서도 (단 노트르담이 미식 축구로 유명하다는 것 외에는) 아는 바가 없었기 때문에 입학 신청서를 낼까 말까 신경을 쓸 필요가 없었다. 가톨릭계 대학에 다닌다는 것은 주일 학교 수업을 계속해서 받는 것이나 다름없다는 느낌이 들었다. 도대체 누가 계속 종교 수업을 받고 싶어 하겠는가? 나의 부모님과 진학 지도 선생님과 친구들의 말을 들어 봐도, 내가 가야 할 곳은 바로 아이비리그였다.

그 즈음에 나는 경영학을 전공하기로 정한 상태였다. 당연한 일이지만, 나는 고등학교에서 경영학에 관련된 과목을 배운 적이 전혀 없었고 (단지 '부기'만 배웠다) 교내 동아리였던 미국 미래 경영 지도자 클럽Future Business Leaders of America은 괴짜들에게나 걸맞은 동아리 정도로 여기고 있었다. 내게는 더 큰 흥미를 느끼는 다른 일들이 많았다. 미술, 영어, 역사. 하지만 나는 내가 정말로 좋아하는 과목들을 직업으로 삼는다는 것은 상상할 수가 없었다. 사람이 미대 학위를 가지고 실제로 하는 일이 무엇이던가? 그림을 그린다? 또 영문학 학위로는 어떤가? 생계는 어떻게 꾸리고?

따라서 경영학은 현실적인 타협이자 내 문제에 대한 완벽한 해답이었다. 어쨌거나 부모님 말씀에 따르면 나는 어떤 대학 경영학과에도 들어갈 수 있었다. 그 말씀은 일리가 있어 보였고, 내 진학지도 선생님도 동의하셨다.

당시에 많은 내 친구들이 경영학이 한결 '실용적'이라는 이유로 문학이나 예술 분야를 마다하고 경영학을 선택했다. 누가 다른 주장을 할 수 있었겠는가? 학비가 비싸다는 것도 부분적인 이유였다. 어쨌거나 우리 집은 돈이 많지 않았다. 나는 갚아야 할 대출금이 많아지리라는 것을 알았고, 역사나 미술 관련 직업으로 그 빚을 갚아 낸다는 것은 도저히 상상할 수 없었다.

나는 여러 곳에 지원서를 낸 다음에 아이비리그 대학 가운데 재학생 실무 프로그램을 운영하는 유일한 학교인 펜실베이니아 대학에 들어가기로 결정했다. 부모님의 기쁨은 배가 되었다. 이 대학은 우수한 학교라고 모두들 말했고, 나는 집 가까이 살게 될 터였다.

펜실베이니아 대학은 이 나라에서 가장 유서 깊은 대학이다. 펜실베이니아 대학 교정을 견학하는 사람들이 지적하기 좋아하듯이, 하버드는 더 오래된 단과 대학일 뿐이다. 펜실베이니아 대학은 필라델피아 서부에 완비된 거대한 교정을 갖추고 있다. 건물들은 고딕식, 자코비언식, 식민지풍 및 현대식 건축 양식이 보기 좋게 뒤섞여 있다. 이곳은 분명 도시형 교정이지만, 무성한 나무들과 꽃 피는 관목들이며 자갈이 깔린 한적한 산책 길 덕분에 지나치게 도시화되어 있다는 느낌은 들지 않는다.

내가 입학한 해인 1978년에, 펜실베이니아 대학은 일종의 자기

정체성 위기에서 벗어나는 중이었다. 절대적 평화주의를 견지하는 퀘이커교도다운 예절과 겸양 의식을 바탕으로 하는 이곳은 하버드나 예일 또는 인근에 있는 프린스턴 같은 명성을 얻지도 추구하지도 않았으며 경쟁을 아주 싫어했다. 바로 이 점이 더 큰 경쟁의식을 불러일으키기도 했지만, 한편으로 다른 아이비리그에서 발견되는 속물근성이 훨씬 더 적었다는 것을 의미하기도 했다. 펜실베이니아 대학은 다른 아이비리그 대학들이 얻은 명성을 얻지는 못했지만, 그래도 대학원들 때문에 이름을 날리고 있었다. 의학 대학원, 법학 대학원, 간호학 대학원, 무어 공학 대학원, 아넨버그 커뮤니케이션 대학원 특히 와튼 경영 대학원. 이런 대학원들은 펜실베이니아 대학에 전문성과 진지성이라는 기류를 확고하게 심어 주었는데 이는 다른 아이비리그의 자유분방한 학문적 분위기와는 크게 다른 것이었다. 전체적으로 볼 때, 펜실베이니아 대학은 미국 대학의 지극히 실용적인 비전을 놀랄 만큼, 1740년 설립자 벤자민 프랭클린이 제시한 그대로, 유사하게 보존하고 있었다.

나는 축구장 몇 개는 족히 되는 거대한 안뜰을 가운데 두고 곁눈질하는 괴물상들이며 장살이 달린 창문들, 양파 모양의 우뚝 솟은 작은 탑들로 지붕이 장식된 19세기 벽돌 건물들이 둘러싸고 있는 정사각형 교정에서 새내기 시절을 보냈다. 같은 모양의 작은 교정들 어디에나 엄청나게 큰 동상들이 점점이 박혀 있었다. 18세기 설교사나 단과 대학 시절의 학장들의 동상을 비롯하여 제1차 세계 대전 전몰 용사의 기념비들도 있었다. 이곳에서는 역사가 숨 쉬고 있었고, 나는 아침마다 수업을 받으러 (때로는 한밤중 술에 취해 친구들 어깨에 들려 올려진 채로) 높다란 철문들을 지나갈 때면 기분이 무척 좋았다. 교실 건물 벽을 기어오르는 아주 오래되어 뒤틀리고 옹이진 담쟁이덩굴이며, 대학 잔디밭에 서 있는 수백 년 먹은 나무들, 오래전에 세상을 떠난 졸업생들에 대한 희미한 기억 등 펜실베이니아 대학의 전통을 이야기해 주는 것이면 무엇이든 나는 흠모했다. 그리고 표어 "길을 찾거나 그렇지 않으면 만들라Inveniemus viam aut faciemus."가 새겨진 휴스턴 홀 곁으로 난 거대한 철문을 지나가기를 좋아했다. 나선 코일로 묶인 우리의 공책 표지마다 대학의 문장과 교훈 "도덕 없는 법은 쓸모없다Leges sine moribus vanae."가 아름답게 장식되어 있었다.

나는 또한 전국 최고라는 명성을 얻고 있는 경영 대학원 와튼 스쿨에 입학할 수 있어서 무척 기뻤다. 무엇보다도 나는 이수 과목들을 아주 좋아했다. 내 앞에서 새로운 세계가 펼쳐지고 있었다. 공급과 수요, 채무, 차입 자본 이용, 선물 매매, 자본 같은 개념들이 그러했다. 회계 장부들 속에 숨어 있는 연금술의 비법을 불러내는 새로운 주문들을 익히는 기분이었다. 막연했던 경제와 세계가 더 잘 이해되기 시작했고, 그러면서 나는 갑자기 진짜 어른이 된 느낌이었다.

와튼 스쿨에서 공부를 시작하자마자, 나는 내 앞에 실로 무한한 기회들이 널려 있음을 확연하게 깨달았다. 경영학을 공부하는 학생들은 졸업만 하면 막강한 힘을 가진 직장과 기회들이 우리를 애타게 기다리고 있다는 이야기며 경력 사원들이 받는 깜짝 놀랄 만한 초임, 학교를 찾아와 사원을 모집하는 유수 기업들, 이름난 와튼 스쿨 졸업생들과 그들이 벌어들인 산더미 같은 돈 이야기를 날마다 들었다. 정말 힘을 솟게 하는 이야기들이었다. 열일곱 살짜리에게는 특히나.

나와 함께 펜실베이니아 대학에 다니는 친구들은 재능 있는 젊은이들이었다. 지적이고 탐구적이고 부지런했다. 특히 와튼 스쿨에 다니는 이들은 거의 초인적일 만큼 경쟁심이 강했다. 경영학 과정은 후방 굴절 공급 곡선이나 연결 재무 제표, 한계 소비 성향 같은 난해한 재무 개념들을 통달하자면 오랜 시간 공부를 하지 않으면 안 되었다. 경영학 과목들은 관리와 마케팅처럼 양보다 질을 다루는 과목들을 제외하고는 한결같이 사람을 녹초로 만들었다.

모든 이들이 중간 시험과 학기말 시험을 몇 주일씩 준비했고, 시험은 상대 평가로 채점되었기 때문에 나는 꼭 필요한 B학점을 얻기 위해서라도 그저 부지런히 공부해야 했다. 어쩌다 얻는 A학점은 축하할 일이 되었다. 내 생전 처음으로 통계학에서 C학점이 나왔을 때 나는 놀랍게도 그다지 화가 나지 않았다. 나는 그 과목을 수강하는 동안 교수님이 무슨 이야기를 했는지 도통 감이 잡히지 않던 참이었다.

결국 나는 신입생이 된 첫해 대부분을 의과 대학 도서관에서 밤을 지새곤 했다. 대학 중앙 도서관이 꽤나 시끄러운 데 비해 그곳은 영안실처럼 조용해서 좋았다. 내 친구들은 나를 공부 벌레쯤으로 생각했다. 언젠가 목요일 밤에 친구들이 함께 술 마시러 가자고 꼬셨지만 내가 거부하자 내 두 팔다리를 거머쥐고 기숙사를 나와 가까운 술집으로 향했다. 나는 몇 분 동안 몸부림을 치다가 끝내는 마음을 편히 먹기로 했다. 친구들은 내가 들려 가는 데 재미를 붙이고 있는 걸 눈치를 채자 곧바로 보도에다 내팽개쳤다. 덕분에 남은 거리는 내 발로 걸어서 그들을 따라가야 했다.

팽팽하게 긴장된 와튼 스쿨의 분위기는 그렇지 않아도 경쟁심이 강한 학생들을 더더욱 몰아붙여 때로는 강박 관념에 사로잡힐 지경이 되기도 했다. 신입생 첫 학기 때, 회계학과 교수님 중 한 분이 학기말 시험 한 주일 전에 문제 풀이 시간을 지정해 두었다는 소문이 돌았다. 그 이야기를 들은 나는 자세히 사항을 알고 싶어 같이 와튼 스쿨에 다니는 한 학생에게 물었다.

"문제 풀이 시간이 언제야?"

그가 쾌활하게 대답했다. "나도 잘 모르겠는데."

하지만 나는 그가 알고 있다고 확신했고, 실제로도 그랬다. 그러나 내가 갖은 노력을 다했음에도 불구하고 그는 문제 풀이 시간을 끝까지 가르쳐 주지 않았다. 학기말 시험 때가 되었을 때 남보다 유리하게 시험을 치르고 싶은 속셈이 분명했다. 결국 나는 내 힘으로 시간과 장소를 알아냈고, 문제 풀이 시간에 맞추어 교실에 들어가 보니 그 친구는 맨 앞자리에 앉아 있었다.

와튼 스쿨에서 공부한다는 것은 내 지식의 폭이 갈수록 좁아진다는 것을 의미하기도 했다. 경영 대학에서 제대로 공부하자면 다른 대학 과목들(일례로 인문 사회 과목들)은 제한해야 했다. 다른 분야의 과목들에 도전할 시간이 아예 없었던 것이다.

와튼 스쿨에서는 학과목을 선택하는 데 도움을 주려는 목적에서 학생들이 매 학기마다 상담을 해 주는 교직원을 만나도록 했다. 1년에 두 차례, 그것도 단 10분간 대면하는 것 외에는 얼굴도 보지 못해 불가사의하기까지 한 이 상담자가 그 짧은 시간에 내게 무엇인가를 '조언'해 주기는 어려웠다. 고작해야 내 이름을 기억하고 있을 뿐이었다. 그럼에도 나는 의무감에서 매 학기마다 등록 신청을 하기 전에 그의 방으로 터덜터덜 걸어가곤 했다.

나는 신입생이던 봄에 상담자에게 미시美詩 과목을 수강 신청할 생각이라고 말했다. 그러자 휘둥그레진 눈이 금방 가늘어지면서 의혹에 찬 시선으로 내게 물었다.

"도대체 무엇 때문인가?"

"그러니까, 제 생각에는…… 음……. 그 과목이 재미있을 것 같아서요."

"당부하는데 그런 것은 택하지 말게. 그건 중요한 과목들을 들어야 할 시간만 빼앗을 뿐이야. 그래도 경영학과 무관한 과목을 택하려거든 최소한 쉬운 걸 택하게. 면접 때 어느 누구도 자네가 시 과목에서 어떤 점수를 받았는지 전혀 관심이 없을 걸세."

내가 그의 조언을 중요하게 여기지 않았던 만큼, 그런 경고 역시 나의 관심을 끌지 못했다. 나는 그 과목을 신청했고, A학점을 받았다. 그리고 되돌아보면 그 과목이 다른 어떤 경영학 과목들보다 오래 기억에 남았다.

1학년 한 해는 거의 눈 깜박할 사이에 금방 지나가 버렸다. 2학년 때까지는 전공을 선택하라는 요구가 없기 때문에 내가 수강 신청한 과목들은 제멋대로였다. 하지만 공부보다 더 중요한 것은 가족과 멀리 떨어져서 나 혼자 힘으로 살아가야 한다는 흥분된 모험 그것이었다. 내가 그해 여름에 집으로 돌아왔을 때는 이 나라의 일류급 대학에서만 터득할 수 있는 냉소적이고 경멸적인 말버릇이 목까지 꽉 차 있었다. 내가 얼마나 주제넘은 소리들을 지껄였는가 하는 것은 1학년 한 해 동안 터득한 수많은 진리들을 가족들에게 털어놓았을 때 그들의 얼굴에 떠오른 표정을 보고서야 비로소 짐작할 수 있을 뿐이었다.

몇 년이 흐르고 캐롤린이 하버드 대학에서 새내기 시절을 보내고 돌아온 추수 감사절 식사 자리에서 이전의 나와 똑같은 태도를 보여서, 내가 부모님께 물었다. "저도 저렇게 형편없었어요?"

아버지가 껄껄 웃으면서 말씀하셨다. "아니, 훨씬 더 지독했다."

이처럼 나의 지성을 과시하는 배포는 대학 친구들과 빈번하게 종교 논쟁을 벌이는 결과로도 이어졌다. 나는 여전히 열 살배기가 가톨릭 신앙을 이해하는 수준에 머물러 있을 뿐이었지만, 이런 행복한 무지가 확고한 불가지론자인 내 친구 조지와 거의 모든 종교적 주제를 두고 끊임없이 입씨름을 벌이는 나를 막지는 못했다. 예수님은 정말로 기적들을 행하셨던가? 조직화된 종교가 무슨 의미가 있는가? 예수님은 정말로 죽은 이들 가운데서 부활하셨던가? 하느님이 우리 죄를 모조리 알고 있다면 고해성사가 무슨 의미가 있는가? 신은 존재하는가?

이런 논쟁이 종교에 대한 나의 이해력을 연마시키는 데 도움이 되었을 수도 있겠지만, 주로 나와 하느님과의 진정한 관계에 배치되는 쪽으로 작용한 편이었다. 우리의 논쟁에 열정이 서려 있었던 것은 분명하지만, 그것은 지성에서 오는 메마르고 형식적인 열정이었다. 조지와 나는 정치나 경제를 두고 논쟁을 벌이는 것이 쉬웠을 수도 있다. 사실 내가 이해하지 못하는 종교적 개념들은 금방 잊어버리기 일쑤였다. 그런가 하면 이성적으로 증명할 수 없는 것은 무엇이든 무의미하거나 어리석은 것으로 치부해 버렸다.

그러니까 이런 한밤중의 토론들을 제외하면 종교는 내 친구들 세계에서 대부분 무시되었다. 내가 사귄 친구들이 고상하고 도덕적인 사람들이 아니었다는 말은 아니다. 그보다는 조직화된 종교가 우리에게는 그저 낯설 뿐이었다. 나는 상급생이 되었을 때 몇몇 친구들과 PBS(미국의 대표적 공영 방송-역주)에서 방영하는 연속극, 〈다시 찾은 브라이즈헤드 Brideshead Revisited〉를 보다가 이블린 워의 분신이라고 할 수 있는 찰스 라이더가 종교를 대하는 자신의 태도에 대해 아주 적절하게 얘기하는 것을 들었다.

내가 받은 교육에 함축되어 있는 시각은 그리스도교의 기본적인 진술들이 이미 오래전에 신화로 판명됐고, 그런 의견이 마침내는 그리스도교의 윤리적 가르침이 현재적인 가치를 지니느냐 없느냐로 갈라졌는데, 결국 없다는 쪽으로 기울어졌다는 것이다. 종교는 어떤 사람들은 갖고 있다고 말하고 다른 사람들은 갖고 있지 않다고 말하는 하나의 취미가 되어 버렸다는 것이다. 기껏해야 약간의 장식적인 구실을 할 뿐, 나쁘게 말하면 지난 10여 년 동안 유행어가 되었던 '콤플렉스'와 '금지 규정들'이 뒤엉킨 영역으로서, 과민증과 위선과 순전한 어리석음이 누세기 동안 거기에 기여해 왔다는 것이다.

대충 맞는 이야기로 들렸다. 그럼에도 나는 여전히 미사에 참례하고 있었다. 나가지 않을 이유가 어디 있겠는가? 나는 성당 안에 앉아 있으면, 위안을 주는 예식 덕분에 만족감을 느꼈다. 미사는 내실 있고 영속성이 있고 친숙했다.

좀 더 적절하게 말해서, 미사는 해될 것이 없는 게 분명했다. 만일 하느님이 계시다고 한다면 나는 어쩌면 교회에 다님으로써 그분을 달래 드릴 수 있을 터였다. 내가 그분께 무엇인가를 부탁드릴 참일 때는 특히 그랬다. 그 유명한 파스칼의 내기를 쉬운 말로 바꾸어 이야기한다는 것은 꿈에도 모른 채.

그래서 나는 이웃에 있는 자그마한 성 아가다-성 야고보 성당을 자주 찾았다. 그보다 앞서 나는 몇 안 되는 가톨릭 신자 친구인 브루스와 함께 뉴먼 센터에서 실시하는 교내 종교 행사에 참여한 적도 있었다. 어느 주일에 우리는 미사에 참석하려고 뉴먼 센터 실내 성당을 찾았다. 형광등이 휘황찬란하게 빛나는 커다란 대회장으로, 회색 철제 의자들이 제단 구실을 하는 높다란 탁자 쪽으로 도열해 있었다. 그날의 입당송은 영사기를 통해 제단 뒤쪽 흰색 콘크리트 블록에 투영되어 있었다. 우리가 〈가장 좋은 밀의 선물〉을 노래하고 있을 때, 단정치 못한 젊은 사제가 샌들을 신고 들어와서 이미 미사가 시작되었는데도 우리와 이야기를 나눴다. 대학생들이 성체 분배를 도왔다. 우리는 복음 말씀이 우리에게 주는 의미를 두고 이야기했다. 그리고 '주님의 기도' 때는 사제가 우리에게 서로 손을 잡으라고 했다. 나는 이것이 무엇이든 간에 여기는 성당이 아니라고 생각했다. 그래서 그다음 주일에 나와 브루스는 발길을 돌려 더 편안한 지역 본당을 찾았다.

우리는 성 아가다 성당의 미사 강론을 무척 좋아했다. 어느 주일에 우리는 복음 봉독이 끝난 후 진행되는 예식에는 별로 관심을 두지 않은 채 이야기를 나누고 있었다. 그런데 사제가 강론 중 어떤 대목에선가 이렇게 말했다. "하느님은 우리가 어떠한 상황에 서든지 최선의 것을 얻어 내기를 바라십니다."

그리고 이어 이런 말을 했다. "하느님은 우리가 삶에 필요한 모든 것을 다 청하기를 바라십니다. 하느님은 우리가 '이 세상에서 저에게 필요한 것이 무엇입니까?' 하고 물어 주기를 바라십니다."

브루스가 미소를 짓더니 익살스럽게 소근거렸다. "와, 저런 종교라면 내가 믿고 살 수 있겠다."

이처럼 나는 대학을 다니는 동안 교양 있는 가톨릭 신자로 머물며, 교회의 규범들을 그 정신까지 깊이 이해하지는 못하면서도 충실하게 지켜 나갔다. 하지만 3학년이 되면서 나는 진정한 종교와, 아니 적어도 진정한 신앙과 충돌하게 되었다.

학기가 끝나고 몇 주일이 지난 전몰 장병 기념일Memorial Day에 기숙사 방을 함께 쓴 적도 있는 나의 친한 친구 브래드가 친구의 애인과 함께 오토바이 사고로 죽었다. 두 사람 모두 나이가 스물이었다.

브래드는 신입생 시절에 한 해 동안 나와 한방에서 지냈다. 그는 내 일생 처음으로 나를 술에 취하도록 만들었고, 내 생전 처음으로 외국 영화를 보여 주었고, 놀랍도록 많은 음주 놀이와 펜실베이니아 대학에서 제대로 옷 입는 방법을, 다시 말해서 캐주얼 구두에 카키색 바지, 단추로 잠그는 옥스퍼드 견직 셔츠를 차려입는 법을 가르쳐 주었다. (내가 그에게 생일 선물로 무엇을 갖고 싶으냐고 물었을 때 그가 대답했다. "비천연 섬유 사절, 자연에서 발견되지 않는 색 사절.")

우리는 기숙사 친구들에게 몹쓸 장난을 치곤 했지만, 그보다는 우리 서로 장난치는 때가 더 많았다. 나는 주말이면 그의 가족과 함께 지내곤 했고, 그의 여자 친구도 알고 그의 장래 계획들도 알았다. 그리고 어느 날 오후에는 교정에서 갑자기 천둥을 동반한 폭우를 만나서, 둘이 신발을 벗어던지고 깔깔거리며 기숙사로 걸어온 적도 있었다. 그는 정말로 괜찮은 친구였다.

사고가 전몰 장병 기념일이 낀 주말에 일어났기 때문에 우리 대부분은 여름 방학을 보내려고 이미 집에 와 있었다. 이 소식은 전화를 통해 이 사람에게서 저 사람에게로 빠른 속도로 전달되었다. 브래드의 장례는 며칠 뒤 워싱턴 D.C.에서 무척이나 후덥지근한 아침에 치러졌다.

장례식이 진행되는 동안 목사가 하느님의 사랑과 자비를 이야기하는 소리를 들으면서, 나는 더 이상 성당에 나가지 않겠다고 결심했다. 내 결심은 신속하고 확실했다. 내가 아는 한 이런 일을 할 수 있는 사랑 어린 신은 도저히 이성적으로 설명되지 않았다. 그런 마당에 장황한 종교 이야기로 머리를 썩힐 이유가 어디 있겠는가?

몇 달이 지나 4학년이 된 나는 다시 학교로 돌아왔고 친구 동아리에 있던 수줍고 조용한 여자애 자크와 이야기를 나누게 되었다. 신입생 때 우리 기숙사에서 생활했던 자크는 시카고 교외의 작은 소도시 출신으로, 우리가 말하는 이른바 '근본주의자'였다(우리들 가운데 당시에 이 말의 의미를 알았던 사람이 있었을까 의심은 들지만). 그녀는 '성경 공부 모임'에 나갔었고, 예배를 제대로 드릴 수 있는 교회를 '찾는 데' 시간을 들였었다.

브래드와 자크는 여러 면에서 정반대였지만 그럼에도 가까운 친구였다. 브래드는 거칠고 열정적이었고, 자크는 아무튼 '근본주의자'였다. 그들의 삶에도 서로 맞지 않는 구석들이 아주 많았다(나는 그렇기에 그들이 서로를 마음에 담아 두고 있었을 거라 생각한다).

11월 말 하늘이 맑고 몹시 춥던 날, 나는 교정 바깥에서 와들와들 떨면서 자크에게 브래드를 데려간 하느님께 무척 화가 나서 그가 죽은 다음부터 성당에 나가지 않게 되었노라고 말했다. 아마도 나는 이 이야기를 하면서 그런 하느님을 믿는 그녀에게도 화를 내고 있었던 것 같다. 아무튼 나는 나의 분노와 실망에 걸맞은 지성적인 응답을 그녀가 해 주길 기대했었다. 그녀는 내가 어떤 면에서는 자신에게 도전하고 있다는 것을 알아차린 것 같았다.

그녀는 몇 초 동안 눈을 감다가 다시 뜨더니 이렇게 말했다.

"난 말야, 그동안 줄곧 하느님께 기도하면서 브래드의 삶에 대해 감사드렸어."

그 말을 듣는 순간 나는 내 내면에서 어떤 변화를, 미묘한 변화의 흐름을 느꼈다. 자크는 내가 찾던 이지적이고 수학적인 답변을 들려주는 대신에, 사물을 바라보는 새로운 시각을 짤막하게나마 얼핏 보여 주었다. 어쩌면 작은 일이었을지 모르지만, 나는 신앙과 이성 사이에, 지성과 영혼 사이에 그리고 내 세계와 그녀의 세계 사이에 차이를 발견하기 시작했다. 그래서 하느님께 한 번 더 기회를 드리기로 하고 교회로 되돌아갔다.

나의 대학교 4학년은 별 사고 없이 이어져 갔다. 그리고 우리가 입문 단계를 넘어서 고급 회계학과 재정학 과정으로 옮겨 감에 따라 우리 학과도 그만큼 더 의욕이 넘쳐 나고 있었다. 이 무렵에 재정학 과정은 거의 완전히 양적인 것으로 변하면서, 굉장히 어려운 경제 이론들을 분석하도록 고안된 복잡한 방정식과 그래프들이 빈번하게 등장하곤 했다. 그렇지만 나는 이런 도전을 즐겁게 받아들였고 내가 중요한 현실 사회의 기술들을 배우고 있다고 느꼈다.

재정학을 전공하기로 작정했음에도 불구하고 나의 이력서를 보강하기 위해 추가로 회계학 과정들을 이수하기로 마음먹었다. 하지만 중급 회계학은 엄청나게 많은 공부를 요구했고, 우리가 치르는 시험들도 손익 계산서와 대차 대조표들로 빽빽이 들어찬 규격 용지 열여섯 장으로 이루어졌다. 그리고 그때마다 회계학 교수는 말했다. "이 시험은 네 시간이 소요된다. 그러나 여러분은 이것을 두 시간 안에 마쳐야 한다." 내가 보기에 B학점 이상을 얻는다는 것은 완전히 불가능해 보였지만, 나는 고액의 봉급을 받는 직장을 머리에 그려 보며 이를 극복하고자 했다.

그러나 지금 당장은 여름철마다 일하고 대부를 받고 연방 정부가 제공하는 시간제 일자리도 얻었음에도 불구하고, 여전히 가욋돈을 벌어야 했다. 4학년 때는 얼마나 현금이 없어 곤란했던지 심리학과의 실험에 자원하기까지 했다. 심리학과는 자기네 실험에 참여하는 학생들에게 시간당 5달러를 지불했는데, 이 보수는 당시로서는 아주 훌륭한 것이었다. 나에게 그런 일감을 알려 준 사람은 브루스였는데, 그는 별도의 용돈을 벌기 위해 심리학과 실험뿐 아니라 의학과 실험에도 자원하곤 했다. 그가 한번은 자기 팔에다 테이프로 줄줄이 고정시킨 이상하게 생긴 금속 디스크들을 보여 주며 설명했다. "피부병학 실험이야. 디스크 하나당 5달러나 준다고!"

심리학 실험들은 대부분 잉크의 얼룩 같은 무의미한 무늬들을 해석하게 하여 사람의 성격을 알아내는 로르샤흐 검사와 단순한 질의응답 시간으로 이루어졌는데, 하얀 마분지 조각들에 그려진 작은 동물 그림들을 빤히 응시하는 것도 포함되어 있었다. 사람이 머리를 움직이지 않고 가만히 있으면, 대학원생이 그림들을 천천히 움직여 시야 안으로 끌고 왔다가 시야 바깥으로 끌고 나간다. 나는 그 일로 10달러를 벌고는 두통에 시달려야 했다.

브루스와 나는 우리의 답변이 괴상하면 할수록 5달러짜리 수업에 불려 갈 기회가 더 많아진다는 점을 발견했다. 그래서 우리는 미친 사람이 대답함직하다고 생각되는 답변들을 만들어 냈다.

학기가 끝나 갈 무렵, 우리는 '일반 지능' 부문에 상당히 숙달된 달인들이 되어 있었는데, 이는 대부분의 실험이 동일한 질문들을 포함하고 있기 때문이었다. 결국 우리는 질문들을 기억해 두었다가 글로 적었고, 심지어는 답을 찾으려고 백과사전을 뒤지며 시간을 보내기도 했다. "괴테는 언제 태어났는가?" "로스앤젤레스에서 뉴욕까지의 거리는 얼마인가?" "고무는 어디에서 들어오고 있는가?" 우리는 정확한 답변들을 암기해 두었다가 검사를 받을 때면 앵무새처럼 되풀이했다. 우리가 일반 지능 면에서 대단히 높은 점수를 받았던 것은 당연했다. 그러니까 우리의 열성 덕분에 (그리고 돈벌이를 하려는 욕심 때문에) 검사원들은 필경 자기네 '무작위' 표본을 보며 펜실베이니아 대학 4학년 학생들은 환경 적응 능력이 심히 부족하지만 지능은 높다고 결론을 내렸을 것이다.

졸업이 다가오면서 나는 점차 장래가 혼란스러워지기 시작했다. 마음 한편에서는 경영 분야로 계속 나아가기를 바랐다. 내가 충분하게 시간을 들여 이 공부에 투자해 온 것은 분명했다. 나는 졸업하기 전 마지막 여름철에 필라델피아에 있는 한 증권 거래소에서 일하면서 마침내 내가 배운 지식의 일부를 활용하는 기쁨도 맛보았다.

그럼에도 여전히 풀리지 않는 의문점들이 남아 있었다. 경영 분야는 (특히 회계는) 흥미가 있긴 했지만 내가 즐겁게 일할 수 있는 분야가 아니라는 것은 확실했다. 와튼 스쿨에서 내 친구들 몇몇이 《포춘》이나 《비즈니스위크》 같은 잡지들을 정말로 재미나게 읽는 것을 보고 놀란 적이 있었다. 내게는 두 잡지 모두 지루하기 이를 데 없었는데 말이다. 어쩌면 나는 다른 일을 할 수도 있을 터였다. 하지만 무엇을 한단 말인가? 내가 무슨 일로 생계를 꾸려 갈 수 있겠는가? 나는 상법도 학과목으로 이수했고 좋아했다. 어쩌면 법학 대학원에 갈 수도 있었다. 하지만 이 문제는 생각할 것도 없었다. 내게는 대학원에 갈 돈이 없었기 때문이다.

내가 이런 혼란스러운 마음을 털어놓았을 때, 내 친구들의 반응은 한결같았다. "기업체에서 일하지 않을 생각이었다면 와튼 스쿨에는 왜 들어온 거야?" 모두들 내가 전도 유망한 와튼 스쿨에 들어온 것이 얼마나 큰 행복이냐고 했다. 우리가 말하는 이른바 '출세 가도'에 들어서 있지 않느냐는 뜻이었다. 친구들은 말했다. 너는 재정학 학위만으로도 엄청난 초봉이 보장되어 있다. 그런데 어떻게 기업체로 진출하지 않을 수 있다는 말이냐? 일부 투자 은행들은 심지어 졸업 예정자에게 2만 5천 달러를 제시하고 있었다. 그래서 나는 때가 되자 투자 은행과 법인체, 상업 은행을 비롯해 해마다 펜실베이니아 대학으로 떼 지어 몰려드는 컨설팅 회사들과의 면접에 순순히 응하기로 마음을 정했다.

  면접을 받아 보니 상당히 흥미로웠다. 우선 나는 우편물을 무더기로 받았다. 그런가 하면 와튼 스쿨이라는 곳이 모든 절차를 놀랄 정도로 간단하게 만들어 주었다. 사실 '면접 시기'가 찾아왔을 때, 나는 이력서를 쓰는 것 외에 거의 아무것도 하지 않았다. 진로 계획 및 취업 안내과에서는 벽 하나를 온통 안내판으로 사용하여 수십 개의 실속 있는 일자리들을 소개하고 있었다. 매주 새로운 것으로 바꾸어 가면서…….

  '여덟 개 최고' 공인 회계 법인들이 가장 먼저 들이닥쳐 회계학과에서 가장 우수한 학생들을 싹쓸이해 갔다. 회계학과 졸업반 수업들은 직장을 정한 학생들이 학점에 대한 흥미를 완전히 잃어버리면서 눈에 띄게 가라앉아 버렸다. 다음으로 살러면 브라더스, 리먼 브라더스, 골드먼 삭스, 스미스 바니, 메릴 린치 같은 투자 은행들과 증권사들이 재정학 전공자들을 훑어 가려고 찾아들었다. 그리고 끝으로 11월 중순에는 체이스 맨해튼, 시티콥, 매뉴팩처러즈 하노버 같은 금융 지주 회사 형태의 '대형 은행들'이며 아이비엠과 에이티 앤 티 및 제너럴일렉트릭 같은 대기업들이 미친 듯이 휘젓고 다녔다. 부즈 앨런과 보스턴 컨설팅 그룹 같은 경영 컨설팅 회사들도 마찬가지였다.

일자리를 바라는 졸업반 학생이 면접을 받고자 하면 벽에 수없이 붙어 있는 우편함 투입구에다 이력서를 집어 넣기만 하면 되었다. 각각의 우편함 옆에는 3×5인치 크기의 카드에 회사 이름과 간략한 소개가 나와 있었다. 우편함에 넣은 이력서는 진로 계획과에서 해당 회사로 발송했다. 그리고 나면 마치 마술처럼 며칠 안에 학교 안에서 면담을 하자는 연락이 왔다. 그러면 당사자는 브룩스 브라더스 상표가 달린 상하복과 조끼 한 벌(진한 감색)에다 단추로 잠그는 옥스퍼드 직물 셔츠(흰색, 혹은 담이 큰 사람들의 경우에는 담청색)를 받쳐 입고 실크 렙 타이(보통 빨간색과 파란색으로 된 펜실베이니아 대학 것을 권했다)를 맨 옷차림으로 나갔다. 여자들도 치마와 엷고 하늘하늘한 비단 나비넥타이만 다를 뿐 나머지는 똑같은 차림새였다. 벨트가 달린 레인코트도 필요했는데, 그것은 대충 팔에 걸치고 있으면 되었다. 포근한 9월의 어느 날 누가 보더라도 불필요해 보이는 외투를 일부러 걸쳐 입고 뻣뻣한 걸음걸이로 교정을 걷고 있는 나를 한 친구가 유심히 바라보고 있었다. 그러더니 그녀는 내게 그 옷이 진짜 코트라기보다는 연극 때 입는 소품처럼 보인다면서, 모조품이라도 주름 잡힌 코트를 사지 그랬느냐고 물었다. 그것은 실제로 연극 소품이었고, 나는 생소한 역할에 오디션을 받는 배우가 된 느낌이었다.

면접은 대부분 편하고 재미있었다. 해당 회사가 임시로 작성한 연례 보고서를 꼼꼼히 읽어야 하는 경우를 제외하면 준비할 것도 거의 없었다. 회사들은 우리를 계약서에 서명하게 하려고 안달이었고, 이는 구애를 받고자 하는 아부 그것이었다. 비교적 큰 회사들, 특히 '여덟 곳' 최고의 회계 법인들은 학교 근처 호텔에서 칵테일 파티를 열기까지 했다. 공짜 음식들이라니! 하지만 몇 달 동안 똑같이 판에 박힌 면접 질문들에 대답하고, 학문적 기초 지식을 놓고 지겹도록 토론하고, 고등학교 시절에 학생 자치 위원회 회장을 했던 이유가 일류 주택 융자 은행 직원이 되기 위함이었다는 점을 누군가에게 설득시키느라 몸부림을 치고 나면 그 매력이 시들해지기 시작했다.

여러 면접 가운데 일부는 끔찍했다. 특히 투자 은행들의 면접이 그랬다.

1980년대 초에는 재학생들에게 가장 인기 있는 곳이 투자 은행이었는데, 거부할 수 없는 한 가지 이유는 그들이 가장 돈을 많이 준다는 것이었다. (당시 와튼 스쿨 학생들 사이에서는 "당신은 왜 우리 회사에 입사하고 싶어 하는가?"라는 질문에 대한 답변으로 "당신들이 돈을 주니까."라는 농담이 유행했다.)

대부분의 면접은 회사들이 학생들의 이력서를 검토하고 후보자를 선정한 다음에 일정을 잡는데 비해, 대형 투자 은행 살러먼 브라더스는 먼저 온 사람부터 차례로 면접을 보았다. 우리는 이것이 그저 호기심에서 온 사람들을 가려 내고 투자 은행 직원으로 일하겠다고 절실하게 매달리는 사람들만 남겨 두려는 속셈일 거라고 어림짐작했다. 살러먼 측이 노리는 것도 실제로 그것이었다.

살러먼 브라더스의 면접 신청서에 서명하기 위해 줄을 서는 시간이 오전 6시였고, 그 시간이면 카페인에 중독된 졸업반 학생들 몇 십 명이 진로 계획과 사무실 바깥에서 착실하게 줄지어 대기하게 되어 있었다. 나는 투자 은행 업무나 큰돈을 버는 일에 다 흥미가 있었지만 새벽 6시에는 무슨 일이 있어도 일어날 생각이 없었고, 그래서 첫 강의가 시작되기 전인 9시경에 사무실 근처로 어슬렁거리며 가 보았다. 그런데 누군가가 서명란 마지막 부분에서 한 여학생의 이름을 북북 지워 놓아 나는 기적적으로 그 자리에 내 이름을 올릴 수가 있었다.

그다음 주에 진로 계획과 면접 장소에 가서 대기하고 있는데, 큰 키에 금발 머리를 한 남자가 나에게 다가와 인사를 하기에 쳐다보니 나와 똑같은 차림새를 하고 있었다(그래도 그는 그가 입은 것 외에도 여러 벌의 옷을 더 가지고 있었고 그의 캐시미어 톱코트는 절대로 연극 소품이 아니라는 것 정도는 나도 눈치 챌 수 있었다).

그가 나를 둥근 탁자 하나와 의자 세 개가 놓여 있는 창문 없는 작은 방으로 안내했다. 그는 자리에 앉아 나를 바라보며 말을 시작했다.

"으음……."

그는 내 이력서를 힐끔 내려다보았다. 그러고는 "짐!" 하고 외치다시피 입을 떼는 것이 분명히 내 이름을 정확하게 맞추어서 기분이 좋은 모양이었다.

"맞군," 그는 혼자서 중얼거렸다. "그래요. 현재 다른 어느 회사들과 면접을 볼 예정인가요?"

"아, 그거요," 나는 무심코 대답했다. "다른 투자 은행 몇 곳하고 기업체 재무 부서들, 그리고 상업 은행 몇 군데요."

그의 왼쪽 눈썹이 확 올라갔다. 그러면서 물었다. "상업 은행들이라고 했소?" 그의 말투는 나를 링글링 브라더스 서커스단에서 일자리를 얻기 위해 면접을 보는, 재주 부리는 물개로 생각하기라도 하는 듯한 눈치였다. "상업 은행들이라?" 그는 다시 한 번 내뱉다시피 같은 말을 토해 냈다. 그러더니 이렇게 말했다.

"혹시 살로먼 브라더스 같은 투자 은행과 상업 은행의 차이점은 알고 있나요? 난 당신이 상업 은행과 투자 은행의 차이점 정도는 꼭 알고 있기를 바라요."

재정학 전공자에게 이런 질문을 한다는 것은 야구 선수에게 공과 방망이의 차이점을 알고 있느냐고 묻는 것이나 다름없었.

나는 너무 황당하다거나 무시당했다는 느낌을 주지 않도록 노력하면서 대답했다. "그야, 알지요."

"그래요……. 그렇다면 그게 뭐죠?"

나는 차이점을 간단하게 설명했다. 그가 나를 뚫어져라 바라보았다.

그러다가 말했다. "음, 그렇지."

문을 두드리는 소리가 들렸다. 우리가 면접을 위해 따로 마련된 방에 앉아 있을 때는 이런 일이 별로 없었다. 이야기를 중단시키는 짓은 대체로 금지되어 있었다. 이 아리안계 투자 은행에서 일하는 직원 하나가 성큼성큼 걸어 들어왔다. 큰 키에 금발 머리를 한 그가 나를 보며 미소를 지었다.

"안녕하시오, 짐."

"예, 안녕하십니까." 나는 대답하고 나서 조심스럽게 덧붙였다. "만나서 반갑습니다."

"짐," 먼저 직원이 그를 소개했다. "이분은 빌이요."

그리고 나서 동료에게 말했다. "빌, 여기 있는 짐은 상업 은행들과 면접을 볼 예정이라고 하네요."

빌이 어이없다는 듯이 나를 유심히 꼬나보았다. "상업 은행들이라고?"

면접 분위기가 갑자기 시들해졌고, 나는 문밖으로 배웅을 받았다. 그날 늦은 시각에, 면접을 보았던 다른 학생들에게서 내가 마땅히 했어야 할 말이 무엇이었던가를 듣게 되었다. 그 말은 이것이었다. "저는 아주아주 어릴 때부터 살러먼 브라더스에서 일하고 싶었습니다." 말하자면 체이스 맨해튼에서 일하겠다는 따위의 생각 자체가 좋은 모습이 아니었던 것이다. 며칠 지나서 나는 탈락 통보를 받았다.

하지만 정감 있는 와코비아 은행 대표와의 첫 면담은 너무나도 즐거운 나머지 실제로 면접 담당자는 큰 소리로 웃기까지 했다.

나는 노스캐롤라이나에 있는 본사에서 두 번째 면접을 갖자는 제의에 흔쾌히 동의했다.

윈스턴세일럼은 호감 가는 소도시였는데, 원래 담배로 벌어들인 돈으로 건설되었다는 것은 나중에야 알았다. (내가 도시 이름을 듣고도 그 사실을 몰랐다는 것은 면접 준비가 얼마나 미흡했는지를 보여 준다.) 와코비아 은행 본사는 그곳에서 가장 큰 건물에 자리 잡고 있었는데 이 소도시는 온통 이주해 온 북부인들로 가득 차 있는 것 같았다. 만나는 사람마다 무척 친절했으며, 일자리도 굉장히 좋아 보였다.

와코비아 은행은 그해에는 증권 분석가 한 사람만을 채용할 계획으로 있었고, 나를 채용하고 싶어 하는 눈치였다. 환심을 사려는 그들의 열의는 대단했다. 인사과에 있는 쾌활한 여성이 나를 태우고 윈스턴세일럼을 한 바퀴 돌면서 이곳저곳 관광까지 시켜 주었다. 그리고 마지막에는 떡갈나무로 지은 공동 주택 앞에 차를 세웠는데, 돌출 현관이 빙 둘러 있고 아늑해 보이는 하얀 집이었다. 그녀는 와코비아가 이미 내 승낙을 전제로 내가 살 집을 골라 놓았다고 알려 주었다. 널찍한 뜰이 딸린 밝고 화트인 이 건물의 1층으로, 햇볕이 잘 들고 공간이 아주 넓었다. 가구는 모두 갖추어져 있었고, 월세만 300달러가량 드는 집이었다. 나는 친절한 와코비아 사람들이 좋았고 일자리도 좋았으며, 얼른 계산해도 이 정도 급여면 아주 빠른 기간에 큰돈을 모을 수 있을 것 같았다.

"그리고 우린 당신이 분명 가구나 옷 같은 물건들을 구입하는 등 예상치 못한 돈들이 많이 들 것 같아서 추가로 2천 달러를 더 지급하기로 결정했답니다." 여자가 말했다. 나쁘지 않았다. 하지만 다른 한편으로 윈스턴세일럼은 너무나도 활기가 없어 보였다. 일과 후에 할 일이 별로 없을 듯 싶었다.

노스캐롤라이나에 다녀오고 나서 며칠 있다가 나는 제너럴일렉트릭과 면담을 가졌다. 제너럴일렉트릭은 최근 대학 졸업자들을 대상으로 미국 기업에서 가장 훌륭하다는 평판을 받은 고강도 재무 교육 프로그램을 운용하고 있었다. 2차 면접에 동의한 후에, 제너럴일렉트릭은 나에게 장소 세 곳을 선택하라고 했다. 나는 그들의 설문지를 작성하면서 내가 선택한 곳들을 열거했다. 필라델피아(그들이 방위 산업체에다 붙인 평화로운 회사명인 제너럴일렉트릭 항공), 뉴욕(제너럴일렉트릭 인터내셔널), 워싱턴 D.C.(그들의 새로운 컴퓨터 사업체인, 제너럴일렉트릭 정보 시스템).

몇 가지 이유 때문에 나는 위의 장소들이 아닌 매사추세츠 주 린으로 날아가서 2차 면접을 보라는 통보를 받았다. 린은 제너럴일렉트릭 항공기 엔진 본사 즉, 수십 채의 오래된 공장 건물들로 이루어진 거대한 생산 시설이 있는 곳이었다. 제2차 세계 대전 중에 급속히 발전했던 그들의 항공기 엔진 사업은 그 이후로 상당히 침체되었고, 그래서 당시에는 많은 건물들이 텅 비어 있었다. 나는 널찍하고 소음이 심한 공장 바닥을 거쳐 재무 부서 사무실로 안내되었다. 면접하러 가는 길에 지게차들을 재빨리 피하곤 했던 체험은 호화로운 회계 법인을 둘러보던 때와는 완전히 다른 것이었다. 하지만 여기에서는 무엇인가를 만들고 있었다. 나는 그 점이 마음에 들었다. 그 광경은 그들의 사업을 보다 쉽게 이해할 수 있도록 해 주었다.

반면에 콘크리트 블록들로 지어서 초등학교 벽처럼 초록빛 석회로 칠을 해 놓은 사무실들은 비좁고 초라했다. 나는 면접을 하는 동안 나도 모르게 와코비아와 윈스턴세일럼에 있는 햇살 가득한 300달러짜리 공동 주택을 꿈꾸고 있었다.

오후에는 재무 관리 프로그램 연수 사원 세 사람을 만났는데, 그들은 린에서 일하도록 나를 설득하기 위해 애를 썼다. 그들은 내가 이 자리를 지원하지 않았다는 사실을 알면서도 밑져야 본전이라는 투였다. 전신 시사를 하기 위해 차를 타고 가면서 나는 그들에게 린에서 살아 보니 어떠냐고 물었다. 그중 한 사람이, 할 일이 유난히 많은 것은 아니지만 도시가 '되살아나고' 있다고 했다. 얼마전 시에서 특정한 구역 하나에 초점을 맞춘 도시 재건 프로그램에 착수했다는 것이다. 다음 순간 세 사람이 서로를 바라보더니 웃음을 터뜨렸다. 그리고 그중 하나가 불쑥 말했다. "그런데 불행히도 그게 그만 불타 버렸지 뭐요!" 실제로 우리가 몇 분 후에 한 구역을 지나가는데 구역 전체의 벽돌 건물들이 아직도 까맣게 그을린 모습을 하고 있었다. 그 광경을 보니 린이 다시 부흥하리라는 사실이 별로 믿어지지 않았다. 그래서 나는 여기에서 살고 싶지 않았다.

여러 회사들과 한바탕 2차 면접을 치르고 나자, 기업의 채용 담당자들이 규칙적으로 연락해 오기 시작했다. 어떤 이들은 우리가 말하는 이른바 '구애 쪽지'를 보내서 자기네 회사가 얼마나 훌륭한지 자기네가 부여하는 혜택이 얼마나 엄청난지, 우리를 '아서 앤더슨 팀'이나 '와코비아 팀' 또는 '제너럴일렉트릭 패밀리'로 맞아들이기를 얼마나 간절히 원하는지 알려 주곤 했다. 와코비아에서는 부회장이 토요일 아침 8시에 전화를 걸어서 (나는 이 사람이 대학을 다닌 적이 있었는지 의심스러웠다) 내가 자기 팀에 들어오기를 얼마나 애타게 바라는지 이야기했다.

내가 간신히 깨어나서 상대가 누구인지 알아차릴 때쯤 대화는 이미 끝나 있었다. "정말 즐거운 대화였네, 친구!"

다시 잠에 빠져들기 전에 잠깐 생각해 보니 내가 무슨 말을 했었는지 아리송했다.

결국 내가 입사 신청을 할 곳은 제너럴일렉트릭과 아서 앤더슨으로 좁혀졌는데, 후자는 내게 시카고나 워싱턴 D.C. 어느 쪽을 택하든 경영 진단 부서에서 교육을 담당하도록 해 주겠다고 제안한 공인 회계 법인이었다. 와코비아는 사람들이 힘을 북돋아 주고 친절했지만 나는 아무래도 윈스턴세일럼으로 이사할 수가 없었다. 내가 와코비아에 정중한 '거절' 통지를 보냈을 때, 그들은 친절하게도 전화를 걸어 제너럴일렉트릭이나 아서 앤더슨에서 일이 잘 풀리지 않을 경우 언제든지 환영하겠노라고 말했다.

제너럴일렉트릭과 최종적으로 대화를 나눌 때, 나는 면담자에게 아서 앤더슨에서 일할 것을 진지하게 고려하고 있다고 말했다. (이때쯤엔 나도 알 만큼 알아서 그에게 상업 은행 이야기는 하지 않았다.)

"글쎄," 면담자가 말했다. "사실 이건 어려운 선택이 아니에요."

"어려운 선택이 아니라고요?" 내가 물었다.

"짐," 그는 가볍게 웃고 나서 말했다. "당신이 아서 앤더슨에 가서 일할 경우, 사람들이 당신 비석에다 뭐라고 쓰게 될지 알아요?"

"아뇨. 뭐라고 쓰는데요?"

"당신의 묘비에는 이런 말이 적히게 될 거요. '짐 마틴 여기에 잠들다. 그는 아서 앤더슨에서 일했다.' 이상 끝!"

그는 연극조로 한숨을 쉬었다. "왜냐하면 당신이 사는 세월은 그게 전부일 테니까!"

나는 정말 그렇게 되고 싶지 않았다. 그의 말은 제너럴일렉트릭에서는 지나치게 많은 시간을 일하지 않아도 된다는 뜻으로 들렸다. 나는 아서 앤더슨을 위해 죽어 줄 생각이 전혀 없었고, 그런 점에서 제너럴일렉트릭이 좋을 듯 싶었다. 교육 프로그램도 듣기에 그럴듯했다. 2년 동안 6개월마다 순환제 근무. 실제로 그렇게 되었지만, 열심히만 하면 뉴욕으로 배치될 수도 있겠다 싶어 마음에 들었다. 나의 대학 친구인 롭이 뉴욕에 있는 회계 법인에 입사하기로 결정했고, 따라서 나는 좋은 친구와 방을 함께 쓸 수도 있게 될 터였다.

하지만 나에게 진짜 설득력을 발휘한 것은 돈이었다. 연봉 2만 달러. 나는 세금을 제한 실수입이 얼마나 될지 계산해 본 다음 싱긋이 웃으며 좋다고 말했다.

큰 가지에 달린 꽃잎들

군중 속에 유령처럼 나타나는 이 얼굴들,
아직 물기가 가시지 않은 새까만 나뭇가지 위에 놓인 꽃잎들.

— 에즈라 파운드, '어느 지하철역에서'

1982년, 제너럴일렉트릭은 탐욕의 시대를 향해 질주했다. 1981년에 최고 경영자가 된 존 F. 웰치는 제너럴일렉트릭 산하 기업들(제너럴일렉트릭은 각 부문들이 저마다 별개의 '기업'으로 불릴 만큼 규모가 커서 있고 '실제로 그렇게 불리고 있었다')에게 제각기 해당 업계에서 1위나 2위를 차지하지 못하면 매각하거나 폐쇄하겠다고 통보했다. 제너럴일렉트릭 안에서 통하는 말로, "올라가라, 아니면 나가라"였다.

기업들의 반응은 당시에 크게 유행하던 '구조 조정'으로 나타났는데, 이는 소위 기업이 환경 변화에 능동적으로 대처하기 위해 비대해진 조직을 팀 위주로 개편하는 경영 혁신으로 통했다. 미국 기업은 많은 불필요한 중간 관리자들 때문에 자금 압박을 받는다는 생각들이 있었다. 이론상으로 보면 불필요한 관리층들이 회사를 둔화시키고 연구 조사와 개발 같은 일들에 좀 더 유익하게 쓰일 자금을 다 먹어 치운다는 것이다. 그래서 최고 경영자들은 임원들을 잘라 낼 필요가 있었다. 제너럴일렉트릭은 이 분야에서 선두를 달렸다.

본인은 유감스럽겠지만, 웰치는 결국 '중성자탄 잭'이라는 별명을 얻었다. 근자에 개발된 중성자탄이 건물은 그대로 두고 인명만 살상하듯이 웰치가 다녀간 제너럴일렉트릭 시설에서는 건물만 남고 사람들은 사라져 버린다는 말들이 돌았다. 그럼에도 《월스트리트 저널》을 비롯한 경제 관련 잡지들은 웰치가 자기 회사를 '절약하는 날씬한' 조직으로 만드는 참신하고 열정적인 1980년대 최고 경영자들의 선봉장이라고 대대적으로 선전했다. 얼마나 절약적이고 날씬한가는 나중에야 알게 됐지만.

최고 경영자로서 웰치의 선배였던 레지널드 존스는 보수파 경영인으로 점잖고 고상했다. 한마디로 신사였다. 하지만 잭 웰치는 자기 사원들에게서 그만한 정도의 충성심을 끌어내지는 못했다. 그러나 그가 제너럴일렉트릭의 순이익에 끼친 영향은 월스트리트와 경영 대학원들로부터 흠모를 받았다. 몇 년이 채 안 되어 웰치는 제너럴일렉트릭을 구식의 일류급 회사에서 경제 동향을 좌우하는 세계 최강의 기업으로 바꾸어 놓았다.

따라서 제너럴일렉트릭에서 일자리를 얻은 나도 자연히 우쭐해졌다. 출세 가능성은 거의 무제한적이었다. 제너럴일렉트릭은 실로 거대했다. 분야들이 너무나도 다양해서 거의 모든 종류의 산업에서 마음껏 재량을 발휘하며 일할 수 있었다. 봉급과 일괄 수당도 엄청났다. 사원들은 이를 두고 인심 좋은 회사라는 의미로 '제너러스일렉트릭'이라 부르곤 했다. 내가 몸담고 있는 교육 프로그램은 거의 경영학 석사 과정 만큼이나 훌륭하다는 평판을 누렸다. 나는 내가 잘만 한다면 출세도 하고 큰돈도 벌 수 있다는 것을 알았다.

국제 사업부가 입주해 있는 제너럴일렉트릭 빌딩은 맨해튼에서도 상업 지구와 주택 지구 중간으로, 렉싱턴로와 51번가 교차지점에 자리 잡고 있었다. 파크로에 있는 성 바르톨로메오 성당의 나지막한 원형 지붕을 굽어보고 있는 이 1933년도 아르데코 양식의 건축물은 날씬한 벽돌 건물로, 꼭대기는 피뢰침들과 전파 수신

기와 그 밖에 기발한 건축상의 장식물들로 이루어진 4층짜리 홍예머리가 얹혀져 있었다. 바로 옆 구획에는 월도프-아스토리아 호텔이 있었고, 두 구획 떨어져서 성 패트릭 대성당과 삭스 핍스 애버뉴 백화점이 있었다. 여름이면 시그램사 사옥 빌딩 앞의 널따란 광장에 앉아 점심시간에 맞춘 관현악단의 연주를 들으며 인도에서 행상인들이 파는 그리스 음식을 먹고 떼 지어 어슬렁거리는 회사원들을 구경할 수 있었다.

건물의 내부는, 이 부근 투자 은행에 있는 내 친구들이 일하는 몇몇 사무실처럼 호화찬란할 필요는 없다 할지라도, 다소 실망스러운 것이 사실이었다. 제너럴일렉트릭은 단순한 '제조업체'로서의 딱딱한 이미지에서 벗어나기 위해 꾸준히 노력하고 있기는 했지만, 그럼에도 돈은 사무실에다 쓰지 않고 생산에다 써야 한다는 고정 관념이 있었다. 덕분에 렉싱턴 570번지는 깨끗하고 산뜻하게 페인트칠이 되어 있기는 했지만 서류를 넣는 허름한 회색 철제 캐비닛과 구식 전화기, 찢어진 회계 장부 상자들로 꽉 차 있었다.

출근 첫날, 나는 가장 좋은 회색 양복(사실은 단벌 회색 양복)을 입고 그 전날 매디슨로에 있는 브룩스 브라더스에서 산 새 넥타이를 맸다. 재무 관리 프로그램 담당자인 금발 머리의 젊은 샌디가 나를 현관에서 맞이하여 21층에 있는 자신의 안락한 사무실로 데리고 갔다. 머리가 벗겨지기 시작한 샌디는 붉은 머리 때문에 재무 계획 분석실에서 '녹슨' 네일이라는 희한한 별명을 가진 사람과 함께 일하고 있었다. 나는 샌디의 사무실을 둘러보며 그의 책상 너머에 있는 안락한 붉은 가죽 의자와 개인용 컴퓨터, 벽에 붙어 있는 값비싼 프린터, 책상 위에 놓인 액자 사진들에 감탄했다. 그는 내가 일을 시작하게 되어 기쁘다고 말했다. 나 역시 그렇다고 대답했다. 그는 내가 첫 번째 '순환 업무'로 소득 마진 부서에서 일하면서 예상한 대로 '매출 총이익'을 맡게 될 것이라고 설명했다. 그러면 됐느냐고 그가 물었고, 나는 그렇다고 대답했다.

나는 몇 시간 동안 제너럴일렉트릭의 후생 복지 부대 항목들을 철저히 검토했다.

'귀하는 귀하의 봉급에서 일부를 회사의 저축 및 보장 프로그램에 투자하고자 하는가?' 그렇다. '귀하는 그 돈을 3년 동안 빼 갈 수 없다는 점을 알고 있는가?' 그렇다. '귀하는 귀하의 돈이 뉴욕에 있는 은행에 직접 예치되기를 바라는가?' 나는 그들이 그렇게 할 수 있을지 알 수 없었지만 그래도 그렇다고 했다. '귀하는 회사의 윤리 규범에 따라 행동할 것을 서류에 서명하겠는가?' 나는 재빨리 읽어 보고 나서, 내가 회사의 비밀들을 누설하지 않을 것이며 '도덕적으로' 행동하겠다는 동의서에 서명했다.

누군가 내가 새로 산 브룩스 브라더스 넥타이를 눈여겨보지는 않았을까? 나는 궁금했다.

제너럴일렉트릭 연수 사원 두 사람이 나를 데리고 '번 앤 브루' 라는 간판이 달린 식당으로 점심 식사를 하러 갔다. 나는 값비싼 대학 교육 덕분에 그때쯤에는 탁월한 일급 음주가가 되어 있었고, 우리 세 사람은 맥주 세 통을 비워 냈다. 그리고 한 시간 후에 '번 앤 브루'를 나와서 악취가 풍기고 인파로 붐비는 맨해튼 거리로 나왔다. 그러자 곧바로 잠도 자고 싶고 소변도 보고 싶은 욕구를 동시에 느꼈다.

사무실로 돌아왔을 때, 나는 내가 매우 취해 있다는 것을 깨달 았다. 이날은 근무 첫날이자 지난 4년 동안 준비해 온 날이었다. 덜컥 겁이 난 나는 화장실로 달려가서 결코 방심해서는 안 될 맥 주 냄새를 없애기 위해 입을 헹구었다. 나는 내 비밀이 들통 나서 당장에 해고당할까 봐 겁이 났는데, 점심 때 술을 마시는 것이 전 혀 대단한 문젯거리가 아니었다는 사실을 그때는 순진하게도 모 르고 있었다.

소득 마진 부서에서 내가 담당한 일은 우리 기업의 계열사들이 벌어들이는 수익을 보고하는 일이었다. 우리 사무실은 해외에서 제너럴일렉트릭 제품들 가스터빈 엔진, 발전기를 사용하는 다양한 사업의 수익성을 추적했는데, 당시에는 제품들이 모조리 사우디아라비아로 몰리는 것처럼 보였다. 일은 대부분 철두철미한 회계였다. 수천 페이지에 달하는 분개장 복사지, 재무 보고서, 복사해서 다수의 고급 간부에게 보내는 계정 조정 서류들. 나의 주요 임무는 숫자 칸들로 가득 채워진 수십 장의 기다란 월례 보고서를 완성하는 일이었다. 연수 사원들은 한두 해 동안 개인용 컴퓨터가 없었고, 그래서 나는 열두 칸으로 구분된 초록빛 정산표에 실수를 하지 않으려고 바짝 긴장하곤 했다.

연수 사원은 두 해 동안 사내에서 가을과 봄에 운영하는 회계와 재무 교육 과정을 이수하도록 되어 있었다. 여름에는 휴가가 있어서 내가 아직도 학창 시절 달력대로 지내고 있다는 느낌마저 들었다. 난해한 제너럴일렉트릭 회계 관행과 절차를 중점적으로 다루는 지루한 월요일 오후 수업은 각 분야의 관리자들이 가르쳤다. 우리의 봉급 인상과 다음에 맡게 될 일자리가 비단 우리의 업무 실적뿐 아니라 교육 성적에도 달려 있었기 때문에 수업 때의 경쟁은 특히 치열했다. 하지만 와튼 스쿨을 졸업한 마당에 그런 경쟁은 대수로울 것이 못 되었다. 그래도 이것은 곧 밤마다 그리고 주말마다 공부하는 세월이 두 해나 더 연장된다는 것을 의미했기 때문에 내게는 성가신 일이 아닐 수 없었다.

제너럴일렉트릭 면접자가 내 묘비명에 관해 했던 이야기를 기억하고 있던 나는 초과 근무가 너무나 잦은 점에 대해 내 상관에게 여러 번 얘기하곤 했다. 그러자 그녀가 말했다. "맙소사, 누가 당신에게 그런 실없는 소리를 했지?" 나와 함께 방을 쓰며 같이 살게 된 와튼 스쿨 동창 롭은 그런 나에게 내가 와튼 스쿨에서 회계학을 공부한 유일한 사람이니 자신이 일하고 있는 회계 법인에다 일자리를 얻어 줄 수 있다고 말했다.

다행히 나의 상관은 훌륭한 사람이었다. 여러 해 동안 제너럴일렉트릭에서 일해 온 마지라는 이름의 여성으로, 천성이 착했다. 마지는 브루클린 출신으로 삶을 바라보는 시각이 여유로웠고, 제너럴일렉트릭에서의 생활을 인간미 있고 즐거운 것으로 만들어 주었다. 우리는 일하면서 재미나게 이야기를 나누었고, 그녀는 (업무를 포함하여) 어떤 일도 지나칠 정도로 심각하게 생각하지 않았다.

마지 외에 나와 함께 일했던 루이스는 오랫동안 제너럴일렉트릭에서 일해 온 사람인데, 실로 대단한 엘비스 프레슬리 숭배자였다. 루이스는 이 로큰롤의 제왕 사진을 액자에다 고이 모셔 자기 사무실에다 걸어 두었고, 해마다 엘비스의 기일이 되면 검은 드레스를 입고 검은 귀걸이를 하고 나타났다. 그리고 점심 식사가 끝나고 나면 사무실에 검은 케이크를 (알고 보니 색이 짙은 초콜릿이었지만) 돌리고 카세트테이프로 〈러브 미 텐더〉를 계속해서 틀었다. 나는 이곳에서 일을 시작한 바로 그달에 그 같은 전통을 접하게 되었는데 나를 깜짝 놀라게 만든 것은 루이스의 그런 행태가 아니라 다른 사람들 모두가 거기에 조금도 동요하지 않는다는 사실이었다. 우리가 케이크를 깨끗이 먹어 치우고 나자 마지가 말했다. "난 엘비스 기념일이 정말 좋아." 엘비스 기념일이 아닌 날에도 라디오에서 엘비스의 노래가 나올라치면 루이스는 사무실 안에 있는 모든 사람에게 입을 다물도록 주문했다. 여기에는 루이스 자신도 포함되었다. 그녀는 통화중에도 느닷없이 상대에게 급한 일로 전화를 끊어야겠다고 말하곤 했다.

루이스와 함께 일하는 셰리는 프랭크 시나트라에게 비슷한 열정을 쏟고 있었다. (하지만 프랭크의 노래가 나올 때 이야기를 계속해도 상관없었다.) 셰리가 제너럴일렉트릭에 채용될 당시가 1960년대였는데 동료들은 그녀에게 결혼한 사실을 경영진에게 알리지 말라는 충고를 했다. (당시에 관리자들은 미혼 여성이 기혼 여성에 비해 한결 헌신적으로 일한다는 생각을 가지고 있었다.) 그래서 셰리는 제너럴일렉트릭에서 30년을 일해 오고 있고 또 자기 딸이 정기적으로 사무실을 찾아오고 있음에도 불구하고 공식적으로는 여전히 '미혼' 상태로 남아 있으면서 남편은 '오빠'로, 딸은 '조카'로 불렀다. 그리고 사무실 사람들도 하나같이 예의를 차리느라 똑같이 처신했다.

스무 명가량 되는 젊은 연수 사원들은 맨해튼 클럽들에서 춤을 추고, 아파트를 돌아 가며 파티를 열고, 영화를 관람하고, 특히 한가한 서비스 타임이면 공짜 음식들이 잔뜩 나오는 인근 술집에서 함께 보내는 시간이 많았다. 여름이면 센트럴 파크에서 무료 음악회가 열렸고, 양키 스타디움이나 셰이 스타디움에서는 입장료가 싼 야구 경기들이 열렸으며, 이따금 브로드웨이 공연도 있었다. 대부분의 사교 행사들은 북동부 술집을 찾아 가는 순서로 이어지곤 했다. 누구든 듣기 좋은 말만 하면 현금이 주머니에서 쏟아져 나왔다.

내가 좋아했던 새로운 특전은 면접을 보러 온 대학생 지원자들에게 회사 경비로 점심을 대접하는 일이었다. 그것은 내가 보기에는 더없이 호사스러운 자리였다. 경영진은 연수 사원 두 사람을 지명하여 대학생 지원자들과 점심을 함께 하면서 그들의 질문에 대답해 주도록 조치했다. 표면상으로는 지원자들의 긴장을 풀어 주는 시간이지만, 우리는 점심시간이 끝나면 어떤 형태로든 그들에 대한 평가서를 작성해서 제출하도록 되어 있었다. 식사비는 세 사람당 100달러가 공식적인 한도액이었고, 연수 사원들 사이에서는 그 액수에 가까울수록 성공적인 점심 식사로 통했다. 아울러 직장을 구하는 처지가 아니라 직장을 가지고 면접장 맞은편에 앉아 있다는 안도감도 대단한 것이었다.

　스물한 살인 나에게 뉴욕은 완벽했다. 나는 걷는 속도에서, 군중에게서, 소란스러움에서 에너지를 받는 한편, 내가 온갖 중요한 것들 한가운데 자리 잡고 있다는 느낌을 받았다. 최신식 식당, 가장 멋진 댄스 클럽, 인기 있는 브로드웨이 공연, 최신 개봉 영화를 찾아다니는 일이야말로 뉴욕 생활이 주는 모험의 일부였다. 주말이면 나는 내 아파트에서 몇 구획 떨어져 있지 않는 프릭 미술관이며 뉴욕 현대 미술관, 모건 도서관 또는 메트로폴리탄 박물관을 찾곤 했는데, 내가 아무리 자주 찾아가도 거기에는 항상 새로운 볼거리가 있었다. 약간 타락하고 어느 정도 자급자족하고 자기만족적이 되기란 쉬웠다. 언젠가 나는 뉴욕 사람들이 이 나라 다른 곳에 사는 사람들을 '덜 떨어진' 사람들로 생각한다는 존 업다이크의 촌평을 우연히 들은 적이 있었다. 맞는 말로 들렸다.

　내가 제너럴일렉트릭에서 일한 지 여섯 달이 지나 연수 사원에게 적용되는 첫 번째 봉급 인상이 이루어졌고, 그러면서 내 은행 통장 잔금은 불어나기 시작했다. 내 친구들에게 값비싼 식사를 대접한다는 것, 그리고 몇 분이 지나면 내가 얼마나 많은 돈을 썼는지조차 잊어버릴 수 있다는 것 또한 새로운 체험이었다. 브룩스 브라더스에서 내 마음에 드는 멋진 넥타이를 한 움큼씩 산다는 것도 그랬다. 제너럴일렉트릭에 일자리를 갖고 상당한 액수의 봉급을 받으며 맨해튼에 있는 아파트에서 지낸다는 것은 당시에는 엄청나게 만족스러운 일이었다.

 나중에 되돌아보니, 내가 제너럴일렉트릭에서 사원으로 보낸 기간은 레이건이 집권하여 세출 삭감과 소득세 대폭 감면, 기업에 대한 정부의 규제 완화 및 안정적인 금융 정책을 통해 경제를 활성화함으로써 강력한 미국을 만든다던 소위 레이거노믹스 시대와 딱 맞아떨어졌으며, 제2차 세계 대전이 끝난 1940년대 말에서 1950년대 초에 태어난 대도시 근교의 부유한 젊은 엘리트층을 일컫던 여피족 시대와도 완전히 겹쳐 있었다. 대학생들과 대학원생들을 대상으로 하는 사업 프로그램들이 넘쳐 났고, 대학들에서 양산된 여피족이 다국적 기업과 투자 은행 및 상업 은행이 마련해 준 일자리로 쏟아져 들어갔다. 나와 내 친구들 대부분은 '여피족' 딱지를 열심히 피했음에도 불구하고, 1980년대 초에 우리 모두가 아주 젊었고 분명히 도시에서 생활했으며 다소간에 전문직에 종사했다는 것만은 부정할 수 없는 사실이었다. 그리고 나는 시대의 주요한 흐름에 함께하고 있다는 느낌을 주는 그 꼬리표를 은근히 즐기고 있었다.

제너럴일렉트릭의 관리자들은 놀라울 정도로 연수 사원들을 애지중지하면서, 우리가 제너럴일렉트릭 사원이 된 것이 얼마나 큰 행운인지 끊임없이 일깨워 주곤 했다. 즉 우리는 '팀'의 일부라는 것이었다. 그러나 활기찬 연수 사원들이 아저씨처럼 상냥한 관리자들에게 열심히 환한 미소를 지어 보이는 사진들을 담은 화려한 제너럴일렉트릭 사원 모집 안내 책자에도 불구하고, 내 눈에 제너럴일렉트릭은 내가 기대했던 만큼 평등한 조직이 아니었다.

앞서 말했듯이, 내가 처음 맡은 1차적인 주업무는 매달 아주 긴 통계 보고서를 작성하여 제출하는 일이었다. 첫 달에 나는 한 간부에게 성과가 부진해서 어쩌면 '우리의 할당량을 채우지' 못하는, 죽을 죄를 지을지도 모르겠다고 보고했다. 그러면서 나는 그달에 사우디아라비아와 맺은 계약들이 손실을 초래했노라고 설명했다. 그러자 그가 말했다. "그래서 어쨌다는 거야? 그냥 분개장 몇 개를 바꿔치기 하라고."

"하지만 그건 우리가 벌어들인 액수를 사실대로 기재하는 것이 아니지 않습니까?" 나는 4년간 회계학을 배웠다는 자신 있는 어투로 말했다.

"잘 듣게." 그는 인정사정없이 잘라 말했다. "우린 매달 보고서를 내면서 할당량을 제대로 채워야지, 그렇지 않았다가는 회사에서 쫓겨난다고. 그러니 무슨 짓을 해서라도 그 숫자를 맞추도록 하라고."

이 말은 매달 우리의 적립금 계정을 뒤바꾸어 놓는다는 뜻이었다. 다시 말해서 우리의 월례 목표 액수를 '충당하기' 위한 목적으로 만들어 놓은 잡다한 계정들 속에 숨겨 둔 상당한 적립금이 존재하고 있었던 것이다. 그래서 만일 한 사업에서 충분한 이익을 벌어들이지 못했을 경우, 우리는 다른 사업의 적립금에서 그만큼을 빼내 오면 그만이었다. 그리고 수익이 지나치게 많은 경우에는 정반대로 그 돈을 적립금 계정에다 채워 넣었다. 결국 우리는 각각의 사업들이 실제로 벌어들이는 돈이 얼마나 되는지 한 번도 정확하게 보고하지 않은 셈이었다. 대신에 우리는 회사 수뇌부에서 보고 싶어 하는 것만을 보여 주었다.

심지어 우리의 적립금 계정들은 저마다 명목을 지니고 원장들 속에 자리 잡고 있었다. 하지만 우리네 실제 사업들이 '사우디'나 '터빈' 같은 명칭으로 불렸다면, 우리가 만들어 놓은 적립금 계정들은 '마개'나 '초과' 또는 '적립' 같은 명목으로 기재되고 있었다.

이것은 온건하게 표현해서 회사 수뇌부에 결코 도움이 되지 않는 일이었다. 만일 윗사람들이 보고 싶어 하는 것만을 보고한다면, 무엇인가를 보고한다는 것이 무슨 의미가 있겠는가? 그 부서가 얼마나 잘해 나가고 있는지 그들이 어떻게 알 수 있겠는가? 이것은 정말 부끄럽고 비겁한 짓이었다. 그다음 달에 같은 간부가 우리 사무실에 들어와 우리가 수치를 제대로 맞추지 못했다고 고함을 쳤다. 적립금을 더 많이 빼 왔어야 했다는 것이다. (달성 목표액은 대체로 최종 단계에 우리에게 통보되곤 했다.)

나는 실망한 나머지 말했다. "보고서 작성을 굳이 월말까지 기다릴 필요가 있겠습니까? 지금 우리가 모든 수치들을 알고 있다면 열두 달치 보고서를 지금 당장 다 작성해 놓지요!" 그 간부는 아무 말도 하지 않고 황급히 사무실을 나가 버렸다.

루이스가 깔깔 웃으며 말했다. "자넨 이런 회계 절차에 대해 지나치게 심각하게 생각하고 있어."

이와 같은 새로운 회계 관행 외에도, 나는 첫해 1월에 제너럴일렉트릭의 연말 결산과 아울러 계정들을 총괄적으로 합계하는 일을 배우게 되었는데, 이때는 회계와 재무를 담당하는 사원들에게 대단히 힘겨운 시간이었다. 제너럴일렉트릭은 대기업들 가운데서 한 해 수익을 가장 먼저 발표하는 일을 자랑으로 여기고 있었다. (그리고 이 점은 분명히 제너럴일렉트릭의 회계사들이 다른 누구보다도 작업 속도가 빠르다는 사실을 입증하고 있었다.) 그런 까닭으로 연말이면 '최종 원장'에 쓰일 수백 가지 재무 보고서들을 만들어 내느라 눈코

뜰 새 없이 바빴다. 그리고 이 '최종 원장'은 분개장들을 수정하는 과정에서 다시 수정되었다. 그렇게 해서 '최종 최종 원장'이 나왔다. 그런데 이것도 또다시 수정을 거쳐야 했다. 그래서 연말 원장의 공식적인 명칭은 '최후 최종 최종 원장'이 되었다.

이 모든 일을 해내자면 아주 장시간의 연장 근무가 필요했기 때문에 회사는 연말 결산을 하는 3주 동안에는 사원들에게 퇴근하지 않아도 좋다고 선언했다. 그러고는 이 부서 사원들 모두가 투숙할 만한 방들을 인근 맨해튼 호텔에다 잡아 주었다. 다행히 나는 연말 결산 기간 중에도 대부분 주택 지구에 있는 내 아파트를 계속 드나들 수 있었으나, 우리가 밤샘 작업을 하곤 했던 마지막 주간만은 호텔로 들어갔다.

월도프-아스토리아 호텔이 바로 옆에 있었지만, 회사는 그보다 지독히도 형편없는 길 건너의 서밋 호텔에다 방을 잡아 주었다. 그곳은 밤이면 집 없는 노숙자들이 흐릿한 눈빛으로 공기가 탁한 호텔 현관을 들락날락하는 곳이었다. 첫해의 연말 결산이 끝나 갈 무렵에 회계과 직원 중 한 명인 캐시가 어느 날 밤 11시쯤에 자기 방으로 돌아와서 옷장을 열고 아래를 내려다보니 옷장에 다른 신발 한 켤레가 보였다. 바로 그 순간 한 사내가 옷장에서 튀어나와 캐시를 덮치더니 한 손으로 그녀의 입을 막고 그녀를 의자에다 묶었다. 캐시는 사내가 방을 나가자마자 탈출했다. 그녀의 말에 따르면 몸이 묶일 때 (언젠가 어떤 영화에서 보았던 대로) 일부러 양손이 헐겁게 묶이도록 처신한 덕분이었다. 아무튼 겁에 질린 그녀는 호텔 현관으로 내려와 진눈깨비가 내리는 렉싱턴로를 가로질러 회사 빌딩 현관으로 뛰어들었다. 때마침 우리 가운데 몇 사람이 늦은 저녁 식사를 끝내고 돌아오다가 이상할 정도로 흥분하는 그녀를 발견하고 브롱크스에서 캐시와 함께 사는 그녀의 오빠에게 전화를 걸었다. 한 시간이 지나 도착한 그는 제너럴일렉트릭에 욕설을 퍼붓고서 캐시를 차에 태우고 돌아갔다.

캐시가 그 후 몇 주일 동안 출근하지 않자, 관리자들은 그녀가 지금 몸을 회복하는 중이라고 말했다. 그러다가 마침내 관리자 중 한 명이 캐시는 심신이 '불안정한' 사람으로, 더는 제너럴일렉트릭에서 근무하는 데 적합하지 않다고 선언했다. 그러면서 그녀가 그 전에도 모범 사원의 모습을 보인 적이 없으며, '팀'의 일원이 아니었다고 덧붙였다. 그리고 그녀는 끝내 돌아오지 않았다.

1월에 나는 새로운 연수 사원 순환 근무처로 자리를 옮겼다. 입무는 15층에 있는 널찍한 사무실에서 이루어졌는데, 그곳은 파크로가 내려다보이는, 성 바르톨로메오 성당의 아름다운 원형 지붕 너머에 공원이 있어 전경을 막힌 곳 없이 바라볼 수 있는 몇 안 되는 장소 중 하나였다. 나는 회사가 거느린 비교적 작은 해외 계열사들 가운데 이탈리아에 위치한 한 곳을 담당하면서 그들이 보유하던 꽤 많은 현금 계정들을 관리하고, 돈을 은행에서 은행으로 옮기고, 계정들을 합계하고 조정했다. 이것은 내가 다른 무엇보다도 전화를 통해 정기적으로 대규모 송금을 처리했다는 말이다. 나중에는 시티뱅크 대표들이 내 목소리를 알아들었고, 덕분에 나는 전화기를 들고 수백만 달러를 내가 불러 주는 숫자의 계좌로 송금하도록 만들 수 있었다.

내가 이 일을 맡기 시작할 때쯤, 나는 뉴욕에 자리를 잡았고 할 수 있는 한 제너럴일렉트릭에 못 박으리라 생각하고 있었다. 나는 내 일자리에 비교적 만족했고 비록 공부를 계속하는 일은 별로 좋아하지 않았지만 뉴욕 친구들과 굉장히 재미있게 지내고 있었다. 롭은 알고 보니 다시없이 좋은 룸메이트였다. 설거지통에 접시를 그냥 놓아두는 일이 결코 없지만 유머 감각을 가진 느긋한 친구였다. 우리는 비좁은 아파트에서 걸핏 하면 파티를 벌이면서 다른 세계의 친구들과 어울렸다. 맨해튼에 사는 이점 중 하나가 통상적으로는 사귈 수 없는 전혀 무관한 사람들과도 만나게 된다는 점임을 나는 금방 터득했다. 제너럴일렉트릭에서 알게 된 친구는 출판계에 있는 누군가를 알고, 그 사람은 한창 고생하고 있는 배우를 알고, 그 배우는 컬럼비아 대학 대학원생을 알고, 그 대학원생은 유엔에서 일하는 누군가를 아는 그런 식이었다. 덕분에 파티와 저녁 식사는 항상 절충하는 식으로 이루어졌다.

하지만 우리의 작은 아파트는, 특히 사람을 맥 빠지게 만드는 여름철 열기 속에서는, 향연을 즐기기에 적당한 장소가 못 되었다. 우리가 맨 처음 서서 즐기는 파티를 열었을 때, 손님 하나가 천장에 손잡이만 있다면 영락없이 에어컨 없는 전철을 타고 있는 꼴이라고 말했다. 실제로 우리가 작고 거의 쓸모가 없어진 제너럴일렉트릭의 에어컨을 얻어다 달기 전까지 우리 아파트는 견디기 힘들 정도로 더웠다. 나는 아침마다 양복을 입고 넥타이를 매는 일이 끔찍했다. 한 동료 직원이 나더러 밤에 속옷을 냉동기에 넣어 두었다가 아침에 입으면 시원해진다고 가르쳐 주었다. 그 말은 이상하게 들렸지만, 해 보니 상당한 효과가 있었다. 사무실에 도착할 때까지 상쾌하고 시원한 기운이 남아 있었다. 하지만 롭이 내게 (비록 깨끗할망정) 나의 팬티가 담긴 플라스틱 봉지가 자신이 먹는 히겐디즈 아이스크림 통 위에 놓여 있는 것을 보면 속이 불편하다고 하는 바람에 그 짓도 그만두게 되었다.

연수 프로그램이 진행될수록 교육 과정은 어려워졌고, 순환 업무도 더 도전적이고 연장 근무도 더 많이 필요했다. (나는 늘 면접 때

들었던 묘비명 이야기를 기억하고 있었다.) 여러 가지 일과 교육 때문에 갈수록 자유 시간은 줄어들었다. 그래도 주말은 여전히 내 자신을 위해 쓰고자 노력했다. 롭은 나만큼이나 영화 보기를 좋아했고, 나는 혼자 있고 싶을 때면 박물관을 찾곤 했다.

긴장감에서 벗어나기에 가장 좋은 박물관은 메트로폴리탄 박물관의 분관으로서 중세 미술품들을 소장하고 있는 클로이스터즈 박물관이었는데, 이곳은 맨해튼 북쪽 끝에 있어서 지하철을 타고 한참을 가야 했다. 서유럽에서 버려진 수도원들 몇 곳을 사들였던 존 록펠러는 1936년에 거기에서 골라낸 건축물들을 짜 맞추어 재건립하고, 거기에다 메트로폴리탄 박물관의 엄청난 중세 미술 소장품들을 전시해 놓았다. 덕분에 수도원 봉쇄 구역을 의미하는 이름의 클로이스터즈 박물관은 훌륭하기 이를 데 없는 그림과 조각품이며 스테인드글라스로 가득 찼고, 주옥같은 작은 정원들은 이따금 제트기가 지나가기는 해도 아주 조용했다. 향기로운 꽃나무들과 노래하는 새들로 에워싸인 고요한 초록빛 봉쇄 구역에 앉아 있다 보면 내가 맨해튼 아닌 다른 어딘가에 와 있다는 상상에 빠지곤 했다.

일로 인한 압박감에서 잠시나마 벗어나는 또 다른 방법은 성당을 찾는 것이었다. 향 냄새를 훅 들이키고 간간이 기도를 바치노라면 내적 평화까지는 아니더라도 최소한 몇 분 동안 마음의 평정을 맛볼 수 있었다. 나는 색 바랜 성화들을 바라보며 낯선 성인들의 모습을 구별해 보려고 애썼다. 나의 기도는 비록 고등학교와 대학 시절에 했던 그런 종류의 기도이기는 할망정, 여전히 기도 대상은 위대한 해결사 하느님이었다. 하지만 요구 사항들은 바뀌었다. '좋은 부서에서 순환 근무를 하게 해 주십시오. 더 많은 봉급을 받게 해 주십시오.'

나는 몇 달 동안 인근에서 분위기 있는 성당을 찾아 돌아다닌 끝에 67번가에서 도미니코회 수사 신부들이 운영하던 성 빈첸시오 페러 성당에 정착하게 되었다. 나는 그곳이 수많은 스테인드글라스와 훌륭한 합창단, 짧은 강론 때문에 좋았다. 다양한 본당 활동들도 있었지만, 나는 그런 것에 대해서는 흥미도 시간도 없었다. 모금함에 5달러를 집어넣는 것만도 대단한 선심이었다. 대부분의 사람들이 1달러밖에 넣지 않는 것을 보았던 만큼, 나는 내 자신을 너그러운 사람으로 여겼다.

나는 심지어 오만해져서 뉴욕 시민들 일부가 그렇듯이 길거리에서 내게 곧잘 접근하여 손을 내미는 행려자들을 무시하는 내 행동을 자랑으로 여기기까지 했다. 다른 지역에서 나를 찾아온 친구 하나가 이런 나의 행동을 목격했다.

"자네, 어떻게 그럴 수가 있나?" 그가 목소리를 낮추며 물었다.

"아, 자네도 금방 익숙해지게 될걸." 나는 도시적인 세련된 태도를 자랑 삼아 대꾸했다.

마지막 순환 근무 때, 나는 제너럴일렉트릭이 세계 각국을 상대로 체결하던 기술 서비스 계약을 담당하는 부서에서 일했다. 나는 여전히 개인용 컴퓨터가 없었고, 그래서 복수 통화와 여러 국가들을 기재하는 수많은 칸으로 나뉜 계산표를 달마다 아예 500장 단위로 준비해 두어야 했다. 그리고 연말에는 다시 한 번 연말 결산에 참여했다. 이 부서에서는 회사 수뇌부에 보내는 보고서가 더 많았다. 그래도 밝은 면을 들자면, 마침내 나만의 칸막이 방과 플라스틱 명패를 갖게 되었다는 점이다.

제너럴일렉트릭에서 일을 시작한 이래로 봉급은 50퍼센트가 올랐다. 봉급이 갈수록 많아지면서 그만큼 안정감이 생겨서 좋기는 했지만, 돈 자체는 생각했던 것만큼 대단한 흥분거리가 되지 못했다. 필요한 물건들을 살 수 있다는 점은 기뻤지만, 흥청망청 쓰고 싶은 욕망은 전혀 느낄 수가 없었다. 최고급 옷가지나 요란스러운 전자 제품들 또는 카리브 해변에서 보내는 멋들어진 휴일 따위에는 전혀 관심이 없었다. 은행 자동 입출금 카드도 '잔액 조회'를 눌렀을 때 나타나는 좀 더 커진 숫자를 보면서 기분이 좋아지기는 했지만, 그 외에는 아무런 의미도 없었다.

맨해튼에서 두 해를 보내고 난 다음에 새로 얻은 부에도 불구하고, 나는 그동안 지불해 온 높은 집세에 질려 있었다. 이제는 집을 옮길 때가 되었던 것이다. 롭은 부자 동네에 있는 콘도를 사기로 했고, 나는 회사에서 알게 된 친구와 그의 여자 룸메이트와 함께 서부 롱아일랜드 주택가인 포레스트 힐스에서 알맞은 장소를 찾아냈는데, 이는 급행열차를 30분 동안 타고 맨해튼으로 통근해야 한다는 것을 의미했다.

1985년 12월에 나는 재정 관리 교육 과정을 이수했고, 다른 모든 연수 사원들처럼 수업과 6개월 단위 순환 근무를 모두 끝마치게 되어 어깨가 으쓱했다. 우리는 미드타운에 있는 사무용 건물 꼭대기에서 호화로운 파티를 대접받았고, 초청 인사들의 치사와 시상식과 수료증 수여식이 있었다. 우리가 이수한 교육 과정은 어려운 것이었고, 알고 보니 많은 사람이 통과하지 못한 모양이었다. 나는 수료증을 받게 되어 자랑스러웠다(그리고 안심이 되었다). 게다가 두 주일 전에 마지막 순환 근무 대신 1년간 '특별 프로젝트'를 담당하기로 수락했었다. 내가 할 일은 회사가 국제부 사무실을 닫기 전에 계정들을 통합 정리하는 작업을 돕는 것이었다.

내가 일을 시작한 지 두 해가 채 못 되어, 회사는 벌써 수천 명의 사원들을 '구조 조정한' 상태였다. 내가 연수 과정을 끝마치기 몇 달 전에, 회사는 내가 근무하던 맨해튼 건물의 직원들을 거의 정리하기로 결정했다. 국제부가 하는 주업무가 다른 제너럴일렉트릭 계열사들의 해외 업무에 필요한 회계였기 때문에, 회사는 이 재무 업무를 각 계열사로 이관함으로써 지출을 줄이기로 결정한 것이다. 그렇게 하면 맨해튼의 사무실은 아무 필요가 없게 된다. 게다가 이 건물 자체가 세를 내주거나 매각할 수 있는 소중한 자산이었다.

구조 조정이 대차 대조표상으로 좋아 보이고 회사를 능률적으로 만드는 데 도움이 되는 것은 분명한 사실이었지만, 그것은 젊은 시절의 삶 전체를 제너럴일렉트릭에서 일하며 보냈던 사원들을 몰아낸다는 것을 의미했다. 하지만 제너럴일렉트릭은 아이비엠이나 에이티 앤 티와 마찬가지로 전통적으로 직원들을 몰아내지 않는다고 알려져 왔고, 그 결과로 사원들로부터 엄청난 충성과 개인적인 희생을 끌어낼 수 있었다. 회사는 이런 충성을 믿고 의지했으며, '제너럴일렉트릭 가족' 개념을 끊임없이 강조했다. 회사 소풍 때 나누어 준 감청색 티셔츠에 찍혀 있던 문구 "G.E. is ME!"도 바로 그런 의미를 담고 있었다.

1984년 봄에 최고위 관리자들이 특별한 발표가 있다며 직원들

전체를 강당으로 모이도록 했다. 정리 해고 소문이 몇 달 동안 떠돌았지만 아직까지 결정적인 이야기는 듣지 못했던 참이었다. 고위 간부 한 사람이 와이셔츠 바람으로 단상에 올라 작은 연단 뒤로 가서 섰다. 조명이 낮아지고 커다란 스크린에 기다란 숫자 기둥이 투사되어 나타났다. 우리는 무슨 재무상의 통계를 보여 주려나 보다라고 생각했다. 그리고 어떤 의미에서는 우리 생각이 맞았다.

"여러분 가운데 들어서 알고 있는 분들도 계시겠지만," 그 간부가 말을 시작했다. "우린 지금 구조 조정을 하는 중입니다." 좌중은 눈에 띌 정도로 부산해지면서 분위기가 확 바뀌었다.

"현재 우리의 인원 수는 이것입니다." 그가 말하면서 숫자 하나를 가리켜 보였다. 400이었다. "그리고 우리가 올해 말까지 남겨 두게 될 인원 수는 이것입니다." 그는 또 다른 숫자를 가리켰다. 50이었다.

그러면서 그는 이것이 제너럴일렉트릭이 회사를 '날씬한' 조직으로 만들려는 전략의 일부라고 설명했다. 제너럴일렉트릭은 전국에 걸쳐 다른 계열사들에서 가능한 한 많은 사람들이 일할 사리를 찾도록 하겠다고 했지만, 모든 계열사들이 감원을 하고 있는 만큼 많은 사람이 새 일자리로 옮겨 가게 될지는 의문스러웠다. 그리고 분명하게 드러났듯이, 일자리는 나나 다른 연수 사원들처럼 비교적 어리고 봉급이 적은 사원들이 일할 자리밖에 없었다. 강당 안에 있는 직원들 대부분은 회사에서 몇 십 년씩 일을 해 온 사람들로서, 그들을 채용할 가능성은 전혀 없었다.

"질문 있습니까?"

장내는 침묵에 싸였다. 실내에 있던 사람들 대부분은 아연실색한 채 고개를 떨구고 있었다. 내 옆에 앉은 한 여성은 화장지로 눈물을 가만가만 찍어 내고 있었다.

경영진은 회사가 달리 선택할 여지가 없다고 선언했다. 오로지 경제 문제라는 것이었다. 그들은 회사가 필요치 않은 사람들을 계속 떠안고 가 주기 바라는 것은 공정하지 못하다고 말했다. 하지만 사원들이 그토록 오랫동안 제너럴일렉트릭에 남아 있었던 이유가 경제 사정 때문만은 아니었다. 많은 장기 근속자들이 회사를 위해 크나큰 희생을 감내해 온 것은 혹독한 시절이 왔을 때 회사가 그들의 충정을 기억하고 도와주리라 굳게 믿었기 때문이다. 예를 들어 나이 많은 사원들 가운데 일부는 회사의 요청에 따라 몇 년씩 벽지로 가족들을 데리고 이사하기도 했다. 이런 사람들은 적어도 자기네 충정에 보답이 있을 것으로 기대했다.

하지만 뒤에 남은 직원은 관리자들 몇 사람과 연수 사원들 그리고 시설을 관리하는 건물 관리 사원들 몇 사람뿐이었다. 경영진은 장기 근속 사원들이 떠난 빈 자리에 점차 연수 사원들을 배치하기 시작했다.

구조 조정이 이루어지던 바로 그달에, 잭 웰치는 최고 경영자 사무실도 개조하기로 결정했다. 회사 본부는 코네티컷에 있었지만, 웰치는 뉴욕에다 개인 사무실을 두고 대략 한 달에 2, 3일씩 와서 지내기를 좋아했다. 이 건물은 이전에 회사의 본부 구실을 했던 만큼, 맨해튼 전경을 빙 둘러 볼 수 있는 45층에 마호가니 널빤지로 벽을 두른 굉장히 넓은 회장실이 아직까지 남아 있었다. 이 사무실이 1980년대에 걸맞지 않게 케케묵었다고 판단한 웰치는 실내를 개조하여, 바닥은 대리석으로 깔고 벽도 티크목 널빤지로 바꾸고 방바닥을 꽉 채우는 새하얀 동양 양탄자를 들여놓았다. 그러니까 해고당한 사원들이 비용 절감 조치의 일환으로 감원된 그들이 개인 소지품을 담은 상자들을 밖으로 실어 나르는 동안, 일꾼들은 회장실을 꾸밀 새 티크목 널빤지며 고가의 모직 양탄자들을 안으로 들여오고 있었던 것이다.

내가 맡은 임무는 설비 원장을 정리하는 일이었는데, 대략 합계가 2천만 달러가 되었다. 당시에 그 돈은, 마치 어떤 사람의 수표장이 그럴 수 있듯이, 놀랍게도 2백만 달러가 맞지 않는 '불균형 상태'였다. 간단히 말해서 회계상의 악몽이었다. 사무실에서 격언처럼 통용되는 풍문에 따르면 이런 수치 차이를 밝혀내려면 거의 한 해가 걸려야 된다는 것이었다. 이전에 이 일을 맡았던 사람(나이가 든 장기 근속자)은 자기 일을 인수받을 스물세 살짜리를 훈련시키는 데 전혀 관심이 없었다. 이는 놀라운 일도 아니었다. 그 상황에 더 알맞은 말은 바로 적개심이었다. 따라서 그는 내게 필요한 어떤 정보도 주지 않았다.

와튼 스쿨에서 회계학 교과서 제1권 첫 단원은 경영 상태가 엉망인 가공의 회사들을 상정하여 '야반도주 기업'이나 '엉터리 경영 회사' 같은 이름을 붙여 놓고 그곳의 재무제표를 다루도록 되어 있었다. 그런데 설비 계정을 놓고 며칠 동안 수업을 하다 보면, 야반도주 기업의 장부들이 마치 기적적으로 살아나는 것처럼 보였다. 그 장부들은 맥 빠지게 만드는 엉터리들로, '세부 원장' 계정이나 세부 항목들과도 맞지가 않았다. 바꾸어 말해서 형편없는 회계 기록들 때문에 회사 원장들에 적힌 수치들은 대부분 틀려 있었다. 그래서 회사의 실질적인 자산 상태를 보여 주지 못했다. 나는 정확한 차감 잔액이 얼마인지 확인하기 위해 10년에서 20년 이전의 송장들과 정확하지 못한 분개장들을 추적하기 시작했다. 일은 갈수록 어처구니없어지기 시작했다. 어느 날 나는 모서리가 접힌 1958년도 분개장들이 담긴 상자를 뒤적였다. 그리고 내가 태어나

기도 전에 만들어진 이 회계 장부들 모두가 주먹구구식으로 무책임하게 작성되어 있다는 사실을 발견했다.

다행히도 나는 회계 감사 부서에서 좋은 사람들과 함께 일했다. 우리들 대부분은 다른 지부에서 일할 자리를 약속받은 상태에서 이 임무를, 다시 말해서 국제부를 폐쇄하기에 앞서 장부들을 정리하는 일을 맡게 되었다. 우리는 8층에 있는 사무실 하나를 함께 사용했는데, 거기에는 51번가와 렉싱턴로 모퉁이가 내려다보이는 굉장히 큰 창문들이 있었다. 우리는 초과 근무로 기진맥진했다. 그리고 우리를 교육시킨 직원들이 떠나가는 지속적인 감원으로 긴장되어 있었음에도 우리는 단단한 결집체가 되어 갔다. 심지어 주말에도 가족을 대하는 시간보다 서로를 대하는 시간이 더 많았다.

대기업에서 일하는 사람은 누구나 알겠지만, 이런 사무실 환경에서는 동료 직원이 유달리 편안하고 편리할 수 있다. 그들은 서로의 약점이며 괴상한 버릇까지 모두 아는 (하지만 늘 사랑하지는 않는) 가족이나 거의 다름없다. 거의 온종일 함께 지내다 보면 서로의 삶을 세세한 부분들까지 간여하게 된다. 사무실 인물들의 배역은 다양하다. 몇몇 친구들보다 나를 더 잘 아는 비서, 내가 무엇은 먹고 무엇은 먹지 않는지를 아는 구내 식당 종사자, 내가 일 때문에 늦기라도 하면 빈정거리는 투로 말을 해 대는 수위, 내가 하루에 여덟 시간을 함께 보내는 동료 직원, 내가 태어나기 전부터 회사에서 일해 온 직원들과 순진한 새내기 사원들.

하지만 찢어지고 빛바랜 송장들과 누렇게 변한 어음들, 판독할 수 없는 분개장들, 해묵은 재무 보고서들 더미에 둘러싸여 책상에 앉아 많은 시간을 보내다 보니, 나는 금방이라도 모든 것을 포기하고 싶은 생각뿐이었다. 상당히 높은 직급의 관리자가 분명히 자신의 일자리를 잃을까 봐 두려운 나머지 하루에도 몇 번씩 우리를 찾아와서 큰 소리로 명령을 내리거나 일을 좀 더 신속하게 하지 못하느냐고 야단을 쳤다.

나는 거의 밤마다 8시까지 일하고 지하철을 타고 집으로 오면서 기름투성이인 중국 음식을 사 들고 들어와 아파트에서 혼자 먹곤 했다. 나의 룸메이트들도 늦게까지 일을 하기 때문에 보통은 주말에나 그들을 볼 수 있었다. 그러다가 나는 주말에도 대부분 일을 하기 시작했다. 토요일이면 나는 퀸즈에서 출발하여 지난밤 술주정꾼들과 새벽에 일 나가는 노동자들에다 걸인들까지 몇 명 태우고 달리는 열차에 몸을 실었다. 그리고 53번가와 렉싱턴로 교차점에서 내려 간이식당에서 커피 한 잔과 도넛 한 개를 사 들고 주말 작업이 기다리고 있는 내 책상으로 가서 자리 잡고 앉았다. 그러고 나면 청바지에 헐렁한 스웨터를 걸친 사무실 사람들이 드문드문 들어와 자기 책상 앞에 털썩 주저앉으며 신음 소리를 내곤 했다. 그런 상태로 몇 달을 지내고 나자, 만성적인 위통이 시작됐다. 나는 그것을 중국 음식과 늦은 식사 시간 탓으로 돌렸고, 다시는 새우튀김을 입에 대지 않겠다고 결심까지 했다. 생전 처음으로 내 삶이 싫어지기 시작했다.

나의 대학 친구들은 나에게 왜 당장 그만두지 않느냐고 물었다. 하지만 내가 맡은 일을 완수하지 못할 경우 사무실의 다른 사람들에게 더 많은 일이 돌아가게 되어 있었다. 회사에 대한 내 충성심은 사라졌다고 할지라도, 나의 동료 직원들을 실망시켜서는 안 된다는 것을 나는 알고 있었다. 토요일마다 몇 시간씩 일을 하고 나면, 나는 짬을 내어 사무실에서 한 구획 떨어져 있는 성 패트릭 대성당 저녁 미사에 참례하러 갔다. 그곳은 일의 중압감을 떨쳐 버리기에 딱 좋은 장소였다. 나는 기도를 드리며 이런 상태가 얼마나 오래갈 것인지 심란해했다. 그러면서 심지어 하느님도 일곱째 날에는 쉬었는데 하는 생각을 하곤 했다.

퀸즈에서 보낸 첫 번째 여름은 비참했다. 우리 아파트에다 소형 에어컨을 몇 대 설치했지만 끈적거리는 뉴욕의 여름 공기를 식혀 주지 못했다. 게다가 날마다 지하철을 타러 나가야 하는 마당에 더위는 실로 성가신 골칫거리였다. 섭씨 37도를 오르내리는 날씨에 75번가와 컨티넨털로 교차점 지하철역에서 정장을 하고 넥타이를 맨 채로 땀을 흘리며 제발 에어컨이 달린 열차가 와 주기를 고대하고 있을 때는 정말 그랬다.

일터를 줄곧 지하철로 오고 가는 사이에 나는 내가 쓸모없이 보내 버린 시간이 엄청나게 많다는 사실을 깨달았다. 100여 명에게 둘러싸인 채 서서 〈뉴욕타임스〉를 읽는 것은 아무리 해도 익숙해지지가 않았고, 게다가 손가락에 묻은 신문 잉크는 아무리 씻어도 지워지지 않았다. 그래서 나는 그 시간을 내가 받은 교육의 빈틈들을 메우는 데 이용하기로 했다. 나는 와튼 스쿨에서 영문학을 꼭 공부해야 하는 입장이 아니었고, 따라서 내가 대학에서 이수한 유일한 문학 과정은 미시美詩 과목뿐이었다. 나는 적어도 인문학 분야에 있어서는 여전히 교양이 부족하다고 느꼈다. 그리하여 대학에서 읽었어야 했다고 판단되는 것들을 읽어 갔다. 《젊은 예술가의 초상》, 《오디세이》, 《일리아드》, 베르길리우스의 서사시 《아이네이스》, 《안나 카레니나》, 《보바리 부인》 등. 나는 《카라마조프가의 형제들》을 다 읽고 나서 펜실베이니아 대학에서 러시아 문학을 전공한 어떤 친구에게 대심문관이 등장하여 예수님과 면담하는 대목이 너무나 지루하여 그냥 건너뛰었노라고 말했다. 그랬더니 그가 대뜸 하는 소리가 "자네 농담하는 건가?"였다. "그 대목이 그 책에서 가장 중요한 대목이라고." 하지만 당시에는 도스토예프스키가 제기하는 불가사의한 신학적 질문들은 줄거리에 비해 재미가 없었다. 《일리아드》에서, 창이 사람들의 머리를 꿰뚫는 대목을 읽고 있을 때, 아무것도 모르는 급행열차 손님들은 조용히 그들의 조간신문을 읽고 있었다.

그 여름 기간 중 어느 시점에, 나는 뉴욕 현대 미술관에 재무 분석가 자리가 났다는 사실을 알게 되었다. 봉급이 내가 당시에 받던 액수보다 천 달러가량 낮았지만, 나는 면접을 보기로 결심했다. 내가 맡은 업무도 거의 끝나 가고 있었고, 다른 제너럴일렉트릭 계열사로 이동하여 또다시 단조로운 재무 업무를 맡게 된다는 데 회의감이 들기도 하던 참이었다.

내가 사무실에서 몇 구획 떨어진 미술관으로 걸어간 것은 이전에도 여러 번 있었지만, 걸음을 멈추지 않고 위층으로 서무과까지 올라간 것은 처음이었다. 직원인 남자는 내가 봉급 삭감도 감수할 수 있다는 사실에 놀라움을 표했다. 그로서는 내가 그 일자리를 절실하게 바라는지 확인할 길이 없다는 말이었다. 그래서 나는 말했다. "제가 이렇게 와 있질 않습니까?"

며칠 후에 그들은 내게 전화를 걸어 내 자격이 너무 넘쳐서 안 되겠다고 통보했다. 내가 그 일자리를 좋아하지 않을 경우, 특히 봉급조차 그렇게 낮은 판에, 내가 떠난다 해도 붙잡을 도리가 없지 않겠느냐는 말이었다. 나는 맞는 지적이라고 인정할 수밖에 없었다. 하지만 한동안 나는 세잔느나 피카소 또는 모네를 닮은 사람들과 한 건물에서 일하는 나를 상상해 보곤 했다. 사람들에게 "뉴욕 현대 미술관에서 일하는 사람입니다." 하고 말하는 것이 "1965년도 송장들을 훑어보며 지냅니다." 하는 것보다는 훨씬 더 듣기 좋을 것 같았다.

심야 작업과 주말 근무와 구역질이 뒤엉킨 한 해가 지나자 나는 마침내 설비 부문 대차 대조표를 완성해 낼 수 있었다. 나는 지난 열두 달 동안 발견한 모든 사항들과 바로잡은 무수한 내역들을 상세하게 기록한, 엄청나게 기다란 보고서를 작성했다. 일부 오류들은 가짜 계정들 속에 숨겨져 있기도 했지만 대부분의 오류는 단순히 잘못된 계산에서 비롯된 결과였고, 그래서 나는 수백 개의 칸들로 이루어진 단일한 분개장에다 이를 바로잡아 놓았다.

나는 이 프로젝트가 완결되었음을 분명히 보여 줄 수 있다는 판단 아래 부서장과 면담 약속을 했다. 그리고 6월 어느 날 아침에 나는 자랑스럽게 기다란 한 장짜리 보고서를 그에게 내밀며 2백만 달러 가운데서 4천 달러만 빼고 나머지는 모두 소재를 파악했노라고 말했다. 그러고 나서 필연적으로 듣게 될 칭찬의 말이 나오기를 기다렸다.

하지만 그는 1년 동안 밤과 낮과 주말을 모조리 앗아 가며 작성한 내 보고서를 슬쩍 훑어보더니 나를 올려다보며 말했다. "나머지는 어디에 있는 거야?"

나는 얼떨결에 대꾸할 수밖에 없었다. "저, 겨우 4천 달러밖에 되지 않는 걸요. 전 2백만 달러를 거의 다 찾아 냈다고요."

"전부 다 찾아냈어야지." 그는 퉁명스럽게 말하고는 다시 자기 일로 눈을 돌려 버렸다.

보이지 않는 낚싯바늘

> 세바스찬이 술에 취한 저녁, 그 불행한 밤에
> 엄마가 우리에게 읽어 준 이야기를 네가 기억하는지 궁금하다.
> 브라운 신부는 이런 비슷한 말을 했었지.
> "내가 그(그 도둑)를 잡은 낚싯바늘은 눈에 보이지 않고
> 낚싯줄은 길어서 그는 세상 여기저기를 배회할 수 있다.
> 그렇지만 줄을 잡아당기면 그가 끌려오게 되어 있었느니라."
>
> — 이블린 워, 《다시 찾은 브라이즈헤드》

나는 운 좋게도 대단히 돈벌이가 좋고 (따라서 극도로 매력적인) 게다가 급속도로 성장 중인 제너럴일렉트릭의 금융 부문 자회사인 제너럴일렉트릭 신용에 안착했다. 코네티컷에 기반을 둔 제너럴일렉트릭 신용은 제너럴일렉트릭의 자금줄일 뿐만 아니라 그 나

름으로도 소매점 융자, 저당 융자, 운송 금융, 투자 은행 및 심지어 소규모 상업 은행까지 거느린 거대한 종합 금융 슈퍼마켓을 형성하고 있었다. 제너럴일렉트릭 신용은 예를 들어 뉴욕의 대형 백화점 메이시스와 애플컴퓨터 같은 회사들에 신용 대부를 해 주고 있었다. 고객들이 그들의 신용 카드 대금을 메이시스에 지불할 때, 그들은 실제로 수표를 전국에 있는 제너럴일렉트릭 운영 처리 센터로 우송하고 있었던 것이다. 그 돈은 제너럴일렉트릭에서 나왔고, 지불 과정도 제너럴일렉트릭 손에서 완결되었다. 메이시스가 하는 일이라고는 우리에게 수수료를 지불하는 것뿐이었다.

GECC로도 알려져 있는 제너럴일렉트릭 신용은 수십 대의 항공기를 구입하여 항공사에 세를 받고 대여함으로써 제너럴일렉트릭사에 수백만 달러의 세금을 덜어 주었다. 이것은 '판매 후 임차 계약'으로 알려졌으며, 우리는 비행기를 전혀 사용하지 않음에도 이런 방법을 통해 정부로부터 '투자 장비'를 구입하기 위한 세액 공제를 받을 수 있었다. 이것은 그들의 수많은 수익성 자금 조달 거래들 가운데 하나에 불과했다. 회사에서는 만일 제너럴일렉트릭 신용이 은행이었다면 전국에서 일곱 번째로 큰 은행이었을 것이라고 자랑하기를 좋아했다.

나는 제너럴일렉트릭 신용의 재무 관리 프로그램을 관장하는 업무를 맡았는데, 이는 내가 최근 뉴욕에서 이수했던 교육 프로그램과 동일한 것으로, 내가 이 업무를 선택한 이유는 주로 생색나지 않는 다른 업무들에 비해 이것이 한결 재미있을 것이라 생각했기 때문이다. 나는 30년 전 송장들을 뒤적이는 일에 진저리가 나 있었다. 인력 자원 분야에서 일자리를 갖게 되면 또다시 재무 업무를 담당할 기회가 오지 않을 수도 있었지만, 그럼에도 나는 그다지 개의치 않았다. 어쩌면 새로운 업무가 나를 좀 더 창의적으로 만들어 줄지도 모를 일이었다.

제너럴일렉트릭 사람들이 말했듯이 '하락 기조'는 코네티컷 스탬퍼드로 옮아 가고 있었다. '결코 잠들지 않는 도시'에서 큰일이라고는 정녕코 있어 본 적이 없는 도시로. 코네티컷 지주 계급에 속하는 사람이라면 스탬퍼드도 멋지겠지만, 여피족에게는 지독히 지루한 곳이었다. 엄밀한 의미에서 스탬퍼드는 1980년대 중반에 건축 붐을 타고 있었다. 늘씬한 탑 모양의 회사 사옥들이 도심지 상업 지구에 불쑥불쑥 올라섰고, 수목이 우거진 사옥 '부지들'은 시골로 쭉쭉 뻗어 나가고 있었다. 하지만 벼락 경기는 거기에서 끝났다. 내가 도착한 1985년에 도시 전체를 통틀어 쓸 만한 식당은 세 곳뿐이고 영화관은 두 곳뿐이었다.

하지만 아무려면 어떤가? 그보다 살기 나쁜 곳들도 있었다. 업무는 방금 내가 털고 나온 것보다 분명히 훨씬 더 흥미로울 것 같았다. 게다가 돈도 넉넉했다. 나는 전혀 알지 못했던 제너럴일렉트릭 장기 근속자 두 사람과 스탬퍼드에 아파트 하나를 얻었다. 하지만 그 무렵에 내 친구들 가운데 여럿이 뉴욕에서 스탬퍼드로 옮겨 왔고, 그래서 나는 금방 고향에 온 기분을 느끼게 되었다.

새로운 위치에서, 나는 이제 막 대학을 졸업한 사람들을 채용했고, 뉴욕에서의 관행처럼 제너럴일렉트릭 신용 내부의 다양한 부서들을 돌아 가며 근무하도록 만들었다. 제너럴일렉트릭 신용은 엄청난 이익을 올리고 있었기 때문에 지사들이 수십 개나 되었고, 따라서 온갖 종류의 중요한 순환 근무처가 연수 사원들을 기다리고 있었다. 실적 평가와 연수 과정에서 성적이 우수할수록 좀 더 나은 부서로 가게 될 기회가 그만큼 더 많아졌다. 거기에는 런던, 프랑크푸르트, 샌프란시스코, 시카고, 롤리의 근무처들이 포함되었다. 그 밖에 특전들도 있었다. 예를 들어 런던과 프랑크푸르트의 경우, 회사는 연수 사원의 집세를 대 주었다. 제너러스한 일렉트릭이 아니던가. 게다가 미국 달러가 강세였고 해외의 노동 환경이 훨씬 더 느긋했기 때문에, 해외 순환 근무는 유럽에서 가구 일체가 완비된 아파트에서 6개월 동안 휴가를 즐긴다는 것을 의미했다. 그래서 그런 자리들은 인기가 높았다.

제너럴일렉트릭 신용에서 내가 만난 첫 번째 관리자는 30대 중반의 앨리스라는 이름의 쾌활한 여성이었다. 그녀는 회사에서 대단히 존경을 받고 있었고, 재무 연수 프로그램을 이수한 데다가 함께 일하기에 즐거운 사람이었다. 앨리스는 제너럴일렉트릭에서 대단히 '큰 그릇'이었다. '높은 잠재력'이 있다는 뜻이다. 이곳에는 큰 그릇들과 작은 그릇들이 있었다. 그리고 아무도 작은 그릇이 되고 싶어 하지 않았다.

나도 마침내 내 사무실을 갖게 되었다. 이 사무실은 (나로서는 처음으로) 출입문이 있고 바닥에서 천장까지 닿는 유리창들도 있어서 바깥 잔디밭에 있는 보기 흉한 청동 분수대가 한눈에 들어왔다. 게다가 내 사무실 천장에는 보통의 경우처럼 여덟 개가 아닌 열두 개의 전등이 달려 있었다. (사람들은 이것을 대단한 성공으로 여겼다.)

나는 어느새 스탬퍼드에서 연수 프로그램을 운영하는 데 재미를 붙이고 있었는데, 이전의 업무에 비해 사람들을 많이 접촉했다. 우선 나는 최근의 대학 졸업생들로 연수 사원 자리를 채우는 일을 책임지고 있었던 만큼, 내 일은 면접으로 보내는 시간이 아주 많았다.

면접하는 일은 재미있었다. 그리고 '재미있다'는 사실은 분명 일에 새로운 활기를 불어넣어 주었다. 나는 대학 구내에서 첫 번째 면접을 보고 난 다음 우리 사무실을 방문하도록 초대받은 대학 졸업 예정자들을 대상으로 하는 '두 번째 면접'을 담당했는데, 이 일은 누구나 탐내는 일이었다. 나는 지원자들을 만나고 난 다음에, 그들이 두 사람의 연수 사원과 상급 관리자들 몇 사람을 만나 보도록 주선했다. 그리고 모두가 후보자에 대한 평가를 끝내면, 앨리스와 내가 마주 앉아 누구를 채용할지 결정했다. 내가 이 일에서 좋아했던 부분은 대학생들에게 전화를 걸어 일자리를 제안하는 일이었다. 그것은 내가 반대편에 앉아 있다면 기분이 얼마나 좋을까 생각했던 내 대학 시절 체험과도 깊이 연관되어 있었다.

면접은 많은 시간을 잡아먹었지만 나는 별로 개의치 않았다. 그리고 놀라운 일이 벌어지지 않고 넘어가는 경우는 거의 없었다. 한 아가씨는 뉴욕 공항에서 가방을 잃어버렸고, 그래서 우리 사무실에 도착했을 때도 비행기에서 입었던 옷을 그대로 입고 있을 수밖에 없었는데, 불행하게도 그녀가 입은 진분홍색의 헐렁한 스웨터에는 "나는 멍청이가 좋아."라는 글씨가 찍혀 있었다. 면접이 이루어지는 내내 이 옷을 입고 있던 그녀는 알고 보니 상당히 붙임성 있는 사람이었다. 우리는 결국 그녀를 채용했다.

또 다른 청년은 면접 과정에서 점심 식사를 하던 중에 연수 프로그램이 얼마나 훌륭한 것인지를 설명하던 내 이야기를 중도에

끊더니, 혹시 완두콩을 먹지 않을 생각이면 자기가 먹어도 되겠느냐고 물었다. 물론 지원자들은 신경이 곤두서 있고 그래서 평소 같으면 하지 않았을 행동을 하곤 했던 것이다. 한 지원자는 자신이 나와 함께 일하고 싶어 하는 이유를 설명하면서 자기 앞에 놓인 스파게티를 먹으려고 제법 호기 있게 덤벼들었는데, 스파게티 가닥들을 재빨리 포크로 둘둘 감아서 거기에다 멋지게 토마토소스를 뿌린다는 것이 그만 식탁 너머로 날아와서 내 넥타이에 범벅이 되게 하고 말았다. 나는 짧은 순간 그가 기절하는 게 아닌가 생각했다. 어쨌거나 우리는 그도 채용했다.

그런가 하면, 출근할 때 차가 필요할 것 같아 얼마 전에 차를 샀는데 회사에서 그 비용을 대신 지불할 것인지 진지하게 물어 오는 친구도 있었다.

어떤 사람을 채용할 것인지 결정하는 일은 예상했던 것보다 훨씬 쉬웠다. 대부분의 사람들은 몇 분만 지나면 채용될 사람과 떨어질 사람으로 자연스럽게 나누어지곤 했다. 나는 '통상적인 면접 질문인 예를 들면 당신의 강점은 무엇인가? 만일 당신이 나무라면 어떤 종류의 나무라고 보는가?'와 같은 질문들에 '나는 일을 열심히 한다.' '나는 강하면서도 유연한 나무가 되었을 것이다'와 같은 판에 박힌 답변을 끌어내기 마련이다. 그러나 나는 이러한 질문 대신에 시기적절하게 "정말 그래요?" 하고 묻기만 해도 내가 알아야 할 사항들을 알아낼 수 있었다.

예를 들어, 언젠가 면접하는 과정에서 한 일류 대학 출신의 세련된 젊은이는 느닷없이 자신이 제너럴일렉트릭에서 일하고자 하는 이유 중 하나가 '지성적인 사람들'과 함께 일하고 싶기 때문이라고 말했다.

나는 그 말이 무슨 뜻인지 확신할 수가 없어서 그에게 이전에 지성적인 사람들과 일해 보았는데 좋았다는 뜻이냐고 물었다.

"아니, 사실은 그게 아니고," 그가 대답했다. "멍청한 사람들 틈바구니에 끼어들기 싫다는 뜻에 가깝겠지요."

"정말 그래요?" 내가 물었다.

"예. 왜 그 상가 단지를 지나가다 보면 할인 매장에서 옷을 사는 사람들 있지 않습니까? 이런 패배자들을 보면 진짜 직업을 가져 본 적도 없었을 거라는 생각이 들더라고요. 그들의 삶이란 것은 그만큼…… 가련한 거죠."

이런 식으로 드러나는 귀중한 자료는 표준적인 면접 질문으로 얻어 낼 수 있는 게 아니었다. 결국 그가 받은 편지는 '올해 지원자가 유달리 많아서 누구에게나 일자리를 제공하기가 힘들다'는 것이었다.

내 자리는 채용과 배치에 수반되는 책임들이 따르기는 했지만, 처음으로 진짜 권한이 주어진 자리이기도 했다. 나는 처음에는 엄숙한 분위기를 풍기려고 노력했지만, 결국에는 연수 사원들과 친구가 되고 말았다. 어쨌거나 그들은 나보다 고작해야 2년 어릴 뿐이었다. 그리고 그것이 업무 관계에 피해를 주지도 않았다. 무엇인가 있었다면, 그것은 연수 사원들이 나에게 한결 마음을 열어 보인다는 점이었다. 그리고 나는 일찍이 그들을 그저 회사의 방침대로 이끌기보다는 제너럴일렉트릭에서 이루어지는 일에 관해 그들에게 숨기지 않기로 작정했다. 예를 들어 앨리스의 상관은 그들에게 자질구레한 업무를 떠넘기길 바랐지만, 나는 그것이 정당한 일이라고 생각지 않았다. 연수 사원들은 분명히 자신들이 기만당할 때 그 점을 알아챌 만큼 영리했다. 그래서 나는 유리한 순환 업무와 불리한 순환 업무에 차별을 두지 않았다. 그러다 보니 관리하는 면에서는 인기인이 되지는 못했지만, 덕분에 연수 사원들과 더욱더 친밀해질 수 있었다.

나는 또한 연수 사원들이 회사에 좀 더 관심을 갖도록 하기 위해 새로운 프로그램과 이벤트를 고안해 내려고 많이 노력했다. 연수 사원들이 일을 시작하고 나서 몇 달이 지나면, 나는 스탬퍼드에서 몇 분쯤 길을 올라가 페어필드에 자리 잡고 있는 제너럴일렉트릭 본부로 그들을 데리고 갔다.

제너럴일렉트릭 본부는 경외심을 불러일으킬 만큼 잘 꾸며져 있었다. 커다랗고 새하얀 3층짜리 건물 두 동이 평화로운 코네티컷 시골을 내려다보는 널찍한 언덕을 차지하고 있었다. 제너럴일렉트릭이 토지 번호 I-95 맞은편으로 수목이 우거진 '경관'을 자랑하는 넓은 땅을 구입한 것은 실상 제너럴일렉트릭의 최고 간부들이 개발의 손길이 닿지 않은 경관을 감상하려고 그곳을 그대로 보존하려고 했기 때문이다. 제너럴일렉트릭은 그 지역에 알맞다고 생각되는 우아한 호텔이 없다는 점을 감안하여 (I-95에 있는 하이-호 모텔은 계산에 포함시키지도 않고) 그들의 숙소를 직접 지었다. 이 호화찬란한 '영빈관'은 이름 그대로 방문 온 제너럴일렉트릭 고급 간부들의 임시 숙소로 사용되고 있었다. 뉴욕에 있는 잭 웰치의 사무실처럼, 이곳도 벽은 티크목으로 대고 호화스러운 하얀 양탄자들을 깔아 놓았다.

본사 방문은 연수 사원들에게 그들이 연수를 끝내고 나면 환상적인 출세 기회들이 그들 앞에 기다리고 있다는 것을 슬쩍 보여주자는 데 뜻이 있었다. 그보다 여러 주 앞서 나는 그날 우리가 대접할 음식에 대해 논의하려고 회사 구내식당 책임자를 만났다. 그는 최고 경영자의 개인 식당을 담당하면서 제너럴일렉트릭 전용기의 기내 식사를 책임지던 사람이었다. 그가 자랑 삼아 말한 그의 업무는 회장과 그 손님들에게 언제, 어떤 유형의 음식이든 곧바로 마련해 내놓는 일이었다.

음식과 더불어 그날의 가장 중요한 행사는 제너럴일렉트릭 제국에서 가장 높은 재무 담당 중역들 가운데 한 사람과 갖는 대담이었다. 내가 댄이라고 부를 이 사람은 작고 무뚝뚝한 남자였다. (이제부터 회사와 관련된 불쾌한 이야기들에 등장하는 인명은 가명을 쓰기로 한다.) 그는 재무 업무가 얼마나 신나는 일인가를 장황하게 떠들고 나서 질문이 있으면 해 보라고 말했다.

제너럴일렉트릭에서 몇 달째 일해 온 여성이 의자에서 일어나며 말했다. "아시다시피, 제너럴일렉트릭은 저희에게 수많은 초과 근무를 바라고 사생활의 희생을 많이 요구하고 있는데요."

"그건 맞아요." 댄이 차갑게 말했다.

"제가 드리는 질문은 그러니까······."

"당신이 무슨 말을 하려는지 알고 있소." 그는 그녀의 말이 끝나기도 전에 소리쳤다. "당신 말은 제너럴일렉트릭이 당신에게 덕을 입고 있다는 말이겠지. 이 점을 똑바로 알아 두라고. 제너럴일렉트릭은 당신에게 손톱만 한 덕도 보고 있지 않다 이거야!"

고위 간부들이 이런 식으로 사고한다는 사실을 알게 된 것만으로도 끔찍한 일이었지만, 그들이 공공장소에서 그 사실을 시인하는 소리를 듣는다는 것은 정말 괴로운 일이었다. 애사심, 그것은 일방적인 제안에 불과하다는 것이 분명했다. 그때까지 남아 있던 제너럴일렉트릭에 대한 나의 충성심이 완전히 사라진 것은 바로 그 순간이었다고 생각한다.

말 그대로 '절약적이고 날씬하다'는 의미에서 뉴욕보다 강도가 더 심한 이곳은 끊임없이 절약을 강조했다. 일부 중역들은 인간 존엄성에 대한 개념 자체가 아예 없었고, 그래서 정기적으로 자기 수하 사람들에게 창피 주기를 즐기는 듯 보였다. 회사가 인간적이 되기 위해 ("G.E. is Me!") 얼마나 노력했는지는 모르지만, 아무튼 우선순위는 손익 계산서였다. 물론 이것은 당연하게 생각할 수도 있었다. 모든 회사가 그렇듯 우리는 주주들을 위해 돈을 버는 사업에 몸담고 있었다. 그러나 내가 날마다 목격하는 사실들이 있는 마당에, 사원들에 대한 관심과 배려를 호언장담하며 우리를 설득하려고 드는 회사의 노력은 내게는 우스꽝스러운 풍자 이상의 충격으로 다가왔다.

내가 내 일을 맡은 지 몇 달이 지나 앨리스는 아이를 갖기 위해 회사를 떠났다. 나는 그녀가 떠나는 모습을 보며 마음이 아팠다. 그리고 나서 후임으로 온 관리자와 일하게 되었는데, 편의상 그녀를 카렌이라고 부르겠다. 이 관리자 역시 큰 그릇이었지만, 앨리스에 비해 훨씬 조직을 강조했고 불편하게 했다.

카렌과 처음으로 논의하게 된 지원자들 가운데 남부에서 대학을 나온 흑인 여성이 있었다. 그녀는 열정적이고 영민했지만 무척 뚱뚱하기도 했다. 나는 그녀를 채용하고 싶었다. 하지만 내 상관은 생각이 달랐다.

"그녀는 인상이 별로 안 좋아요, 짐." 카렌이 말했다. "그건 당신도 나만큼 잘 알 텐데요."

나는 그녀가 무슨 뜻으로 하는 말인지 알았고, 그래서 솔직하게 털어놓도록 그녀를 밀어붙였다.

"그녀가 흑인이라서 그렇다는 말인가요?"

"물론 그건 아니에요."

"그렇다면 너무 뚱뚱해선가요?"

"아니에요," 카렌은 말했다. "내가 꼭 말해야겠어요? 내가 무슨 말을 하는지 알잖아요."

"아뇨, 정확히 무슨 말이죠?"

"제발 그만해요," 그녀가 쏘아붙였다. "그렇게 생긴 사람이 건물 안을 돌아다니다가 최고 경영자 눈에 띄기라도 하면, 그분이 어떻게 생각하시겠어요?"

나는 최고 경영자가 그녀의 용모 이면을 바라보리라는 희망 섞인 생각을 했던 기억이 난다. 하지만 다른 누구도 아닌 인사 업무를 담당하는 간부로부터 올바른 '인상'에 대한 편협된 이야기를 듣고 나니 너무나도 놀라서 아무 말도 할 수가 없었다. 우리는 그래도 남들보다는 속이 깊으리라는 기대를 받는 사람들이었다! 이런 식의 대화 때문에 나는 내가 과연 있을 자리에 앉아 있는지 의문이 들었다.

다행히 제너럴일렉트릭에는 누가 봐도 인정 있고 지성적인 동료들이 있었다. 게다가 내 또래의 친구들에게 둘러싸여 지낸다는 것은 실로 놀라운 일이었다. 문제는 내가 '수탕나귀이론Jackass Theory'이라 부르는 현상이었다. 회사에서 일부 간부들은 지위가 올라갈수록 수탕나귀를 닮아 가는 듯했다. 사실 제너럴일렉트릭에서 살아남으려면 억척스럽고, 비난을 받아도 무감각하고, 태연하게 남들을 헐뜯고, 죽어라고 일을 하며, 권모술수를 써서라도 무조건 이기고 봐야 했다. 결국 몇몇 훌륭한 예외들을 빼고는 어떤 비판과도 담을 쌓고 수하 직원들에게 화를 잘 내며 자신의 일에만 몰두하는 철저한 수탕나귀가 될 수밖에 없었다.

우리 부서에서 가장 높은 직급의 렌이라는 이 늙수그레한 사람은 회사에서 아주 오래 있었고 생김새가 험상궂었다. 그는 카렌보다 두 직급밖에 높지 않음에도 불구하고 바로 아래층에 있는 우리 사무실에 한 번도 얼굴을 내밀지 않을 만큼 상당히 불가사의한 인물이었다. 나는 딱 한 번, 카렌이 병으로 결근했을 때 그의 거창한 사무실을 찾아가 무뚝뚝하고 흐리멍텅한 시선을 받으며 3분을 보내는 특전을 누린 적이 있었다.

그런데 어느 시점에선가 이 사람이 한 달에 한 번씩 우리 부서에서 가장 근무 실적이 좋은 직원들을 불러 포상의 의미로 오찬회를 갖기로 마음먹은 것이다. 그래서 카렌은 매달 운 좋은 사원 다섯 명을 선발해야 했고, 그러면 그들은 회사의 외진 곳에 묻혀 있다가 자신의 실적 덕분에 뽑혀 나와 중역용 식당에서 한 시간 동안 렌과 함께 식사를 하는 영광을 누렸다. 이렇게 해서 렌은 사원들을 알게 되고, 사원들도 그를 알게 되는 셈이었다.

하루는 점심시간 무렵에 사무실에 앉아 컴퓨터로 작업을 하고 있는데 문밖에서 이야기하던 비서들이 조용해지는 것이 아무래도 이상했다. 렌이 올림포스 산을 내려와 내 사무실로 납신 것이었다.

"렌 씨." 나는 얼이 빠진 채 의자에서 몸을 일으켰다.

"내 점심 식사가 어찌 된 건가?" 그는 다짜고짜 호통부터 쳤다. 염증으로 눈물이 찔끔거리던 눈이 번쩍거리듯 빛나고 있었다.

"무슨 말씀이신지?"

"내 빌어먹을 점심 식사가 어떻게 됐느냔 말야! 빌어먹을 식당에 아무도 오질 않았어. 내가 10분이나 기다렸다 이거야!"

나는 순간적으로 무슨 일이 벌어졌는지 깨달았다. 직원을 초대하는 과정에서 혼선이 생긴 모양이었다. 다행히도 나와는 무관한 일이었다.

"저어, 그건 카렌 담당인데, 제 생각에는 아마……."

"그 여자를 찾아와." 그는 이를 악물며 말했다. (그 순간 실제로 이를 악문 사람을 한 번도 본 적이 없다는 생각을 했던 기억이 난다.)

카렌은 면접을 하던 중이었다. 내가 사무실을 나서자 렌은 내 뒤를 따라왔다. 나는 카렌이 있는 방으로 가서 문을 두드렸다. 나는 그녀가 방해를 받으면 무척 싫어한다는 것을 알고 있었다.

"대체 무슨 일이죠?" 그녀가 닫힌 문 뒤에서 소리쳤다.

내가 미처 대답하기도 전에, 렌이 다가와서 문을 열어젖혔다.

"렌 씨!" 카렌은 놀라며 자리에서 벌떡 일어났다.

"내 점심 식사는 어떻게 된 거야?"

나는 한순간 카렌이 구내식당으로 달려가 샌드위치를 만들어다 주지 않을까 생각했다. 하지만 그녀가 대답하기도 전에 렌이 도움이 될 만한 설명을 해 주었다.

"식당에는 아무도 안 나왔어. 난 15분이나 기다렸고." (나는 그가 기다린 시간을 바꾸어 말하고 있다는 점에 주목했다.)

카렌은 직원을 초대하는 과정에서 문제가 있었을 거라고 말했다. 그러고는 자기 비서에게 물었지만, 두 사람 모두 일이 어떻게 된 영문인지 알지 못했다. 그럼에도 누구 하나 초대받은 사람이 없다는 것은 확실했다. 카렌이 변명하는 도중에 렌은 낯빛이 빨개지도록 화를 내며 나가 버렸다. 나는 카렌이 안됐다는 생각이 들었다. 그녀는 열심히 일했고, 따라서 분명히 이런 대접을 받을 수는 없었다. (그러면서 나는 이런 생각도 했다. 내가 그녀의 처지가 아니어서 다행이다.)

어처구니없는 일이었다. 나는 렌이 그런 상황에서 적어도 약간이나마 유머를 발휘하지 못하는 이유가 무엇인지 궁금했다. 그는 가볍게 우리더러 엉망이라고 말하고 웃어넘길 수도 있었다. 하지만 그는 소리 지르고 질책하는 일부터 했다.

후에 렌의 점심 식사 담당이 내게로 넘어왔다. 나는 한 달 전에 초대될 대상자 모두에게 통보하고, 아울러 그들에게 하루 전과 당일 아침에 전화를 걸어 점심 식사를 확인하라는 지시도 받았다. 렌 같은 사람들과 일을 한 뒤로, 나는 그런 자리에 오르고 싶다는 마음이 없다는 사실을 깨달았다. 렌과 많은 고위층 관리자들이 처신하는 방식으로 처신하는 나를 상상할 수가 없었다. 그래서 나는 나와 수준이 같은 사람들과 격의 없이 지냈다. 카렌이 어느 날 그런 내 모습을 인정할 수 없노라고 말했다.

"인정하지 못하는 이유가 뭐죠?" 내가 물었다.

"다른 사람들의 시선 때문이에요, 짐."

"다른 사람들의 시선이라고요?"

"그래요." 그녀가 말했다. "나는 당신이 상급 관리자들과 어울리는 시간을 좀 더 많이 갖기 바라요. 당신은 항상 또래들이나 연수 사원들하고만 점심 식사를 하고 있어요. 그건 보기에 좋지 않아요. 관리자들이 그 점을 눈여겨보고 있고, 그래서 내가 하는 수 없이 당신에게 알려 주는 거라고요."

바로 그 순간, 나는 덫에 걸린 기분이 들기 시작했다. 도대체 이런 환경 속에서 내가 지금 무엇을 하고 있는 걸까? 내가 어쩌다가 이 지경까지 이르게 된 걸까? 내 자신도 끝내는 수탕나귀가 되고 말 것이라고 생각하니 어처구니가 없었다. (아니, 그보다 그런 내 자신의 모습을 상상하기가 너무나도 두려웠다.) 어쩌면 이미 그렇게 되어 있는 지도 모를 일이었다.

나와 함께 일해 온 사람들 대부분도 일에서 실망감을 맛보고 있었다. 내 일의 상당 부분은 사람들이 자신의 일자리에 대해 토로하는 것을 들어주는 것이어서 나는 자기 일을 즐겁게 하는 사람이 극소수에 불과하다는 사실을 알고 있었다. 내 동료 사원들 중에는 직장이 자신에게 안겨 줄 수 있는 이익에 초점을 맞추는 사람들이 많았다. 그러니까 직장은 목적에 이르는 수단에 불과했던 것이다. 많은 연수 사원들은 연수 과정이 끝나면 곧바로 경영 대학원에 들어가고 싶어 안달했다. 회사는 분명히 신입 사원들이 제너럴일렉트릭에서 장기간 근무하도록 교육시키고 있었지만, 연수 사원들은 제너럴일렉트릭의 명함이 경영 대학원에 들어가는 보증 수표라는 점을 재빨리 간파했고, 또 많은 이들이 그 쪽으로 빠져나가고 싶어 했다. 그 덕분에 나는 경영 대학원 추천장을 꽤 많이 써 내야 했다.

빌이라는 이름의 연수 사원은 하버드 경영 대학원에 제출하기 위해 작성한 지원서를 나더러 검토해 달라고 부탁했다. 알고 보니 지원자가 체험한 '도덕적 딜레마'를 서술하는 것이 중요한 논술 주제였다. 그리고 빌은 어떤 사람에게 보상금을 주기 위해 회계 장부를 조작하도록 지시한 관리자의 이야기를 썼다. 바꾸어 말해서 그의 논술은 누군가가 보너스를 더 많이 받도록 하기 위해 재무 보고서를 허위로 작성하라는 명령을 받았다는 내용이었다. 글을 보고 적잖이 당황했던 것은 빌이 직계상 내 밑에서 일을 했는데 나는 이런 사건에 대해 전혀 들은 바가 없었기 때문이다.

"언제 이런 일이 있었지?" 내가 놀라서 그에게 물었다.

"저, 그와 똑같은 일이 있었던 건 아니고요." 그가 고백했다. "도덕적 딜레마를 경험할 수 없어서 제가 지어낸 겁니다."

내가 말했다. "솔직히 이야기해 보자고. 자넨 도덕적 딜레마 문제를 두고 거짓말을 하는 것 아닌가?"

그는 자신의 모순을 알아차리지 못했다. 그래서 나는 그에게 하버드에 입학하기 위해 지원서를 허위로 작성하고 싶은 유혹을 느끼는 바로 이런 상황을 도덕적 딜레마로 활용해 보도록 제안했다. 하지만 빌은 거짓으로 만든 처음 글을 선택했다. 그리고 그해 가을에 하버드에 들어갔다.

그해에 제너럴일렉트릭은 '이미지 변화'를 감행했다. 경영진은 백열전구가 사실 제너럴일렉트릭의 아주 작은 부분에 불과함에도 불구하고 미국의 소비자 대부분이 여전히 제너럴일렉트릭 하면 백열전구를 떠올린다는 사실에 개탄했다. 의료 기기, 우주 항공, 플라스틱, 제너럴일렉트릭 신용 등의 계열사가 있는 제너럴일렉트릭으로서는 새로운 기업 이미지를 홍보하고자 열을 올릴 수밖에 없었다. 결국 공식적인 명칭이 제너럴일렉트릭에서 그냥 GE

로 바뀌었다. 그리고 제너럴일렉트릭 신용은 GE 캐피탈로 바뀌었다. 이리하여 신성시되던 제너럴일렉트릭 로고 또는 '깃발'이 바뀌기는 했지만 그 정도가 너무나도 미미해서 대부분의 사람들은 그 차이를 인식하지 못했다. (장식용 서체도 구조 조정이 된 셈이었다.) 회사는 또한 편지지 인쇄 문구를 비스듬한 사선체로 바꾸었는데, 전달된 쪽지에 따르면 '회사의 적극적인 역동성을 강조하도록' 하기 위함이었다. 우리는 아울러 서신이나 전화 통화에서 제너럴일렉트릭이라는 표현을 쓰지 말라는 지시를 받았다. 그냥 GE라고 하라는 것이었다. G.E.가 아니라 그냥 GE라고. 마침표들이 빠진 것이다. 하기야 마침표들이란 별로 역동적이지 못한 게 사실이었다.

나 역시 1986년에 '이미지 변화' 비슷한 것을 거쳤다. 나는 '기업 재무 관리 개발 전문가'로 승진했는데, 이것은 회사에서 가장 긴 칭호를 부여받았다는 의미 외에도 내가 제너럴일렉트릭 신용, 아니 GE 캐피탈 전체에서 재무 부서 중간급 자리에 사람들을 채용하고 배치하게 되었다는 것을 의미했다. 나는 동일한 부서에 그대로 있었기 때문에 여전히 연수 사원들과 접촉을 유지했고, 나와 함께 일했던 졸업생들 가운데 일부가 '자리를 잡도록' 도움을 주기도 했다. 이 승진으로 일은 엄청나게 많아졌고 초과 근무도 훨씬 더 자주했다. 나는 회사에서 새로운 재무 부서에 일자리를 구하는 사람들 하나하나를 살펴야 했을 뿐만 아니라, 자기 부서에서 누군가를 교체하고자 하는 부서장들도 모두 내 방문을 두드리게 되었다. 거기다가 봉급을 산정하고 누구든 필요한 사람에게 '상담을 해 주는' 책임도 맡았다. 덕분에 나는 회사에서 인기 있는 사람이 되었다. 왜냐하면 나는 최근에 생긴 빈자리에 대한 모든 정보를 쥐고 있었고, 회사 안에서 돌아가는 모든 일들에 대해 소상히 알고 있었기 때문이다.

새로운 자리에 앉게 되면서 나는 사원들이 단순히 큰 그릇이나 작은 그릇의 구분을 넘어서 인사 관리상 그룹별로 나뉘어 있다는 사실도 알게 되었다. 매년 실적 평가를 받고 나면 직원들은 잠재 능력을 가리키는 숫자를 부여받았다. '1번'은 그 사람이 두 단계만큼 승진이 가능하다는 뜻이고, '2번'은 한 단계만큼 승진이 가능하다는 뜻이었다. '3번'은 승진 가망이 없으며, '4번'은 곧 내쫓길 신세라는 뜻이었다. 이것은 헉슬리의 《멋진 신세계 Brave New World》를 연상하게 만들었다. 사람이 번호로 매겨져 있는 세상인 것이다. 관리자들이 전화를 걸어 어떤 자리에 앉힐 후보자를 요구하고, 그래서 내가 어떤 사람의 장점이나 약점을 장황하게 설명하고 나면, 그들은 말했다. "그래, 좋아, 그런데 그 여자 1번이야?" 아니면 "그만두게나, 그 여자는 2번이라고" 하거나 "짐, 내게 보낼 1번짜리들은 없나?"라고 말했다. 낚시질과 다를 게 없었다. 사람들을 놓고.

내가 새로운 업무를 맡을 그 무렵에 부모님이 별거를 결정했고, 덕분에 나는 거의 밤마다 어머니의 전화에 응대해야 했다. 새로운 업무로 인해 일은 더 많아진 데다가 이런 일까지 겹치자 나는 비참한 기분이었고, 그래서 당연히 스트레스를 많이 받았다. 그렇게 몇 달이 흐르자 기름기가 너무 많은 중국 음식을 먹어서 생기는 약간의 복통이라고 생각했던 증상이, 의사들이 스트레스와 관련된 질병이라고 말하는 이른바 '과민성 대장 증후군'으로 발전하고 말았다. 거의 무엇이든 먹었다 하면 위가 찌르는 듯이 아파 왔다. GE 소속 의사들은 아무 문제도 없다면서 기름지거나 튀긴 음식, 맵고 짠 음식, 유제품과 같은 음식들만 피하라고 했다. 내 친구들은 내가 갈 만한 음식점을 찾느라 애를 먹었다. 멕시코 식당도, 중국 식당도, 인도 식당도 안 되었다. 하지만 가장 심각한 문제는 의사가 무슨 스트레스든 다 피하라고 한 말이었다. 같이 GE에서 일하는 동료 사원이면서 정색을 하고 이런 말을 할 수 있다는 사실이 무척이나 재미있었다.

나는 이제 공식적인 '인력 자원' 담당자로서 속담대로 닫힌 문 안쪽에서 벌어지는 일들을 알 수 있는 특전이 있었다. 새 업무를 맡고 몇 달이 흐른 뒤에 회사의 중간급 관리자 한 사람이 내 사무실을 찾아와서 말했다. "내 상관이 마이크를 해고하기로 했네."

나는 충격을 받았다. 마이크는 GE에서 15년 동안 일해 왔고, 바로 지난해에 탁월한 업무 실적으로 회사에서 포상을 받아 애리조나에 있는 호화로운 휴양 호텔에 다녀온 사람이었다. 그래서 지금 그를 해고한다는 것이 아무래도 이상하게 생각되었다.

나는 마이크의 상관인 빌에게 찾아가서 대체 무슨 일이냐고 물었다. 빌은 6개월 전에 관리직을 맡으면서 마이크를 더 이상 자기 직원으로 데리고 있지 않겠다고 마음먹었노라고 대답했다.

"난 그를 보내 버릴 생각이야." 빌은 회사에서 흔히들 쓰는 표현을 빌려 말했다.

"하지만 그래서는 안 될 텐데요." 내가 말했다. "우리는 얼마 전에 그에게 포상을 했고, 실적이 저조하다는 증거도 전혀 없잖아요. 게다가 당신도 불만스럽다는 말씀이 전혀 없었잖아요!"

"그래서 어쨌다는 건가?" 빌은 회전의자에 몸을 눕히면서 말했다. "난 이미 그를 해고했는 걸."

"그래도 그가 우리 회사에 15년 동안 있었고, 그 나이에 새 일자리를 얻기도 사실상 불가능하지 않습니까. 제 말은 동정심을 보여 주시라 이겁니다."

"무슨 얼어 죽을 동정심이야." 그의 대답이었다.

내가 할 수 있는 일은 빌을 건너뛰어 그의 상관인 우리 부서의 관리자를 만나는 길밖에 없었다. 나는 똑같은 말을 되풀이하며 대화를 했고, 그가 요지를 알아듣지 못하기에 마이크는 나이도 있고 업무 수행에 아무런 하자가 없는 만큼 자칫하다가는 회사가 연령 차별 금지에 관한 소송에 휘말릴 수도 있다고 설명했다. 그는 전화기를 들더니 자신의 비서에게 소리쳤다. "당장 빌을 이리로 오라고 해!"

빌이 들어오자 그의 상관은 빌에게 내가 방금 이야기한 내용들을 들먹이며 을러댔다. 빌은 나를 넘어다보고 나서 싹싹하게 말했다. "아이구, 짐이 잘못 알아들은 겁니다. 마이크를 해고할 뜻은 전혀 없었습니다. 그 사람은 너무나도 소중한 걸요."

"당신, 그런 일이 없는 게 좋아." 관리자가 고함쳤다. "만일 그가 싫거든 다른 자리를 찾아 주는 게 신상에 좋을 거라고!" 그는 적어도 나를 믿었다. 하지만 이런 일은 정말 정나미가 떨어지는 일이었다.

이 모든 일이 나로 하여금 새삼 심각하게 궁리하도록 만든 것은 새로운 무엇인가를 찾아야 한다는, '다른 어떤 일'을 해야 한다는 것이었다. 그 시점에 나는 내가 대학 시절에 꿈꾸던 목표들을 대부분 실현해 냈다는 사실을 알았다. 나는 높은 봉급과 일에 있어 상당한 독립성과 감독권을 확보했고, 회사에서도 승진이 빠른 편이었다. 그럼에도 그런 일들이 그다지 만족감을 주지는 못했다. 간단히 말해서 나는 내가 삶 속에서 실천하는 일들의 의미를 발견할 수 없었다. 무엇인가 기본적인 것이 빠져 있었다. 동료 사원들과 재미있게 지내고 인력 자원 부서의 일도 상당 부분 재미가 있었지만, 그런 일이 도대체 무슨 의미가 있단 말인가? 이것이 인생이란 것인가?

나는 내 업무를 내가 돕고 있는 사람들과 연결해서 생각해 보려고도 해 보았다. 상담차 나를 찾아오는 사람들이나 일자리와 관련해서 곤란한 입장에 있는 사람들을 돕고 있는 것은 사실이었다. 하지만 그런 의미라면, 어쩌다 곤란하게 된 사람들이 아니라 항상 곤경에 처한 사람들과 함께 일해야 하는 것 아닌가? 그리고 만일 돈이 대단한 매력을 갖지 못한다면 보다 자비로운 어떤 일을 하지 못할 이유도 없지 않은가?

그 주 주일 미사 복음 말씀이 공교롭게도 예수님을 찾아간 부자 청년에 관한 것이었다. 청년은 예수님께 하느님 나라에 들어가려면 무엇을 해야 하느냐고 묻는다. "네가 계명들을 알고 있으니 그대로 실천하라."라고 예수님께서 말씀하신다. "저는 이 모든 것을 어려서부터 다 지켜 왔습니다." 하고 청년이 대답한다. 이에 예수님께서 말씀하신다. "그래도 아직 해야 할 일이 하나 더 있다. 네가 가진 것을 다 팔아 가난한 사람들에게 나누어 주어라. 그러면 네가 하늘에서 보물을 차지하게 될 것이다. 그리고 와서 나를 따라라." 하지만 젊은이는 아주 부자였기 때문에 슬퍼하며 떠나간다.

부유하고 젊은 (그리고 풀이 죽은) 청년. 그것이 바로 나였다. 그래서 나는 내 삶으로 할 만한 다른 일들을 깊이 생각해 보기 시작했다. 처음에는 시험적으로.

나는 그때까지도 열심이지는 못해도 착한 가톨릭 신자였다. 나는 여전히 주일마다 인근 본당에서 미사를 드렸다. 성 대 레오 성당은 사무실에서 길 아래로 몇 킬로미터밖에 떨어져 있지 않아서 내가 주말에 일을 할 때면 찾아가기가 그만큼 더 쉬웠다. 그곳은 내가 아름답다고 생각한 몇 안 되는 현대식 성당 중 하나였다. 단순하고 경쾌한 설계 기법으로 지어진 그곳은 위로 난 널찍한 천장 창문에서 햇살이 제단 위로 쏟아져 내리게 되어 있었다. 강론도 감동적이었는데, 이는 절대로 회중을 깔보지 않는 지성적인 일단의 사제들 덕분이었다. 성 레오 성당에서 드리는 주일 미사는 혼란과 망설임이 뒤엉킨 사막 가운데서 만나는 맑은 오아시스였다.

이런 망설임이 이어지던 어느 날, 나는 저녁 8시에 일을 끝내고 집으로 돌아왔다. 끔찍한 하루였다. 맡은 업무가 너무나도 싫은 나머지 양손을 눈에 띄게 떠는 여사원과 두 시간을 보냈다. 나는 그녀에게 회사 소속의 심리학자를 만나 보라고 설득했지만 그녀는 너무나도 창피스러워했다. 그러면서 회사를 그만두어야 한다고 생각하고 있었다. 내 자신도 특별히 잘 풀린다고 느끼지 못하던 참이었다. 이튿날 그녀가 꾀병을 부린다고 생각하는 까다롭고 인색한 그녀의 상관을 만날 일이 끔찍했다. 게다가 이번 주말에도 일을 하지 않으면 안 될 것처럼 보였다. 나는 기진맥진하여 저녁 식사하는 일조차 귀찮았고 그래서 텔레비전을 켰다.

PBS에서 토마스 머튼이라는 인물에 관한 특집 기획을 〈머튼: 영상 자서전〉이라는 제목으로 방영하고 있었다. 온갖 부류의 유명 인사들이 화면에 나와서 토마스 머튼이 자기네 삶에 결코 잊지 못할 강력한 영향을 주었노라고 칭찬하고 있었다. 토마스 머튼이 누구였든 간에 그 사람들에게 뚜렷한 인상을 심어 준 것만은 분명했다. 몇 분쯤 지나자, 나는 그들이 켄터키 구릉 지대 어디선가 살았던 (현재 생존해 있는지 여부는 확실히 알지 못했다) 트라피스트 수도승에 관해 이야기한다는 것을 알았다. 《칠층산*The Seven Storey Mountain*》이라는 제목으로 1948년에 출간된 그의 자서전은 엄청난 베스트셀러였다. 안타깝게도 나는 그 사람이나 그의 저서에 관해 들어 본 적도 없었다. 내가 본 것은 그 프로그램의 끝 대목뿐이었지만, 그것만으로도 이튿날 책을 찾아 돌아다닐 만큼 내 관심을 끌기에 충분했다. 스탬퍼드를 더듬고 다니는 일은 힘들었지만, 결국에는 책을 한 권 손에 넣었다.

《칠층산》은 아름다운 이야기였다. 토마스 머튼은 프랑스에서 태어났는데, 그를 낳은 여인은 젊은 나이에 일찍 죽었고 그래서 떠돌이 화가인 아버지 손에 맡겨진다. 그는 어린 시절 대부분을 프랑스에서 보낸 다음에 영국 오크햄으로 보내져서 그가 아주 싫어하는 어떤 중학교를 다니게 된다. 아버지가 죽은 후에, 그는 케임브리지 대학에 들어가 방종한 대학 생활을 보내고 (그의 자서전에는 빠져 있지만) 자식까지 하나 보게 된다. 이런 불명예로 인해 그는 1930년대에 미국으로 쫓겨 와 롱아일랜드에서 외갓집 식구들과 함께 살며 컬럼비아 대학에서 학업을 계속한다.

토마스 머튼은 청년 시절에 자기 자신을 포함하여 거의 모든 것에 불안을 느낀다. 하지만 시간이 흐르면서 불가사의하게도 가톨릭 신자가 되겠다는 결심을 하게 된다. 그는 세례를 받고 나서 얼마 지나지 않아 프란치스코 수도회에 들어가겠다는 뜻을 밝혀 친구들을 놀라게 한다. 그리고 양심의 가책에 시달린 끝에 자신의 부끄러운 과거를 (사생아를 낳은 일까지 포함하여) 프란치스코회 수도승들에게 털어놓는다. 그때는 1940년이었던지라, 프란치스코회에서 그를 받아들이지 않은 것은 별로 놀라운 일도 아니었다. 그는 뉴욕에서 한 수사 신부에게 자신의 죄를 고백한 다음에 사제가 되기에는 부적합하다는 냉정한 답변을 듣는다. 몹시 낙담한 토마스는 무슨 일을 할까 궁리하던 중에 켄터키에 있는 '겟세마니의 성모'라는 이름의 트라피스트 수도원으로 피정을 가게 된다. 그는 밤늦게 수도원에 당도한다. 문간에서 그를 맞이하는 수사가 묻는다. "여기서 살려고 왔습니까?" 머튼은 그 순간의 상황을 이렇게 적고 있다.

　　이 물음이 나를 전율하게 만들었다. 영락없이 내 양심에서 흘러나온 음성처럼 들렸다.
　　나는 대답했다. "아니오, 아닙니다." 나의 속삭임이 홀에서 메아리치다가 우리 머리 위로 컴컴하고 텅 빈 계단 통로를 타고 한없이 높은 신비로운 궁창으로 사라져 가고 있었다. 그곳은 놀랍도록 청결한 냄새가 나는, 해를 거듭하여 계속 페인트칠을 하고 또 하고 쓸고 닦은 깨끗하고 유서 깊은 고가古家였다.
　　"대체 무슨 일입니까? 당신이 여기에서 살지 못할 이유가 뭡니까? 결혼했거나 뭐 그런 겁니까?" 수사가 물었다.

"아니오," 나는 어색하게 대꾸했다. "할 일이 있어서……."

토마스 머튼, 《칠층산》 중에서

그러나 머튼은 몇 달을 자신과 씨름을 하고 나서 수도승이 되기로 결심하고 이를 실천에 옮긴다. 1941년에 이 수도원으로 들어간 것이다.

와! 내가 할 수 있는 일이 바로 이것이라는 깨달음이 세차게 밀려들었다. 수도원에 들어가지는 않을지라도 최소한 이와 비슷한 삶에 좀 더 가까이 다가갈 수는 있으리라. 실로 깊은 인상을 받았다. 무척이나 평화롭고 낭만적이었다. 나는 그의 이야기를 내 머리에서 지울 수가 없었고, 그래서 이 책을 세 번이나 읽었다.

《칠층산》은 머튼이 켄터키에 있는 그 수도원에 들어가서 몇 년 되지 않아, 수도 성소의 '초기 열정' 속에서 쓴 책이었다. 그래서 불과 몇 년 후에는 자신의 초창기 글들을 지나치게 경건하고 '세상'에 대해 과도하게 비판적인 것들로 규정한다. 그럼에도 그가 묘사한 수도 생활은 내 내면의 깊은 열망을 일깨우는 강력한 견인차 구실을 했다. 토마스 머튼은 허영과 그릇된 야심, 입신출세주의처럼 내가 부대끼고 있던 바로 그런 문제들에 시달려 온 것 같았다. 그가 자신의 단점들을 고백하면 할수록, 나는 그가 털어놓을 수밖에 없었던 이야기에 귀를 기울이고 싶은 충동을 더욱더 강하게 받았고, 내 안에서 공명하는 울림도 그만큼 크게 느껴졌다.

나는 토마스 머튼이 쓴 다른 책을 열심히 찾아다녔다. 그때에는 그가 '유명한' 사람인지 아닌지 알 길이 없었다. 내 친구들 여럿에게 그의 이야기를 해 보았지만 누구 하나 그에 관해 들어 본 사람이 없었다. 그는 어쩌면 교회 안에서 소수 사람들의 이상한 '숭배' 대상이 되고 있는지도 몰랐다. 나는 확신할 수 없었다. 나는 《칠층산》의 후속편이 있을 것이라는 생각에 여러 곳에 수소문을 했다. 그리하여 엉뚱하게 찾아낸 책이 《그 누구도 외딴 섬이 아니다 No Man Is an Island》라는 제목의 묵상서였고, 별 생각 없이 책장을 넘기다가 마주친 대목이 이것이었다.

> 우리는 어찌하여, 우리가 무엇을 바라는지 알기만 한다면 결코 되고 싶어 하지 않을 어떤 것이 되려고 몸부림치며 우리의 삶을 소모하는가? 우리는 어찌하여, 우리가 하던 일을 멈추고 잘 생각해 보면 알 수 있는, 우리의 창조 목적과는 반대로 가는 그런 일들을 하면서 우리의 시간을 허비하는가?

이것은 바로 나에게 하는 말이었다! 너무나도 분명했다. 나는 내가 영위하는 지금의 삶을 위해 창조되었다는 느낌을 전혀 갖지 못했다. 내가 무엇을 위해 창조되었는지 알지는 못했지만 그래도 회사 생활보다는 토마스 머튼의 길이 나에게 더 어울려 보였다.

이리하여 나는 다른 '종교' 서적들도 읽기 시작했다. 옥스퍼드 출신의 명사 C. S. 루이스가 자신의 회심 과정을 서술한,《예기치 못한 기쁨 Surprised by Joy》, 프랑스의 한 시골에서 사는 소박하면서도 거룩한 본당 사제의 이야기인 조르주 베르나노스의 《어느 시골 신부의 일기》. 내가 내 안에서 일어나는 일을 탐색하고 내 자신을 배반하지 않을 수 있는 유일한 길은 독서뿐이었다. 한편으로 내가 종교에 관해 너무 깊이 생각하고 심지어는 그런 생각들에 따라 행동하는 문제까지 고려한다는 느낌에 무척 당황했다. 그것은 매력적이기는 했지만 동시에 이상 야릇하기도 했다.

그럼에도 나는 사제나 수도승 또는 수사 또는…… 무엇인가가 되고 싶다는 생각을 내 마음에서 떨쳐 버릴 수가 없었다. 내 안에서 나를 이런 느낌들 속으로 더욱더 깊이 끌어들이는 무엇인가가 있었다. 물론 이것은 결국 일부 사람들이 '부르심'이라고 말하는 어떤 것이었다. 다른 것은 아무것도 생각할 수 없게 만드는 행복한 무능력. 하지만 그 사실은 나중에 가서야 깨닫게 되었다. 당시만 해도 그것은 대단치 않은 집념일 뿐이었다.

도저히 극복할 수 없어 보이는 문제점들이 몇 가지 있기도 했다. 우선 나는 사제가 미사를 집전하는 일 말고 실제로 하는 일이 무엇인지 거의 알지 못했다. 프란치스코회원이 정확히 무엇을 하는 사람인가? 베네딕도회원은? 예수회원은? 나는 성 레오 성당에서 본당 주보를 대할 때 몇몇 사제들의 이름 뒤에 O.S.B.나 O.F.M., 또는 S.J. 같은 약자가 붙어 있는 것을 유심히 본 적이 있다. 이것이 대학 학위를 가리키는 것인가? 혹시 그들이 다닌 학교의 특성을 나타내는 것인가? 확실하게는 알 수 없었다[각각 베네딕도회, 프란치스코회, 예수회의 약자-역주].

분명한 것은 내가 고해성사를 받거나 본당 사제가 매년 우리 집을 방문하는 경우를 빼고는 사제와 시간을 보내 본 적이 없다는 사실이었다. 반면에, 가톨릭계 학교를 다니지 않았다는 것은 나에게 규율을 강요하는 사제나 차갑고 금욕적인 사제, 또는 영화 〈나의 길을 가련다 Going My Way〉에서 열연한 빙 크로스비 유형의 사근사근한 사제 같은 정형화된 어떤 사제상도 나에게는 없었다는 뜻이기도 했다. 나는 어떤 사제도 알지 못했고, 따라서 어떤 선입견도 가지고 있지 않았다.

나는 아무리 해도 그 생각을 머리에서 떨쳐 버릴 수가 없다는 점을 깨달았다. 어떤 날에는 그런 문제에 관해 생각하는 것조차 어리석은 일이라고 내 자신을 설득하곤 했다. 어쨌거나 나는 와튼 스쿨에 들어가고자 열심히 공부했고, 경영학을 공부하고 승진 과정을 밟아 오는 데 여러 해를 보냈다. 이 자리를 떠난다는 것은 일종의 낭비였다. 그 모든 세월이 수포로 돌아가는 셈이었다. 게다가 나는 나의 삶 속에서 너무나도 고통스러운 일들, 집안 문제, 직장 스트레스, 위장 장애로부터 도망치려는 것이 분명했다. 그럼에도 이런 생각이 이토록 큰 매력을 갖는 이유는 대체 무엇일까?

나는 누구에게 이야기해야 할지 알 수 없었다. 교구에 이런 문제를 다루는 부서가 있는 것일까? 아니면 어떤 전국 단위 기구에다 전화를 걸어야 하는 걸까? 결국 나는 어느 주일에 성 레오 성당에서 미사를 끝내고 나서 본당 사제에게 불쑥 말하고 말았다. "신부님, 사제가 되고 싶다는 생각이 듭니다."

이 말을 하고 나자 더럭 겁이 났다. 그가 웃지만 않았으면 싶었다.

"먼저 교구의 성소 담당자를 만나 보아야 할 겁니다." 그는 웃지 않고 말했다. "페어필드로 가서 예수회 사람들과 이야기해 보는 것도 좋을 것 같군요."

교구의 성소 담당자라는 말이 멋지게 들렸다. 그에 비해 예수회원들은 누구이며 무엇을 하는 사람들인지 전혀 알지 못했다. 어렴풋이 떠오르는 것은 예수회에서 운영하는 몇몇 가톨릭계 대학들이었다. 포드햄, 조지타운, 보스턴 칼리지(혹시 노트르담도 예수회 산하였던가?) 등등. 전에 이런 대학들의 설립자인 로욜라의 이냐시오 성인의 이야기를 들으면서 그렇게 많은 대학들에 로욜라의 이름이 붙어 있는 이유를 궁금해했던 적이 있기는 했다. 혹시 이 대학들은 같은 대학이면서 캠퍼스만 다른 것일까?

나는 스탬퍼드에 있는 서점들을 돌아다니며 토마스 머튼의 이야기 후속편을 계속해서 찾고 있었다. 그 뒤로 그에게 무슨 일이 있었는지 알 수 있지 않을까 싶었기 때문이다. 그는 여전히 트라피스트 수도승으로 지내고 있을까? 혹시 그 수도원을 떠나지는 않았을까? 그는 행복할까? 그의 자서전 표지 안쪽 날개에 책 목록이 나와 있었고, 어쩌면 그 가운데 하나가 후속 편일 수도 있었다. 하지만 내가 우연하게 발견한 책은 《예수회원들: 예수회와 로마 가톨릭교회의 배신*The Jesuits: The Society of Jesus and the Betrayal of the Roman Catholic Church*》이라는 제목의 책이었다. 이 책은 이전에 예수회원이었던 사람이 불만에 차서 쓴 책이라 예수회에 대해 매우 부정적이었지만 그래도 최소한 이 단체에 관해 내게 들려주는 것 몇 가지는 있었다.

분명한 점은 예수회가 수도 단체며 회원들이 공동체 안에서 청빈과 정결과 순명의 삶을 살아간다는 점이었다. 개중에는 사제품을 받은 예수회원(사제들)이 있고, 그렇지 않은 회원(수사들)도 있는데, 이들은 어떤 교구에도 속하지 않고 어디에서나 자유로이 일했다. 지역 신학교에서 교육받은 교구 사제는 보통 특정한 교구에 소속되어 본당 사제나 관리자로서 일을 하게 된다. 그에 비해 로마에 있는 총장이 이끄는 예수회원들은 어디에서나 자유로이 임무를 수행할 수 있었다. 그들은 거의 모든 형태의 일을 자유롭게 할 수 있는 듯이 보였다.

나는 그 점이 금방 좋아졌다. 수도승과는 달리 예수회원은 수도 공동체 바깥에서도 일할 수 있었다. 계속해서 문득문득 떠오르는 것이 '행동하는 관상가들'이라는 문구였다. 예수회원들은 교사로서 가장 잘 알려져 있었다. 하지만 의사, 법조인, 건축가, 예술가, 배우, 본당 사제, 교도소 전속 사제, 사회 사업가, 작가로 활동하는 예수회원들도 있었다. 그리고 알고 보니 그들은 교회에서 가장 큰 선교 수도회였고, 그 점이 처음에는 나를 불안하게 만들었다. (나는 그런 내 자신을 도저히 이해할 수가 없었다.) 그들은 자기네 회원 가운데서 프란치스코 하비에르 성인을 가장 유명한 가톨릭 선교사들 가운데 한 사람으로 꼽았다.

나는 곧바로 교구 사제직보다 예수회에 더 마음이 끌렸기 때문에 그들 쪽부터 알아보기로 했다. 그리고 이때쯤에는 남부 코네티컷에서 구입할 수 있는 사제에 관한 책자들은 모두 읽었기 때문에 나는 내 소망을 다른 누구와 이야기하지 않고도 알아 나갈 수 있는 수준이 되었다고 생각했다. 그래서 당혹스럽기는 했지만 페어필드 대학에 있는 예수회원들과 접촉하여 정보를 어느 정도 얻어 내기로 마음먹었다.

어느 날 나는 내 사무실 문을 닫고 페어필드로 전화를 걸어 예수회원 한 분과 이야기를 하고 싶다고 말했다.

"예수회 공동체입니다!" 누군가가 밝은 목소리로 응답했다.

"저기, 혹시, 제가 예수회 입회에 관해…… 음…… 약간의 자료를 얻고 싶은데, 가능할까요?" 내 말소리를 내 귀로 들으면서 또다시 낯이 찡그려졌다. 전화 속의 사제는 나더러 다음 날 오면 자료를 주겠노라고 말했다. 나는 수화기를 내려놓고 조용히 사무실 문을 열었다. 아무도 엿들은 사람이 없는 것이 분명했다.

이튿날 점심시간에 나는 몇 킬로미터 떨어진 페어필드 대학으로 차를 몰았다. 널따란 푸른 잔디밭이 있는 조그마한 교정을 오고 가는 학생들은 깔끔하고 젊은 (영락없는) 가톨릭 대학생들이었다. 예수회 건물은 커다란 강의실 건물과 호텔 중간에 놓인 십자가처럼 보였다. 정문 바로 옆에는 책을 든 성인의 하얀 석상이 자리 잡고 있었다. 나이가 들어 보이는 남자가 문간에서 나에게 인사를 했다. 나는 그에게 예수회에 관한 자료를 구하러 왔노라고 말했다.

"그래요? 혹 예수회원이 되고 싶은 생각이 있나요?"

"저, 지금은 직장에 있습니다. 그래서 저는 그냥…… 음…… 사정을 알아보는 중입니다."

"그렇군요. 자료는 여기 있습니다." 그는 말하면서 팸플릿 여러 권을 내밀어 보였다. "혹시 이 문제에 대해 얼마간 이야기를 나누고 싶나요?"

"저어, 지금은 정말 바쁩니다!" 나는 단호한 어조로 말했다. "얼른 가야 합니다! 스탬퍼드에서 일하거든요. 아무튼 감사합니다."

그가 나에게 팸플릿들을 넘겨주었다. 나는 다시 한 번 고맙다고 말하고 차로 돌아와 팸플릿들을 뒤적여 보았다. 몇 가지 쓸 만한 자료들이 있었는데 그 가운데는 《다섯 번째 주간 *The Fifth Week*》이라는 제목의 소책자도 끼어 있었다. 이 책은 한 예수회원이 청빈과 정결과 순명 서원, 공동체 안에서의 삶, 10년 동안 이어지는 '양성' 또는 훈련 기간에 관해 쓴 책이었다. 10년이라니! 도저히 믿기가 힘들었다. 뇌 전문의도 그보다 짧은 기간이면 될 판이었다.

팸플릿 가운데 하나에는 이냐시오 성인이 독창적으로 만든 것과 유사한 '양성' 프로그램에 대한 설명이 있었다. 처음 두 해는 수련기로 보내는데, 예수회 수련자는 이 기간에 예수회의 영성과 공동체 생활을 배우고 다양한 예수회 사업에 종사한다. 보통은 가난한 이들 곁에서 일을 하게 되는데, 그 장소는 흔히 개발 도상국이 된다. 이냐시오 성인의 《영신 수련》에 제시된 구상이 무엇이든 간에, 수련자는 그것을 토대로 수행하는 30일 피정도 한다고 나와 있었다. 30일을 침묵 속에 보낸다는 것이었다. 그것은 너무 지나치다 싶었다.

2년이 지난 다음 수련자가 예수회원으로서 기쁨을 느낀다면, 청빈과 정결과 순명의 서원을 발하게 된다. 그리고 나면 2년 동안 미국 내 예수회 대학들 중 한 곳에서 철학을 공부한다. 철학 공부가 끝나면 그는 2년 동안 일을 하는데, 이 기간은 '실습기'로 알려져 있다. 팸플릿에 따르면 많은 예수회원은 이 기간 동안 고등학교에서 학생들을 가르치며, 일부는 해외에 나가 일하고, 그 밖의 사람들은 수도회에 들어오기 이전에 가진 체험과 연관된 분야에서 일한다. 예를 들어 건축 기사는 개발 도상국에서 저소득층 주택을 지으면서 실습기를 보낸다. 실습기가 끝나면, 사제품을 받고자 하는 이들은 4년 동안 신학을 공부하고 나서 서품된다. 양성의 마지막 단계로 '제3수련기'라 부르는 기간이 있는데, 이렇게 부르는 이유는 이 해를 수련기 양성에 있어 '세 번째 해'로 간주하기 때문이며, 이때에 또다시 30일 피정을 하게 된다. 나는 책자와 팸플릿들을 대충 훑어본 다음에 '그래, 난 분명히 이런 일은 하지 않을 거야.'라고 작심했다. 너무나 터무니없었다. 가난한 이들 곁에서 일하고 공동체 생활을 하고 사제가 된다는 대목은 좋았지만, 30일 피정이며 해외에서 하는 일 또는 '서원들'에 관한 이야기는 괴상하게 보였다. 서원들이 1940년대에 토마스 머튼의 마음에는 들었을지 모르지만, 오늘의 나 같은 사람에게는 아니었다.

이때쯤 나는 페어필드에 왔다는 사실 자체가 대단히 쑥스럽게 느껴졌다. 하느님 덕분에 나는 그때까지 어느 누구에게도 이 일에 관해 터놓고 이야기한 적이 없었다! 나는 아무도 내가 이곳에 온 사실을 몰랐으면 했다.

그래서 그 후 2년 동안 그 모든 것을 내 마음속에서 몰아내고자 노력했다. 하지만 나는 뉴잉글랜드에 있는 예수회로부터 다음 '지원자들의 모임'이 언제 있는지를 알리는 편지들을 계속 받게 되었다. 그들이 자신들에게 관심을 보인 사람들을 일컫는 칭호가 바로 '지원자들'이었다. 그 후 2년 동안 우윳빛 편지 봉투들은 놀라울 정도로 정확하게 내 우편함으로 들어와 어떤 행사나 좌담회 또는 모임을 알렸는데, 늘 장소는 보스턴 부근이었다. 나는 정중하게 카드를 돌려보내면서, 반송 우편물에 "사절합니다. 저는 갈 수 없습니다."라는 표기가 되어 있는지 주의 깊게 확인했다.

마지막에는 우편함 앞에서 편지들을 찢기 시작했다. 내 룸메이트들이 편지를 발견하고 내게 물을까 봐 겁이 났기 때문이다. 그렇게 해서 나는 예수회에 관해 잊어버리려고 안간힘을 썼다.

제2부
와서 보아라

예수님께서 돌아서시어 그들이 따라오는 것을 보시고,
"무엇을 찾느냐?" 하고 물으시자,
그들이 "라삐, 어디에 묵고 계십니까?" 하고 말하였다.
'라삐'는 번역하면 '스승님'이라는 말이다.
예수님께서 그들에게 "와서 보아라." 하시니,
그들이 함께 가 예수님께서 묵으시는 곳을 보고 그날 그분과 함께 묵었다.

요한 1,38-39

부러진 갈대

> 그는 외치지도 않고 목소리를 높이지도 않으며
> 그 소리가 거리에서 들리게 하지도 않으리라.
> 그는 부러진 갈대를 꺾지 않고 꺼져 가는 심지를 끄지 않으리라.
> 그는 성실하게 공정을 펴리라.
>
> – 이사 42,2-3

일과 집안 문제, 늘 가시지 않는 위통으로 인한 스트레스 때문에 나는 점점 더 비참해져 갔다. 만사가 힘들어지면서, 내가 다른 사람으로 변해 간다는 것을 확연하게 느낄 수 있었다. 걸핏 하면 우울해지거나 심술을 부리고, 빈정거리고.

친구들에게 푸념을 늘어놓았더니 저마다 각양각색의 해결책을 내놓았다. 첫째가 직장을 때려치우라는 것이다. 분명히 끌리는 제안이지만 현실성이 없었다. 둘째는 부모님 문제를 무시해 버리라는 것이었다. 유익한 제안이기는 하지만 실천이 거의 불가능했다. 나는 그분들을 너무나도 사랑하고 있었다. 끝으로 긴 휴가를 다녀오라는 제안도 있었다. 이것 역시 좋지만, 장기적으로 보면 그다지 도움이 되지 못했다.

내 룸메이트 하나가 말했다. "E.A.P. 담당자를 만나 보지 그래?" 그가 말하는 사원 건강 관리 프로그램 담당자는 뛰어난 여성 심리학자로, GE에서 스트레스에 시달리는 많은 사원들을 보살피고 있었다. 수전증에 걸린 여성의 경우처럼 사원들에게 정식으로 그녀를 소개하는 일은 내 업무의 일부였다. 그럼에도 나는 내 룸메이트에게 심리학자는 전혀 필요치 않다고 대답했다.

"아이 참, 가보라니까!" 룸메이트가 말했다. "아무 일도 아니잖아? 자네가 꽤 많은 사람들을 그녀한테 보내고 있으면서 뭘 그래."

이틀날 나는 처음으로 편두통이 생겼고, 그 때문에 한동안 시야가 흐려져서 글을 읽기가 힘들어졌다. 아무래도 불안했다. 나는 비서에게 무슨 일이 있는지 알리고 사무실을 나와 현관으로 터덜터덜 걸어 내려가서 간호사를 만났다. 그리고 그 간호사에게서 건강에 아무런 문제가 없다는 확답을 듣고 사무실로 돌아왔지만, 여전히 사물을 선명하게 볼 수가 없었다.

"혹시 눈이 멀려고 그러는 것 아녜요?" 내가 사무실로 돌아오자 내 비서가 무뚝뚝한 어조로 물었다. "전화 메시지를 큰 글씨로 써 드릴까요?" 이 말을 듣자 나는 사원의 건강을 관리하는 심리학자를 만나 봐야 한다는 확신이 섰다.

이튿날 아침에 나는 그녀의 사무실로 가서 내 문제들을 모조리 털어놓았다. 그녀가 유능하기는 했지만, 비범한 심리학적 재능이 없어도 내 몸이 안고 있는 문제점들이 스트레스와 직결되어 있다는 것쯤은 충분히 알 수 있었다. 그녀는 한 시간 동안 내 이야기를 듣고 나서 뇌파계에 따라 알파파를 조절하여 안정된 정신 상태를 얻도록 도와주는 '바이오피드백 전문가'를 만나 보라고 권했다. 나는 눈을 부릅떴다.

"그분은 아주 좋은 사람이에요." 그녀가 달래듯이 말했다. "아마 그분의 파트너도 만나 봐야 할 걸요."

못 만날 이유가 어디 있겠는가? 비용은 제너러스한 일렉트릭에서 부담하는데.

바이오피드백을 관장하는 이는 이름이 앤으로, 페어필드 지방에서 비교적 호화로운 소도시인 웨스트포트에 진료실을 가지고 있었다. 조용한 진료실은 꽃잎과 향료를 담은 단지에서 피어오르는 향기로 가득했고, 말린 꽃 바구니들과 전원 생활을 다루는 잡지들로 꽉 차 있었다. 내가 처음 찾아간 날, 그녀는 나를 가죽으로 된 안락의자에 앉히고서 내 손가락에다 컴퓨터와 연결된 센서들을 달아맸다. 나는 혹시 이것이 거짓말 탐지기와 똑같은 작용을 하는 건 아닌지 의심스러웠다. 나는 내가 이 모든 것을 얼마나 미덥지 못하게 생각하는지 이야기하고서 그녀에게 물었다. "선생님은 자신의 몸을 통제하는 일이 가능하다고 생각합니까?"

앤은 잔잔한 미소를 머금었다. "그냥 긴장을 풀고 컴퓨터 화면을 바라보세요." 나는 긴장을 푸는 일에는 문제가 있을지 모르지만 컴퓨터 화면을 주시하는 일만큼은 지난 6년 동안 완전히 통달했노라고 말했다.

화면에 다섯 개의 색 기둥들이 나타나 오르락내리락했고, 거기에 맞추어 "삐" 소리가 커졌다 작아졌다 했다. 화면에서 기둥들이 올라가면 "삐" 소리가 커지고, 기둥들이 내려가면 그 소리도 작아졌다.

"좋아요," 그녀가 말했다. "이제 삐 소리를 더 낮출 수 있도록 해 보세요."

엉터리 같은 소리로 들렸지만 아무튼 나는 노력해 보았다. 그런데 놀랍게도 몇 분이 지나자 정말로 그렇게 되었다. "여기 좀 보세요," 그녀가 화면에 나타나 있는 색 기둥들을 가리키며 설명했다. "이 수치는 당신의 심장 박동 수를 나타내고, 이건 몸의 온도고, 이건 당신 피부에 나타나는 전기 파동을 측정하고 있어요. 봐요, 벌써 당신 체온이 10도나 낮아졌어요."

순식간의 변화였다. 정말로 효과를 발휘했다. 내가 할 일이라고는 "삐" 소리에 주의를 집중하는 것뿐이었다. 한 시간 후에 우리는 매주 치료 시간을 정했다. 앤은 카세트테이프 하나를 내게 주면서 집에서 워크맨에 넣어 듣도록 하라고 했다. 내가 차에 달린 카세트 데크에 넣고 틀었더니 테이프에서 감미로운 목소리가 흘러나왔다. "나는 날마다 모든 면에서 점점 더 좋아지고 있다." 이런, 앤이 내게 이런 물건을 주었다는 건 내가 정말로 정신이 이상해지고 있다는 말 아닌가. 어쨌거나 나는 이 테이프를 활용했다.

그다음에 찾아갔을 때, 나는 화면 속의 작은 기둥들을 한참 더 낮출 수가 있었다. 내가 센서를 부착하고 있는 동안 앤이 질문을 시작했다. 그녀가 달래듯이 말했다. "그러면 당신의 업무에 관해 이야기를 해 보기로 하죠……."

"삐이이이이이이익!" 화면에서 기둥들이 껑충 뛰어오르다시피 하면서 기계가 소리를 질러 댔다.

"좋아요," 그녀가 말했다.."그 이야기는 나중으로 미루죠. 가정사는 어떤가요?"

"삐이이이이익!" 기계음이 또 울렸다.

앤은 분명 기계가 과부하되는 것을 바라지 않았을 테고, 그래서 우리는 다른 주제로 이야기를 돌렸다. 그리고 '안내에 따르는 명상'을 얼마 동안 했다. 여기에는 내가 무인도에 가 있는 광경을 상상하는 일도 포함되어 있었다. 나는 무인도에 가 본 적이 한 번도 없었고, 그 때문에 그 광경을 눈앞에 그리느라 한동안 애를 먹었다. 그러다가 저지Jersey 섬의 해변을 상상했는데, 그것도 똑같은 효력을 발휘한 것 같았다. 그러고 나서 그녀는 뜻밖에도 자기 환자 모두가 자신의 파트너이자 심리학자인 차케 박사도 만난다는 이야기를 해 주었다. "좋아요." 나는 즉석에서 승락했다. "그분을 언제 만나면 될까요?" 나는 이 치료에 반해 있었고, 그래서 일주일 안에 그를 만나겠다는 약속을 흔쾌히 하게 되었다.

차케 박사의 어두운 진료실은 그에게 어울리는 골동품인 커다란 고리버들 바구니들로 가득 차 있었고, 벽에는 펜실베이니아 대학 졸업장이 걸려 있었다. 나는 결국 한 주에는 앤을 만나고 그다음 주에는 차케 박사를 만났다.

차케 박사는 귀를 기울여 들을 줄 아는 사람이었다. 나는 일하면서 받는 스트레스, 가족, 덫에 걸려 있는 느낌 등 모든 것을 그에게 털어놓았다. 우리는 내가 품고 있는 두려움, 소망, 몽상에 관해 이야기했고 처음에는 약간 불안했지만 나의 꿈과 성적 환상에 대해서도 이야기를 나누었다. 치료를 받으면서 확실하게 드러났지만, 나는 내 인생에 진정한 질서가, 진정한 목적이, 나에게 주는 진정한 의미가 전혀 없는 것 같아 마음이 무거웠다. 나는 회사 체육관에서 날마다 이용하는 러닝머신 위를 달리듯 단조롭기 이를 데 없이 살아가고 있었다.

내 삶은 사실상 우울하게도 다람쥐 쳇바퀴 돌리기였다. 나는 먹고 집세를 내고 옷가지를 사기 위해 일을 하고, 그럼으로써 생활을 유지하고 살아갈 수 있었지만, 결국은 또 일을 하기 위해 살고 있는 셈이었다. 그래서는 아무런 결실도 없을 듯 싶었다. 아무런 의미도 없어 보였다.

치료는 여러 달 계속되었다. 이상했다. 내가 알기로 무엇 하나 변한 것이 없는데도 사물들이 더 분명하게 보이는 것 같았다. 내 위장은 좀처럼 나을 기미가 안 보였고 여전히 압박감에 시달리고 있었지만, 적어도 내가 그렇게 느끼는 이유는 이해하게 되었다.

5월에 접어든 어느 쌀쌀한 날, 우리가 할 만큼 다했다고 보았는지 차케 박사가 느닷없이 내게 물었다. "당신이 하고 싶은 일을 할 수 있다면, 무슨 일을 하겠소?"

"그다지 어려운 질문은 아니군요." 나는 무심코 대답했다. "난 사제가 될 겁니다."

"그런데 왜 그 길로 가지 않고 있는 거요?" 그가 물었다.

'그래 맞아.' 나는 생각했다. '내가 왜 그 길로 가지 않은 거지?'

갑자기 모든 것이 분명해졌다! 나는 눈부시게 환하고 선명한 어떤 직감을 체험했는데, 이것은 내게는 생소한 체험이었다. 나는 분명히 사제가 되고 싶어 했다. 나는 그 모든 이유를 확실히 알 수 없었고, 어쩌면 내가 확실히 알고 있던 이유도 최선의 이유가 아니었는지 모른다. 어쩌면 나는 탈출하고 싶어 했을 수 있고, 다른 사람들에게 존경을 받고 싶어 했을 수 있고, 순교자 흉내를 내고 싶어 했을 수도 있었다. 하지만 이런 이유들 외에도 좀 더 깊은 차원의 다른 이유들이 있었다. 나는 하느님과 다른 사람들을 섬기고 싶었다. 토마스 머튼이 살았던 그런 삶을 살고 싶었다. 내가 그 삶을 깊이 이해하지 못했다 하더라도 그랬다. 나는 그가 수도원에 들어갈 때 느꼈던 그 평온함을 맛보고 싶었다. 나는 성당에 가는 것을 무척이나 좋아했다. 거기 가면 마음이 편안해졌다. 나는 사제가 되어 제대로 노력해 보고 싶었다. 그러면서 지난 2년 동안 나를 뒷걸음질치도록 만든 것은 다른 사람들이 어떻게 생각할까 하는 우려 내지는 내가 올바르지 못한 이유로, 사제의 길에 발을 들여놓으려는 것은 아닐까 하는 불안감이었다는 사실을 깨달았다.

그 주간 첫날, 일요일에 나는 소설가 루이스 오친클로스의 글에서 이런 대목을 읽었다.

> 아, 이 같은 결론들이 얼마나 자명해 보이는가! 그럼에도 사람은 자신에게 생명은 하나밖에 없다는, 그리고 만일 그 생명으로 자신이 원하는 일을 하지 못할 경우 어느 누구도 진정으로 대신해 주지 않는다는 단순한 교훈을 배우지 못한 채 자신의 전 존재를 허비해 버릴 수도 있다.

나는 5월의 그날 집으로 돌아와서 내 책상을 뒤져 예수회에서 2년 전에 내게 보낸 우편물들을 찾아냈다. 어떻게 이토록 눈이 멀 수가 있었을까? 나는 이 일을 무척이나 하고 싶어 했었다. 그리고 이제는 이 일을 하고 싶었다.

나는 몇 안 되는 우윳빛 편지들을 뒤적였다. 적힌 글은 대부분 이런 식이었다. "예수회에 관심 있는 분들을 위해 또다시 모임을 갖기로 했습니다. 꼭 오십시오." "요즈음 소식이 거의 없군요." (내가 그들의 편지 대부분을 찢어 버렸던 점을 감안하면, 더없이 정중한 말들이었다.) "당신이 아직도 우리의 우편물을 받고자 한다면 연락 주시기 바랍니다." 그러고 나서 편지는 끊겨 버렸다.

이튿날 직장에서 나는 내 방문을 닫고 회원 모집이나 '성소자'를 담당하는 예수회원에게 전화를 걸었다. 이때는 짐 케인이라는 이름의 새로운 사람이 그 일을 맡고 있었다.

그는 이튿날 내게 전화를 했다. 때마침 예수회원과 통화하기에 아주 좋은 시간이었다.

그 주간이 시작될 때쯤 카렌이 자기 상관에게서 받은 GE 사원들의 명단을 내게 넘겨주었다. 그러면서 명단에 적힌 사람들과 접촉해서 우리 부서에 지원할 의사가 있는지 알아보라고 했다. 그리고 그들의 상사에게 전화를 걸어 그들이 새 일자리에 면접을 볼 수 있게 조처해 달라고 부탁하면 좋겠다는 말도 덧붙였다. 그런데 접촉해 보니 아무도 관심이 없었다. 내가 명단에 적힌 사원들과 그들의 상사들을 모두 접촉하고 났을 때쯤 명단에는 전화번호와 메모, 가부 표시, 점검 표시들이 빼곡히 들어차 있었다.

며칠 후에 나는 자신을 마이크 스미스라고 밝힌 한 남자에게서 전화를 받았다. (이번에도 인정상 이름을 가명으로 바꾸었다.) 그가 내게 알려 준 것은 자신의 이름과 명단에 올라 있는 한 사원의 상사라는 것이 전부였다. 그러면서 내가 왜 자신과 직접 접촉하지 않았는지 이유를 알고 싶어 했다. 나는 서류를 뒤져서 명단을 찾아내어 대충 쓴 메모들을 훑어보았다. 그 직원의 이름 옆에 '밥'이라는 이름과 함께 점검 표시가 되어 있었다.

"저어, 밥이라는 사람과 이야기를 했던 것 같은데요." 내가 말했다. "하지만 어쨌거나 그 직원은 이 자리에 관심이 없더군요. 적어도 제가 기록해 둔 바로는 그렇습니다. 무슨 문제가 있습니까? 제가 혹시 엉뚱한 사람에게 전화를 드렸던가요?"

"다음에는 반드시 내게 직접 전화를 하라고." 마이크가 꽤나 쌀쌀한 어조로 말했다. "알았어?"

"알았습니다." 나는 이렇게 대꾸하고 이것으로 다 끝났다고 생각했다.

그런데 그게 아니었다.

이튿날 내가 명단을 다시 서류함에다 넣어 두고 돌아섰을 때, 내 상사로부터 전화가 걸려 왔다. "지금 당장 이리 와요!" 화난 목소리였다. 하지만 카렌은 걸핏 하면 화난 목소리를 내곤 해서 이번에도 그러려니 했다.

그녀는 얼굴을 붉힌 채 자기 책상 너머에 서 있었다. 그러다가 내가 말을 꺼내기도 전에 소리쳤다. "마이크 스미스에게 이야기를 했어요? 그가 방금 내게 전화를 했다고요."

처음에는 내가 마이크와 이미 이야기를 나누었고, 모든 것이 정리되었기 때문에 다행이라고 생각했다. 내 상사가 물었을 때 대답할 준비가 되어 있었던 것이다. 우리는 이것이 훌륭한 사원임을 입증하는 증거라고 배운 바 있었다.

그래서 나는 자랑스럽게 말했다. "마이크 씨는 내가 자기 계열사에서 직원을 정리할 권한을 가진 당사자와 이야기를 한 것인지 궁금해하더군요. 그래서 명단을 보고 내가 접촉한 상사의 이름을 대 주었습니다. 그리고 나서 혹시 그분의 직원들 가운데 우리가 필요한 사람이 있으면 그분에게 연락하겠노라고 말했습니다." 나는 그 사람의 질문들을 완벽하게 처리했다고 생각했다. 앞으로는 그에게 연락을 하겠다고 약속한 부분이 특히 그러했다. 그래서 칭찬이 나오기를 기다렸다.

카렌은 책상을 손바닥으로 내리쳤다. "그 사람은 당신이 거짓말쟁이라는 거예요."

그녀는 그 밥이라는 사람이 나와는 이야기를 해 본 적도 없다고 하더라고 했다. 그렇다면 나의 기록이 잘못되어 있거나, 아니면 밥이 자신의 상사인 마이크에게 이야기를 전하지 않고서 책임을 면하기 위해 장난을 치고 있거나 둘 중 하나였다. 어느 쪽이었든, 마이크는 내게 다시 전화를 걸어 혼선이 있었음을 알려 주면 그만이었다. 하지만 이곳은 GE인지라 그가 그렇게 할 리 만무였다. 그래서 내 상사들에게 전화를 걸어 나를 거짓말쟁이로 몰아붙였던 것이다. 설상가상으로 마이크는 (통화 중에 자신의 직함을 밝히지도 않았다) 알고 보니 GE에서도 가장 큰 계열사의 사장이었고, 따라서 GE 전체에서 가장 막강한 권한을 가진 사람 축에 들었다.

카렌이 말했다. "그 사람이 내 상관을 찾아가서 당신이 거짓말을 했으니 해고시키라고 요구했다는 거예요."

"거짓말이라고요!" 나는 놀라서 소리쳤고 슬슬 화가 나기 시작했다. "맙소사. 난 적임자와 모든 일을 깨끗이 마무리했다고 생각했어요. 내가 그렇게 했다는 생각은 지금도 변하지 않았고요! 게다가 앞으로는 그분에게 직접 연락하겠다는 말씀도 드렸다고요!"

"당신은 거짓말쟁이예요." 카렌이 말했다.

"하지만 모르고 한 실수와 누군가를 속이려고 하는 것과는 큰 차이가 있는 것 아닌가요?"

"당신은 거짓말쟁이예요."

나는 얼굴이 붉어지는 것을 느낄 수 있었다.

"적어도 내가 그분에게 전화를 걸어서……."

"아니, 그럴 필요 없어요." 그녀가 고함쳤다. "당신은 이미 충분히 피해를 입혔어요. 난 거짓말쟁이를 내 밑에 놔두지 않을 거라고요."

사태가 갈수록 악화되었다. 카렌은 내 말을 들으려고도 하지 않았고, 그녀의 상관 역시 내가 거짓말을 한다고 생각했다. 마이크 같은 계열사 사장들은 나를 직장에서 내쫓으려 드는 것 말고 좀 더 나은 배려를 할 수 없는 것일까? 없는 것이 분명했다.

나는 성실하게 일을 처리했다. 설령 내가 실수를 했다고 하더라도 그것은 모르고 한 실수였고, 따라서 사람을 속이려고 든 적은 없었다. (나는 다른 사람이 자신의 책임을 모면하려고 거짓말을 하는지도 모른다는 암시조차 하지 않았다.) 내가 변명을 해도 아무런 효과가 없다는 것이 확실했다. 모든 일이 너무나도 혼란스러웠고, 그래서 나는 문을 닫고 사무실을 나오면서 눈물을 흘렸다. 내가 볼 때 이 일화는 GE에서의 생활을 너무나도 훌륭하게 요약해 주었다.

케인 신부가 내게 전화를 걸어왔을 때, 내 정신은 온통 이런 일로 차 있었다. 그러면서 성소에 관해서도 깊이 생각했다. 나는 내 사무실의 문을 닫고 말했다.

"안녕하세요, 전화해 주셔서 고맙습니다. 예수회에 들어가고 싶은데요."

"그렇군요," 케인 신부가 말했다. "아주 좋은 일입니다." 그렇다면 나를 받아들이겠다는 말인가?

"그러면 우리가 주관하는 지원자 모임에 참석할 수 있도록 몇 가지 자료를 보내 드리지요. 올해는 너무 늦었지만, 내년에 들어올 사람으로 생각하면 되니까요. 올 8월에 입회할 대상자들은 이미 선정이 끝났답니다."

내년이라고? 나는 한 해를 더 기다리고 싶은 생각이 추호도 없었다. 나는 지금 준비가 되어 있었다. 내가 예수회원들을 한 번도 겪어 보지 않았지만, 그럼에도 나는 입회를 뒤로 미루자는 말에 직장에서 해 온 것과 똑같은 방식으로 밀어붙였다. 이런 장애 정도는 순수한 의지력으로 극복할 수 있다고 생각했다.

"아니오, 안 됩니다. 저는 올해 입회하고 싶습니다. 이미 결심을 했습니다. 내년은 너무 멉니다. 이번 8월에 들어가는 것으로 하자고요, 괜찮지요?"

그는 당황한 기미가 역력했지만, 그래도 나의 반응을 무리없이 받아넘겼다. "다음 주에 결혼식이 있어 페어필드에 가는데, 그때 만나서 이야기하면 어떨까요?"

'좋았어.' 나는 어떤 생각이 퍼뜩 떠올라 일의 진행 속도를 높였다. 필라델피아 교구 신학교의 성소 담당자와도 만나기로 약속한 것이다. 기왕 이 길로 나가려고 한다면 기초적인 정보를 모조리 알아볼 필요가 있다고 생각했기 때문이다.

그때까지 나는 나의 의중을 어느 누구에게도 이야기한 적이 없

부러진 갈대

었다. 그리고 예수회에 들어간다는 생각에 흥분하기는 했지만, 당혹감은 여전히 남아 있었다. 내가 속내를 처음으로 털어놓은 상대는 내 친구 브루스였다. 그와는 너무나도 자주 만났기 때문에 마음을 숨기기가 힘들었기 때문이다. 어느 토요일에 우리는 특별한 목적지도 없이 차를 몰고 다니다가 뉴욕 시 북부 오렌지카운티에 있는, 폭풍 대왕이라는 이름의 야외 조각 박물관에 차를 세웠다. 그런데 때마침 날씨는 금방이라도 천둥 폭풍이 몰아닥칠 듯이 보였다. 나는 지금이 그에게 이야기하기 좋은 때라고 판단했다.

놀랍게도 그는 '아주 좋은 생각 같다'고 말했다. 그는 예수회에서 운영하는 고등학교를 다녀서 분명히 나보다는 예수회에 관해 훨씬 많이 알고 있었기 때문에 나에게 몇 가지 세부적인 질문을 던졌다.

"널 해외로 보낼 거래?" 아니, 내 생각엔 그럴 것 같지 않아.

"사제품을 받을 때까지 얼마나 걸린대?" 10년.

"네 부모님이 펄펄 뛰시지 않을까?" 아마 그러시겠지.

"GE는 언제 그만둘 거야?" 아마 몇 달 안 갈 거야.

브루스는 몇 초 동안 곰곰이 생각하더니 말했다. "잘했어. 넌 아무래도 그곳과 맞지 않아." 그러고는 우리가 대학에서 들었던 강론들을 되새기며 미소를 짓더니 말했다. "그래, 짐 군, 훌륭한 가톨릭 신자로서 나는 자네에게 묻지 않을 수 없네. 이 일로 내게 득이 되는 것은 뭔가? 자네가 예수회에 입회한다고 해서 내가 얻을 게 대체 뭐냔 말일세?"

몇 주일 후에 나는 마침내 용기를 내어 가족에게 알려야겠다고 마음먹었다. 식구들이 어떤 반응을 보일지 전혀 알 수 없었다. 부모님은 여전히 별거 중이셨고, 따라서 심각한 소식은 무엇이든 격렬한 반응을 불러일으키리라는 건 알고 있었다. 우리 집안에는 적어도 열심히 성당에 쫓아다닌다는 의미에서 남달리 '독실한' 사람은 없었지만, 그래도 가족들이 기쁘게 받아들여 주리라는 약간의 희망은 없지 않았다.

나는 가장 먼저 캐롤린에게 이야기했다. 목전에 닥친 이 일을 비극으로 받아들일 어머니를 위로해 드리도록 하기 위해서였다.

"예수회라니?" 캐롤린이 소리 질렀다. "사제가 되겠다는 말이야?"

캐롤린이 놀란 것은 당연했다. 나는 여러 해 동안 이 생각을 줄곧 해 온 사람이었고, 그 애는 불과 몇 초 전에야 알게 되었으니까. 캐롤린은 울면서 내가 가족과 함께할 수 있는 건지 없는 건지, 내가 다른 곳으로 옮겨 가야 하는 것은 아닌지, 서로 만날 수는 있는지부터 물었다. 그러면서 사제들은 일이 너무나도 힘든 데다 외롭기까지 한 걸로 알고 있다고 말했다. 그녀는 한참 더 울먹였다. 그러나 금방 마음을 진정시키고 나에게 이것저것 캐묻기 시작했는데, 묻는 내용이 내가 이미 그녀에게 이야기해 주었던 것들이라 기뻤다.

"오빠는 검은 옷을 입으면 늘 멋졌어." 그녀는 마침내 이렇게 말했다.

내가 어머니에게 말씀드린 날이 하필이면 어머니날이었다. 어머니도 내가 인생길을 그토록 철저하게 바꿔 버릴 마음을 먹은 줄은 꿈에도 몰랐기 때문에, 온건하게 표현해서, 너무나 당황한 나머지 몹시 우셨다. 어머니는 내가 자녀를 갖지 못하게 된다는 점에 특히 슬퍼하셨고, 내가 다시는 당신을 만나지 못하게 될까 봐 괴로워하셨다. 어머니의 근심 걱정을 분명하게 이해할 수 있었다. 어머니의 반응 때문에 나는 마음이 불편해지면서 내가 하려는 일에 확신이 없어졌다. 다행히 여동생이 그 자리에 있어서 어머니의 마음을 다독여 드릴 수 있었다.

나는 내가 바라는 것이 예수회에 입회하는 것임을 확신하면서도, 교구 사제에 대해서도 확실히 알아 두는 것이 좋겠다고 생각했다. 교구 사제가 되는 데는 이점이 아주 많았다. 우선 교육 기간이 그렇게까지 길지 않았으며(예수회가 10년인 데 비해 5년이었다(현재는

7년-역주)), 다음으로 예수회원처럼 이리저리 옮겨 다니지 않아도 되었다. 나는 한 교구에 뿌리를 박을 테고, 그렇게 되면 그곳은 필라델피아가 될 터였다. 이렇게 되면 부모님이나 동생도 한결 좋아할 것이다. 나는 성 가롤로 보로메오 신학교에 전화를 걸어 면담 일정을 잡았다. 당시에는 사제 성소를 바라는 이들이 많지 않아서 지원자 한 사람도 큰 환영을 받았다.

성 가롤로 신학교에서 면담을 하기 전인 금요일에 나는 뉴욕에 사는 여동생 집에 들렀는데, 동생은 당시에 하버드를 졸업하고 뉴욕 북동부에 살았다. 나는 동생의 집으로 가기 전에 그 부근에 있는 종교 서점을 찾았다. 그 서점에는 '이럴 경우 그대가 바라는 것은 예수회원이 되는 것이다'라든가 '이럴 경우 당신 아들이 바라는 것은 예수회원이 되는 것이다'라는 식의 제목을 가진 책들이 있으리라고 생각했다. 예수회에서 보내 준 자료들이 도움은 되었지만, 그래도 더 많은 것을 알고 싶었다. 서점에는 그런 특수한 제목을 가진 책들은 없었지만 사제직에 관련해서 쓸 만해 보이는 책 몇 권을 발견할 수 있었다.

내가 캐롤린과 함께 집 밖으로 나와 보니, 내 차 트렁크에 있던 물건들이 몽땅 사라지고 없었다. 새로 산 브룩스 브라더스 상표의 회색 양복이며 값비싼 새 구두, 방금 샀던 사제직에 관한 책자들을 모조리 도둑맞아 버린 것이다. 이것은 분명 무슨 뜻이 있었다. 어쩌면 그것은 하나의 표징일지도 모른다⋯⋯. 하지만 무엇을 알려 주려는 것일까? 재물을 버리고 예수회에 들어가 가난한 삶을 살아야 한다는 표징으로 받아들여야 하는 것일까? 아니면 성소에 관해 생각하고 책을 읽기보다는 기도에 전념해야 한다는 뜻일까? 책들을 도둑맞은 것은 그런 뜻일 수도 있었다. 혹시 교구 신학교를 찾아가는 것이 바람직한 생각이 아님을 보여 주는 징표였을까? 아니면 사제직에 대한 생각 자체가 잘못되었다는 뜻일까? 나는 이 이상 야릇한 사건을 두고 이리저리 생각했다.

캐롤린이 한마디 했다. "이 일이 신호라는 것은 맞다고 봐. 오빠가 차 트렁크를 좀 더 잘 단속해야 한다는 신호 말이야."

성 가롤로 보로메오 신학교는 필라델피아 시티라인로에 서 있는 우람한 대주교관 맞은편의 넓고 숲이 우거진 대지에 자리 잡고 있었다. 거대한 본관 건물은 커다란 돌기둥들이 현관 지붕을 떠받치고 있는 모습이 장관이었다. 건물 안은 바닥이 청결한 대리석으로 깔렸고, 복도들은 널찍하고 소리가 울렸다. 승리자 성당. 이곳에서는 분명 사람들이 '주님의 기도'를 바칠 때 손을 잡지 않을 것 같았다.

신학교의 성소 지도자는 플래너건 신부였다. 지난 금요일에 내 비서는 "플래너건 신부에게서 전화"라고 큼직하게 쓴 쪽지를 내게 건네주었다. 쪽지 하단을 보니 "소년원에서 당신이 필요하대요?"라는 글귀가 적혀 있었다. 이때 비로소 나는 신부가 전화를 한 이유를 그녀에게 귀띔해 주었다. 그러자 그녀는 그 이야기를 차분하게 받아들이면서 어디에서 무슨 일을 하든 GE에서 일하는 것보다는 신날 것이라고 했다.

플래너건 신부는 호감을 주는 사람이었는데, 딱 하나 이상한 점은 미국 해병과 필라델피아 경찰들이 즐겨 신는, 비눗물로 광을 낼 수 있는 에나멜 구두를 신고 있다는 것이었다. 나도 그런 구두를 신어야 했던 것 아닐까? 나는 의아스러웠다. 그러고 보니 신학생들은 다 수단을 입고 있었다. 나는 수단을 입고 허리 뒤로 두 손을 깍지 낀 채 묵직한 신학 문제들을 생각하면서 성 가롤로 신학교 교정의 높다란 단풍나무 아래를 거니는 내 모습을 상상해 보았다. 분명히 GE에서 상사들에게 거짓말쟁이라는 말을 듣는 것보다는 한결 나아 보였다.

우리는 지원 절차(이것은 놀랍도록 간단했다)와 5년간 공부할 철학과 신학에 관해 한 시간가량 이야기를 나누었다. 또한 신학생들이 여름 방학 동안 일을 한다는 말을 듣고 놀랐다. 나는 가만히 들어앉아 지내고, 세상은 그런 나를 조용히 존경의 눈초리로 바라볼 거라는 환상이 깨지는 듯했다. (여름철에 일을 하는 신학생은 왠지 보기 흉하게 느껴졌다. 사제직에 대해 잘 안다는 내 지식이 그 정도 수준에 불과했다.)

그날 나는 고향 집으로 돌아가서 뒤뜰 잔디밭 의자에 앉아 토마스 머튼의 또 다른 저서를 읽고 있었다. 어머니가 다가와서 일이 어떻게 되어 가는지 물었다. 나는 "아주 좋아요!"라고 대답했다. 실제로 성 가롤로 신학교에 다니면 행복할 것 같았다. 가족들은 교구 신학교가 예수회보다 준비 기간이 짧고 또 내가 집 근처에서 지낼 수 있다는 사실을 안 뒤로는 내가 교구 신학생이 되었으면 하는 바람이 훨씬 커진 게 사실이었다. 우리 가족은 내가 사제가 되는 것을 별로 좋아하지는 않았지만, 어차피 사제가 되어야 한다면 집 가까이에 살기를 바랐던 것이다.

따라서 그다음 월요일에 예수회 입회 문제로 면담하기 위해 페어필드 대학으로 향할 때는 마음에 상당한 동요가 일었다. 누군가 사무실에서 내 수첩을 훑어볼 경우를 대비해서 나는 "병원 진료"라고 적어 놓았다. 사람들이 메모장을 뒤져 보고 다녀서가 아니라 일이 제대로 풀리지 않을 경우를 감안하여 어느 누구도 사전에 눈치채지 못하도록 하기 위해서였다.

내가 성소자 담당인 짐 케인 신부를 만난 것은 오후 2시였다. 그는 막 결혼식에서 돌아온 참이라서 로만 칼라를 두르고 스웨터

조끼와 운동복 상의를 입고 있었다. 에나멜 가죽 구두는 신고 있지 않았다. 붉은 머릿결의 케인 신부는 사십 대치고는 젊어 보였고, 사람을 편안하게 대했다. 예수회 공동체의 응접실은 곰팡이 냄새가 나고 닳아 빠진 양탄자에 가구들도 불쾌감을 주었는데, 나중에 알고 보니 예수회 실내 장식의 특징이었다.

그는 곧바로 내가 입회를 내년으로 미루어야 할 것이라고 말했다. 그래서 나는 그의 생각을 바꾸어 놓는 것이 내가 할 일이라고 단단히 마음먹었다. 나는 지난 몇 년 동안 면접에 관한 일이라면 할 만큼 해서 충분히 그렇게 해낼 수 있을 것으로 생각했다. 하지만 이 경우는 내가 늘 했던 것과 같은 면접은 아니었다.

얼마간 이야기를 하던 중에 그가 물었다. "당신이 생각하기에 하느님은 어떤 분이신가요?"

이것은 내가 취업을 앞두고 면접을 볼 때 들어 보지 못한 질문이었다. (그러니 물론 투자 은행 '살러먼 브라더스'라고 대답할 수도 없는 노릇이었다.)

가만 있자…… 하느님이라? 나는 주일 학교에 다니면서 배운 내용들을 머리에 떠올리느라 안간힘을 썼다.

"하느님은 우주의 창조주시지요." 나는 결국 이렇게 말하고 말았다.

"그래요, 좋아요." 내가 그에게 감명을 주지 못한 것만은 분명했다. "예수님에 관해 이야기해 볼 수 있겠소? 당신은 예수님을 어떤 분이라고 생각합니까?"

와! 함정이 있는 질문이다. "그러니까, 두 분은 같은 분 아닌가요, 맞지요?"

"그래요." 그는 앉은 채로 자세를 바꾸며 말했다. "당신이 하는 일에 대해 이야기해 봅시다."

우리는 몇 분 동안 그 이야기를 하고 나서 다음으로 내 가족과 내 희망, 내 꿈, 내 두려움을 이야기했다. 내가 그에게 감명을 주고자 하는 생각이 줄어들수록 대화가 점점 편안해지면서, 나는 마침내 내 자신을 활짝 열어 보였다. 나는 직장에서 느끼는 좌절감이며 삶 속에서 하는 일들에 대한 실망감을 이야기했고, 마지막으로 내 인생에서 가장 중요한 부분을 털어놓았다. 예수회원이 되고자 하는 욕구를 도저히 떨쳐 버릴 수 없을 것 같다고 말이다.

"내가 다른 무엇보다도 절실하게 바라는 일이 바로 이것입니다. 이 점을 이해하시겠습니까?" 그는 이해한다고 말했다.

그리고 나는 지난 2년 동안 내 마음속에 차곡차곡 담아 두었던 궁금한 점들을 전부 다 물었다. 예수회원이 되면 무엇이 좋은가? 무엇을 보고 하느님의 부르심을 받았다고 확신할 수 있는가? 예수회원으로 사는 나의 삶은 어떤 모습이 되겠는가? 그리고 이보다 사소하지만 절실함이 그에 못지않은 여러 의문점도 물어보았다. 내 가족과 친구들을 만날 수 있는가? (그는 물론 만날 수 있다고 했다.) 사제품을 받고 나면 할 말을 할 수 있는가? (그렇다. 사제 서품 전이라도 할 수 있다.) 수련기 동안에 반드시 제3세계로 가야만 하는 것인가? (그렇다.)

내가 끝으로 한 질문은 꼭 한 해를 기다려야 하는가였다.

그는 꼬박 1분은 됨직한 시간을 곰곰이 생각하더니 말했다. "어디, 내가 할 수 있는 일이 있는지 알아봅시다."

이렇게 해서 나는 올해 입회할 수 있도록 시도를 한 셈이었다.

면담을 토대로 생각해 보니 예수회가 성 가롤로 보로메오보다, GE에서 쓰는 말로 하자면, 나에게 더 맞는 '적임지' 같았다. 나는 훌륭한 본당 사제가 될 수 있다고 생각하면서도, 예수회원이 되면 더 많은 일을 할 수 있다는 점 때문에 계속 끌렸다. 나는 예수회 선생도, 예수회 화가도, 예수회 건축가도, 예수회 선교사도 될 수가 있었다. (케인 신부는 쾌활한 목소리로 수도회 회계 업무를 관장하는 예수회 회계사도 있다고 말했지만, 나는 절대로 그런 일을 하지 않게 되기를 바랐다.)

이보다 더 나은 삶을 그려 낼 수 없었다. 그만큼 이상적으로 보였다. 나중에 들으니, 바로 이것이 사제들과 수녀들이 알고 있는 이른바 '최초의 열정', 다시 말해서 수도 생활이 완벽한 삶이라고 여기게 되는 느낌이라는 것이었다. 물론 이것은 천진난만한 느낌이다. 하지만 그 느낌이 지속되는 동안은 즐거운 법이다.

몇 주가 지나자 케인 신부가 전화를 걸어와 이런 일은 좀처럼 없는 일이지만, 아무튼 수도회에서는 나를 올해 받아들일 수 있도록 '고려하고' 있다고 알려 주었다. 그러면서 내 쪽에서 해야 할 일이 아주 많아질 것이라고 말했다. 기다란 신청서를 작성하고, 살아온 과정을 기술하고, 추천인 일곱 사람을 선정하고, 보스턴에서 일련의 심리 검사를 받고, 뉴잉글랜드에서 예수회원 예닐곱 사람과 면담을 해야 한다고 했다. 그리고 끝으로 예수회원 한 사람과 8일 피정을 해야 한다는 것이었다.

신청서는 놀랍도록 간단했다. 배경과 부모와 학력에 관련된 세부적인 질문들로 이루어진 열 쪽 분량의 서류와 수도회에 들어오고자 하는 이유가 무엇이냐는 식의 몇 가지 간단한 질문들을 담은 아홉 장짜리 연초록색 서류가 전부였다. 하지만 살아온 과정은 그보다 훨씬 자세하게 기록할 필요가 있었다. 나는 이 둘을 며칠에 걸쳐 작성한 다음에, 훌륭한 젊은 간부 사원이라면 누구나 그렇듯이 택배 회사를 통해 속달로 보스턴에 보냈다. 그리고 나서 추천서를 직장 친구 세 명과 동창 친구 세 명에게 나누어 주었다. 나머지 한 장은 어머니 몫이었는데, 어머니는 처음에는 망설였지만 (누구한테나 다 그렇듯이) 예수회원들에게도 내가 얼마나 놀라운 사람인지를 충분히 자랑해 주셨다. 모성은 다른 무엇보다 더 강한 법이니까. 그 후에 면담들이 이루어졌다.

나를 첫 번째로 면담한 사람은 페어필드 대학 부총장 가운데 한 사람인 히긴스 신부였다. 내가 들어가 기다린 곳은 불규칙한 튜더 양식의 대저택으로 지어져 한때는 예수회 공동체로 사용되었던 대학 본관의 벨라민 홀이었다. 면담이 아주 부드럽고 허물없이 이루어진 것으로 미루어, 히긴스 신부는 내가 예수회에 관련된 사항들을 이제 처음으로 접하기 시작했다는 사실을 간파했거나 아니면 귀띔을 받았을 것이라고 생각한다. 그가 맨 처음으로 던진 질문은 내가 어떤 연유로 수도 생활에 관심을 갖게 되었느냐는 것이었다.

나는 그때까지도 토마스 머튼이 잘 알려진 인물인지 어떤지 알지 못했기 때문에 자신 없는 목소리로 말했다. "《칠층산》이라는 책을 읽었습니다……. 토마스 머튼이라는 분이 쓴 책이던데." 그가 미소를 지었다.

"혹시 그 책을 읽어 보셨습니까?" 내가 정중하게 물어보았다.

"그래요. 난 토마스 머튼의 글을 아주 좋아합니다." 그러더니 생색이나 자랑의 기미가 전혀 없이 덧붙였다. "사실, 난 그분에 관한 책도 한 권 냈었습니다. 기도에 관한 그분의 사상을 다룬 책이죠." 그는 등 뒤로 손을 뻗어 책장에서 그 책을 꺼냈다.

"와, 멋지군요." 나는 훌륭하다는 생각이 들어 이렇게 말했다.

우리는 토마스 머튼에 관해 한동안 이야기를 했다. 그의 삶과 그의 글, 그리고 그의 영성을 이야기했다. 그러면서 나는 그의 전기를 읽고서는 알 수 없었던 몇 가지 새로운 사실들을 알아냈다. 나는 내 맞은편에 앉아 있는 예수회원에게서 깊은 감명을 받았다. 나는 책을 저술한 사람을 한 번도 만나 본 적이 없었고, 대해 보니 지식 수준이 매우 높았다. 하지만 그보다 훨씬 마음을 끄는 것은 그러한 분이 이야기하는 방식이었다. 그는 자연스러웠고 나를 존중해 준다는 느낌을 받았다.

내가 면담 기간에 만난 예수회원들은 엄청나게 학식이 깊었다. 그들은 지나가는 말로 얼핏 비치거나 전혀 언급하지 않았음에도 하나같이 박사 학위를 가지고 있는 듯 보였다. 그들은 신학과 심리학, 철학, 수학을 가르쳤고 이미 논문이나 저서를 냈으며 브라질과 수단, 자메이카, 이라크 등지에서 일을 했던 사람들이었다. 그들은 학교를 세웠고, 피정의 집을 열었으며, 본당들을 운영했다. 그들 중에 일부러 공손한 체한다든가 도도한 태도를 보인다든가 하는 사람은 아무도 없었다. 실제로 이 관구장은 그 누구보다 재미있는 사람이었다. 이곳은 내가 GE에서 터득한 수탕나귀 이론과는 정반대였다. 예수회에서는 '높이 오를수록' 더 멋있어지는 모양이다.

내가 가톨릭 '교리'에 무지함을 토로하거나, 가톨릭 신자인 친구들이 많지 않다거나 그동안 사실 '착한 일'을 많이 하지 못했다고 이야기할 때 소리 내어 웃거나 눈썹을 추켜올리는 사람은 아무도 없었다. 이 모두는 나의 입회 허락 기회를 날려 버릴 수 있는 뇌관이라 생각했던 사항들이었다.

뒤늦게 나는 다른 수도회들에 대해서도 알아보는 게 좋겠다는 생각이 들었다. 가장 좋은 방법은 아주 다양한 수도 단체들을 소개하는 카탈로그를 우편으로 받아 보는 것이었다. 조그만 광고란과 오려서 보낼 수 있는 카드가 들어 있는 카탈로그였다. 나는 카탈로그가 도착한 날 오후에 거기에 나오는 수도회에 대해 물어보기 위해 브루스에게 전화를 걸었다. 그는 예수회에서 운영하는 고등학교를 다녔기 때문에 그 부분에서는 전문가였다.

나는 수화기를 어깨로 받친 채 책자를 뒤적이며 말했다.

"여기 하나 있다. 성 요셉 수도회."

"무슨 일들을 하는데?" 브루스가 물었다.

"아프리카에서 일을 하는데."

"아, 그렇다면 그곳은 잊어버려."

"알았어, 잠깐 기다려 봐…… 위로자 성령 수도회는 어때?"

"뭐, 꼬마 앵무새라고?"

"아니, 위로자 성령이라니까."(위로자이신 성령Paraclete과 꼬마 앵무새 Parakeet의 발음이 비슷해서 생긴 혼선-역주)

"아, 그것도 잊어버려. 네가 거기에 있는 한 모두가 그곳을 꼬마 앵무새로 생각할 거라고. 그런데 그들이 하는 일은 뭐지?"

"음," 나는 설명서를 읽어 보았다. "사제들을 보살피는 일을 하는데."

"그거 재미있구나." 브루스가 말했다. "그들이 보살피는 사제 수도회를 찾아보고, 있으면 거기에 들어가면 되겠다."

그 무렵 나는 GE에서 일하면서 예수회에서 걸려 오는 많은 전화를 받고 있었고, 이 사실이 꺼림칙하게 느껴졌다. 하지만 이 시점에서는 달리 할 수 있는 일이 별로 없었다. 예수회 사람들이 나를 받아 줄지 확실하게 알지 못하는 마당이라, 직장을 그만둔다고 선언할 수도 없는 노릇이었다. 그래서 모두들 궁금해하는 대로 놓아두는 것이 상책이라고 생각했다.

6월 중순에 나는 보스턴으로 가서 심리 검사를 받았다. 예수회에 고용된 정신과 의사가 실시하는 이 검사는 해묵은 보스턴 가든 곁에 서 있는 콘크리트 상자처럼 생긴 건물에서 이루어졌다.

나는 브루스와 내가 펜실베이니아 대학에서 돈벌이 삼아 받곤 했던 로르샤흐 검사에서 최초로 복병을 만났다. 불행하게도 그림들이 내 눈에는 하나같이 여성의 자궁 내지는 박쥐 모양으로 보였던 것이다. 나는 전자를 들먹일 수가 없어서 계속해서 '박쥐' 타령만 했다.

"또 박쥐."

"박쥐."

"음, 박쥐."

나는 내 답변이 음침하게 들린다는 것을 깨달았다. 마치 공포 영화 〈아담스 패밀리〉에 나오는 누군가와 흡사하다는 느낌이 들었다. 모든 그림에서 박쥐만 찾아내는 사람을 예수회가 받아들일지 의심스러웠고, 그래서 나는 얼른 그것을 좀 더 밝은 것으로 바꾸었다.

"나비요."

"어디 보자, 또 나비네요……." 이 검사는 끝까지 이렇게 이어졌다.

다음 검사는 그림을 보고 내용을 설명하는 것이었다. 의사가 내게 보여 준 그림에는 한 아가씨가 양팔에 몇 권의 책을 끼고 나무에 몸을 기댄 채 절망적인 눈초리로 먼 곳을 바라보고 있었고 그녀 뒤로는 나이 든 사람 둘이 허리를 굽혀 밭일을 하고 있었다. 의사가 말했다. "자, 이 그림을 보고 거기에 어울리는 설명을 해 봐요."

"이 아가씨는 집을 떠나고 싶어 하는군요. 그녀는 지금이 떠날 때라고 느끼지만, 밭에서 힘들게 일하고 계신 부모님을 도와야 한다는 생각 때문에 떠나지 못하고 마음이 몹시 심란해 있군요. 부모도 사실은 그녀가 떠나지 않기를……."

기분이 오싹하여 말을 멈추었다. 나는 지금 그림 속의 아가씨 이야기가 아니라 내 이야기를 하고 있었고, 추측컨대 바로 이것이 이 특수한 검사가 지니는 음험한 목적이었다.

나는 정신과 의사를 빤히 올려다보았다. "왜 그래요?" 그가 빙그레 웃으며 말했다. "어서 계속해요."

두려운 순간이었다. 재빨리 생각을 해내야지, 그렇지 않았다가는 수도회에 들어가는 일은 아주 물 건너갈 판이었다. 내 이야기는 내가 들어도 너무 암울했다.

"……바라지만 끝내는 딸에게 떠나도록 허락을 했고, 그래서 그녀는 떠나게 되어 대단히 행복해하고 있군요." 내가 빙그레 웃었다. 의사는 당혹스러운 표정이었다.

의사가 다음으로 진행한 검사는 '일반 상식' 부분이었다. "괴테는 언제 태어났는가?" 그가 물었다. "로스앤젤레스에서 뉴욕까지는 거리가 얼마인가?" 브루스와 내가 펜실베이니아 대학 시절에 심리학 실험의 피실험자 노릇을 하면서 다 조사해 두었던 질문들이었다. 나는 모든 질문에 빠짐없이 답했고, 대학 교육이 제값을 해낼 수 있어서 기뻤다. 설령 예수회 사람들이 나를 최상급 천재로 여긴다고 해도 손해될 것은 없다고 보았다. 나를 검사하는 의사도 괴테의 생일을 머릿속에 담고 돌아다니는 사람이 있다는 것을 알고 분명 놀랐을 것이다.

끝으로 나는 미네소타 대학에서 개발한 다면성 인성 검사를 받았다. 검사는 세 시간 동안 계속되었고, 거기에는 다음과 같은 질문들이 포함되어 있었다.

나는 매주 유명 잡지 표지에 등장한다. (그렇다/아니다)

내 머리를 띠가 꽉 조이고 있는 느낌이다. (그렇다/아니다)

개들이 나를 보고 비웃는다. (그렇다/아니다)

(나중에 내 여동생이 만일 내가 그동안 여러 잡지 표지에 등장했고 그래서 "그

렇다."라고 대답했더라면 어떻게 되었겠느냐고 물어본 적이 있었다. 분명한 것은 유명 인사들이 예수회에 들어가기는 힘들거라는 점이었다.)

전부 합해서 네다섯 시간이나 계속된 이 힘든 검사로 나는 녹초가 되어 버렸다. 검사가 끝나고 짐 케인 신부가 나를 태우고 보스턴에 있는 예수회 수련원으로 갔다. 아루페 하우스라는 곳에서 밤을 보내기 위해서였다.

미국의 많은 수련원들이 그렇듯이, 아루페 하우스도 이전에는 수녀원이었다. 수련자들은 보스턴 인근 자메이카 플레인에서 생활했었는데, 이곳은 주로 아프리카계 미국인들이 거주하는 공영 주택 단지와 남미계가 대부분인 이웃 주거 구역 사이에 있었다. 예수회 뉴잉글랜드 관구가 수련원을 이곳으로 옮겨 온 것은 내가 이곳을 방문하기 몇 달 전이었다. 그전 수련원은 보스턴 중심부 뉴베리가에 있었는데, 그곳 사람들은 수련자들이 '가난한 이들' 곁에서 또는 한가운데서 살아간다는 점을 과시하려고 지나치게 허세를 부린 모양이었다. 이곳은 금요일과 토요일 밤이면 지나가는 자동차에서 스페인풍의 살사 음악 소리가 들리고 이따금 비명 소리나 총소리가 터져 나오기도 했다. 이 집은 수녀들이 떠난 후로 여러 해 동안 버려져 있었다. 이 지역 본당에서는 재원이 부족하여 관리할 수 없었고, 그래서 예수회에서 빌려 쓰자고 할 때쯤에는 몹시 낡아서 대폭 수리를 해야 했다.

수련원 자체는 4층짜리 벽돌 건물로서 널찍한 거실과 커다란 부엌, 밝고 바람이 잘 통하는 식당, 텔레비전 방, 세탁실, 스물다섯 개가량 되는 아주 작은 침실들(수녀들은 넓은 공간이 필요치 않았던 게 분명했다), 아주 많은 욕실들(이 욕실의 수는 내가 수련자로서 청소를 해야 했을 때는 더 많아 보였다)을 갖추고 있었다. 2층에는 뉴베리가에 있던 이전 수련원에서 옮겨 온 거대한 가대식 오크 목재 탁자와 마룻바닥에서 천장까지 닿는 책꽂이들이 들어찬 수련원 도서관이 있었다. 3층에는 수련자들의 자그마한 침실들 외에도 천장만 높을 뿐인 수수한 실내 성당이 있었다. 회반죽을 발라 울퉁불퉁한 벽들은 연초록색으로 칠해져 있었고, 소박한 오크목 제단 뒤에는 커다란 나무 십자가가 걸려 있었다. 4층에는 공동체의 나머지 침실들과 손님용 침실 몇 개가 있었다.

나는 제리라는 이름의 수련장 신부와 부수련장 신부의 환영을 받았는데, 두 분 모두 놀랄 만큼 자연스럽고 무척이나 친절해 보였다. 내가 그날 밤에 만난 몇몇 수련자들도 다정했다. 내가 기대했던 것과는 완전히 딴판이었다. 이때쯤 나는 이미 예수회원 여러 사람을 만난 다음이었음에도 불구하고, 여전히 고행자 같은 용모에 뒷짐을 지고 나에게 "하느님께서 당신을 불러 주셔서 우린 무척 기쁩니다. 함께 기도하실까요?" 하는 식으로 인사를 하는 젊은 이들을 예상했었다.

수련자들은 그와는 달리 자신의 지원 과정이 잘 되어 가는지 알고 싶어 했다. 그들은 내가 만나야 하는 사람들 하나하나를 짤막하게 요약해서 들려주기도 했다. 내가 그날 받았던 심리 검사가 화제에 올랐다. "당신한테도 여성의 자궁 그림들을 보여 주던가요?"

나는 까만 수단을 입고 수목이 우거진 성 가롤로 보로메오 신학교 교정을 거니는 것도 좋지만, 아루페 하우스가 그보다 더 좋을 것 같았다. 낭만적인 면은 부족하지만 (수단도 없고, 대리석 복도는 물론 대리석으로 된 것은 아무것도 없었다) 그래도 더 편안해 보였다. 나는 한편으로 이 사람들이 기도를 많이 하고 있는지 궁금했다. 내가 기도를 많이 했다는 말이 아니라 기도에 관한 얘기를 하도 많이 들어서 기도드리는 일이 중요하다는 생각을 갖기 시작하던 참이었기 때문이다.

나의 피정은 3주가 지난 6월 초에 캠피언 센터라는 이름의 예수회 피정의 집에서 실시하는 것으로 일정이 잡혔다. 여기에 가려면 GE에서는 더없이 귀중한 8일간의 휴가를 다 써야 할 판이었다. (내가 휴가를 다른 일에 쓰기는 이번이 처음이었다.) 이 피정은 침묵 피정이 될 터인데, 나더러 8분 동안 침묵을 지킬 수 없겠느냐고 말했던 내 비서는 8일 동안이나 혼자 있게 되니 흥이 날 판이었다.

나는 짐 케인 신부에게 전화를 걸어 '일정'이 어떻게 되는지 물었다. 그리고 자세한 사항을 팩스로 보내 달라고 부탁했다.

그러자 그가 말했다. "사실 피정에는 일정이라는 것이 없어요. 우린 그저 하느님께서 하시는 대로 따라가면 그만입니다."

좋아, 나는 생각했다, 저 사람들도 오리무중이구나.

피정의 집 캠피언 센터는 보스턴에서 월든 호수와 소도시 렉싱턴과 콩코드로 가는 길을 따라 몇 분 안 가서 나오는 숲이 우거진 웨스턴 교외에 자리 잡고 있다. 이곳은 원래 유서 깊은 예수회 신학교 즉 1920년대에 예수회 '신학원'과 '철학원'이 처음 세워진 곳으로, 예수회가 4, 50학급의 수련자들을 예상하고 또 실제로 맞아들였던 곳이다. 본관은 불규칙하게 뻗어 난 벽돌 건물로, 한때는 길고 널찍한 복도들을 따라 늘어선 수많은 방들이 신학생과 수사와 사제들로 붐볐던 곳이다. 건물 중앙에 서 있는 3층으로 된 커다란 원형 건물은 바닥이 빛나는 대리석으로 깔리고 꼭대기에는 커다란 초록빛 원형 지붕이 얹혀 있었다. 원형 건물 1층에는 이냐시오 성인과 성모 마리아님, 예수님, 요셉 성인의 상이 실물보다 더 크게 제작되어 있었다. 이곳의 냄새는 내가 그때 이후로 가 본 모든 피정의 집과 똑같았다. 바닥 세척제, 비누, 낡은 양탄자, 촛농,

향, 음식에서 풍겨 나는 냄새까지.

피정의 집은 뉴잉글랜드 관구 양로원이자 연로하고 병약한 예수회원들이 쉬거나 임종을 기다리는 관구 진료소 구실도 하고 있어서, 약간 음울한 분위기가 감돌았다.

본관 건물 뒤로 뻗어 난 자갈길은 사철나무 숲 공터를 휘감고 수도회 공동묘지로 이어져 있었다. 예수회원들이 줄줄이 열 지어 누워 있는 이곳은 세 가지 날짜(태어난 날짜, 수도회에 입회한 날짜, 임종한 날짜) 밑에 이름을 새긴 검소한 화강암 묘비가 묘지를 지키고 있었다. 본래 뉴잉글랜드 관구 수련원은 매사추세츠 서부 버크셔 산맥에 있었는데, 1956년 어느 날 밤 공동체가 잠든 사이에 화재가 일어나 완전히 타버리고 말았다. 그 화재로 죽은 예수회원 네 사람도 웨스턴 공동묘지에 함께 묻혀 있다.

이 공동묘지는 사람은 누구나 평등하다는 사실을 일깨워 준다. 서품을 받기 전에 죽은 신학생에서 가장 나이 많은 예수회 선교사 대주교에 이르기까지 모든 예수회원들이 똑같은 잿빛 묘비 아래 누워 있다. 신학자, 피정 지도자, 대학 총장, 저술가, 교사, 본당 사제, 주교, 요리사, 수련장, 선교사, 예술가, 장부계원, 청소부, 원장, 신학생, 성인, 죄인. 모두가 어깨를 나란히 하고 누워 있는 것이다. 나는 거기에서 뭐라 말하기 어려운 강렬한 감동을 느꼈다.

건물 한가운데에 커다란 성당이 있었는데, 천장은 아치형 화강암으로 되어 있고 거대한 하얀 대리석 제단이 놓이고 바닥은 검고 흰 대리석이 바둑무늬로 깔려 있었다. 성당 양편으로는 철학원과 신학원에서 가르치는 사제들이 매일 아침 신학생 한 사람의 보좌를 받으며 '개인 미사'를 드릴 때 사용하는 자그마한 제단들이 늘어서 있었다. 이 측면 제단들은 저마다 앞쪽 면에 이름이 새겨져 있었다. '성심', '스타니슬라오 성인', '이냐시오 성인'. 요란스럽게 채색된 스테인드글라스 하나하나마다 전승에 나오는 성령의 열매들을 표상하는 라틴어 단어를 꽃들과 천사들이 에워싸고 있었다. 사랑, 기쁨, 인내, 친절…….

피정의 집 계단들에는 거의 벽장만 한 아주 작은 소성당들이 저마다 제단을 하나씩 두고 늘어서 있었다. 그런데 두툼한 나무 문들에는 안을 들여다보는 작은 구멍이 뚫려 있었다. 나중에 알고 보니, 이곳은 최근에 수품된 사제들이 '미사 예식'을 익히는 곳, 즉 미사 연습을 하는 곳이었다. 나이 든 사제가 누가 이 소성당에 들어가 있는지, 또는 수품된 지 얼마 되지 않은 사제가 미사를 제대로 드리는지 보고 싶으면 이 구멍으로 들여다보면 되었다.

커다란 식당은 6미터 높이의 천장까지 뻗은 굵은 대리석 기둥을 중심으로 세 부분으로 나뉘어 있었다. 옛날에는 철학과 학생들과 신학과 학생들 그리고 신부와 수사들이 저마다 '등급'에 따라 따로따로 앉았다고 했다. 신부는 신부끼리, 수사는 수사끼리, 신학생은 신학생끼리 따로 자리했다는 말이다.

내게 제공된 3층의 작은 방은 전형적인 피정의 집 양식으로 꾸며져 있었다. 침대(물론 1인용) 하나와 평범한 나무 책상 하나, 철제 의자 하나, 벽에 걸린 십자가 하나. 창문을 내다보니 넓고 푸른 초원이 보이고, 그 너머로 숲이 지평선까지 뻗어 있었다. 창문 바로 밑에는 흰색이지만 비바람에 풍화된 이냐시오 성인의 석상이 서 있었는데, 왼손은 하늘을 가리키고 있었고, 오른손에는, 창문에서 내려다보기로는, 서류판처럼 보이는 무엇인가를 쥐고 있었다. (나중에 자세히 보니 그것은 책이었다.) 반대편 건물 부근에는 예수회의 유명한 선교사 프란치스코 하비에르 성인의 석상이 서판 대신에 십자가를 들고 하늘을 가리키는 비슷한 자세로 서 있었다.

건물을 둘러보고 나서 피정 지도자를 만났는데, 그는 최근에 서품을 받은 론이라는 이름의 예수회원으로, 얼마 전에 토론토에서 신학 과정을 끝마친 사람이었다. 그는 금방 나를 편안하게 해주었고, 이어서 하느님이 어떤 분이신지 '생각하는' 시간을 가지라고 당부했다. 성소자를 담당하는 분 역시 내게 이 질문을 했었는데, 나는 그때까지도 그것이 바보 같은 질문이라고 생각하던 참이었다.

이튿날 (침묵 속에서) 아침 식사를 하고 나서 나는 성당에 앉아 하느님이 누구신지를 생각해 보았다. 뻔했다. 하느님은 창조주요, 생명을 주시는 분이요, 전능하신 분이고, 전선하신 분이다. 지루한 노릇이었다. 너무나도 지루해서 분심이 들기 시작했다. 나는 하느님의 속성들을 나열한 내 목록이 그런대로 정확하기를 바랐다. 그러는 동안 내내 이것이 기도인가? 하는 의심이 들었다.

그날 나머지 시간은 웨스턴 시내를 돌아다니면서 보냈다. 햇볕에 눕기도 하고 친구들에게 엽서를 쓰기도 했다.

이튿날 피정 지도자를 만났을 때 나는 하느님에 관한 숙제의 답을 공손하게 열거했다. 그러면서 그가 내 준 과제에 정신을 집중할 수 없었다는 것과 내 마음이 너무도 심란했다는 점을 시인했다. 그리고 내가 어쩌면 예수회에 적합하지 않은지도 모르겠다는 점을 조심스럽게 내비치자, 그가 말했다. "그건 됐어요. 다음에는 정신을 집중하려고 하지 말아요. 그냥 마음이 떠돌도록 놔둬요. 그리고 예수님이 누구신지에 대해 좀 더 생각해 보도록 해요."

이번에도 멍청한 질문이었다.

나는 피정의 집 실내를 어슬렁거리며 예수님에 대해 생각해 보았다. 예수님은 누구셨던가? 예수님은 하느님의 아드님이요, 메시아요, 심판관이시고……. 그 모두는 내가 주일 학교에서 배운 것들이었다. 나는 금방 머릿속에서 또 하나의 목록을 작성했다.

그러고 나서 따뜻한 풀밭에 앉아 생각하는 것을 그만두었다. 나는 그날을 즐기기 시작했다. 그런데 너무나 뜻밖에도…… 친구, 예수님은 친구도 된다는 생각이 들었다.

와, 예수님이 친구시다. 예수님을 친구로, 동반자로 생각하는 것이 아주 멋지다는 느낌이 들었다. 전에는 한 번도 이런 식으로 생각해 본 적이 없었다. 예수님을 이런 식으로 생각하니 기분이 좋아졌다. 그래서 나는 벌렁 누워 구름 한 점 없는 하늘을 올려다 보며 그 생각을 즐겼다. 예수님과 함께 있고, 그분과 동행하고, 좋은 친구에게 의지하듯이 그분에게 의지할 수 있으면 정말 좋을 것 같았다.

이튿날 나는 피정 지도자에게 가서 목록을 내밀었다. 잊어버릴까 봐 종이에다 적어 놓았기 때문이다. 예수님은 하느님의 아드님이요, 메시아요, 심판관이시다.

그런 다음에 문득 생각났다는 듯이 말했다. "그런데 말이지요, 아주 재미있는 생각이 떠오르더군요. 친구라는 말이 마음속에 떠오르더라 이 말입니다. 말하자면 예수님을, 이야기를 나눌 수 있는 상대나 동반자 같은 친구로 둔다면 얼마나 좋을까 생각했습니다. 그러면 어떻게 될까 생각하느라 꽤 많은 시간을 보냈습니다."

론 신부는 의자에다 등을 기대더니 미소를 지으며 말했다. "당신이 마침내 기도를 시작한 것 같군요."

놀랍도록 자유로워지는 순간이었다. 그는 내가 체험한 것이 옳다거나 그르다거나, 합리적이라거나 불합리하다거나, 심지어는 예수회에 어울린다거나 어울리지 않는다거나 하는 식으로 말하지 않았다. 그 대신에 내 평생 처음으로 나에게 하느님에 관한 일들을 그저 생각만 하지 않고 느껴 보는 것이 아주 좋다고 말했다.

피정 일정이 마음에 들어서 그랬는지, 모든 것이 정연하고 평안했다. 나는 수도원에서 사는 생활이 이럴 수도 있구나 하고 생각했고, 그러면서 토마스 머튼이 이 생활에 강렬하게 이끌린 까닭을 알 수 있었다. 아침 식사, 영성 지도자와의 만남, 자유 시간, 점심 식사, 매일 미사, 좀 더 자유로운 시간, 그리고 마지막으로 저녁 식사.

자유 시간에는 피정의 집 실내를 거닐며 특히 기도에 신경을 썼다. 론 신부는 나에게 신약 성경에서 예수님이 등장하는 여러 장면들을 상상해 보라고 했다. 그런 다음에 그 장면 어딘가에 내 자신을 배치하고 내 마음이 배회하도록 그냥 놓아두라는 것이었다. 결국 그는 내가 약점으로 생각한, 과도하게 활발한 상상력과

방황하는 마음을 이용하여 하느님을 새로운 방법으로 체험할 수 있도록 도와주었던 셈이다. 나는 내가 복음서에 나오는 장면들을 아주 쉽게 머리에 떠올릴 수 있다는 것을 알게 되었다. 사람들의 얼굴이며 그들이 입은 옷, 그들의 음성, 그 장소에서 풍기는 냄새, 소리, 풍경, 건물들 모두를. 이렇게 전체 장면을 마음에 그리고 나서 마침내 내 자신이 그 안으로 들어가는 모습을 상상할 때, 곧잘 나를 깜짝 놀라게 만든 것은 내 기분과 나의 반응들이었다. 예수님과 함께 있으면서 행복감을 느끼는 때가 있는가 하면, 제자들처럼 그분의 행동이나 말씀에 놀라고 당황하기도 했다. 이런 형태의 기도는 나를 하느님께 더 가까워지도록 만든다는 느낌을 주었다.

피정이 끝나 갈 때쯤, 내가 생각했던 동반자로서의 예수님상이 다시 거론되었다. 론 신부는 이렇게 말했다. "어쨌든 예수회의 본래 명칭이 예수의 벗들 혹은 동반자들이었다는 사실을 알면 더 흥미로울 겁니다." 와! 표징을 찾는 사람의 눈에는 그것이 비록 사소할지라도 자신이 올바른 방향으로 나아간다는 중요한 표지로 보일 수 있었다.

피정이 끝나고 나는 짐 케인 신부의 차를 타고 매사추세츠 워스터로 가서 성 십자가 대학에서 거행되는 예수회 사제 수품식에 참석했다. 이것은 내가 처음으로 참가하는 공식적인 예수회 행사였고, 따라서 나는 상당히 걱정을 했다. 공식적인 '지원자들'의 모임도 있었고, 우리는 그 자리에서 미국 내의 예수회를 다룬 유달리 썰렁한 비디오를 관람했다. 대부분의 지원자들이 한 해나 두 해 동안 이처럼 정보를 제공하는 모임에 줄곧 나왔던 사람들임에 반해서, 나는 이번 지원자 모임이 처음이자 유일한 것이었다. (몇 년이 지나 내가 시카고에서 한 무리의 지원자들에게 이야기를 해 주고 나자 한 남자가 내게 물었다. "당신은 지원자 모임을 좋아했었나요?" 솔직히 말해서, 나는 약간 미안한 기분을 느끼며 대답했다. "난 그 모임에 별로 나가지 않았어요." 그러자 그가 말했다. "정말 그래요. 결단도 내리지 못하는 사람들하고 누가 어울리고 싶겠어요!")

사제 수품식은 가톨릭교회에서 가장 볼 만한 광경 중 하나다. 날씨가 축축한 그날, 성 십자가 대학에서 있었던 행사는 유달리 훌륭했다. 제일 먼저 오르간이 연주되고 합창이 울려 퍼지는 가운데, 100명의 예수회 사제들이 새하얀 제의를 입고 화려하게 장식된 반원형 천장의 성당으로 줄지어 들어왔다. 그들 바로 뒤로 부제가 매는 대각선 영대에 새하얀 장백의를 받쳐 입은 예비 사제인 서품자들이 미소를 머금고 입장했다. 그리고 끝으로 '사제 수품식을 주례하는 대주교가 장백의와 제의, 영대, 주교관 등 의관을 갖추고 들어왔다. 그는 주교 지팡이를 짚고 중앙 통로로 천천히 들어오면서 사람들에게 축복을 내렸다. 여기에는 10여 명의 젊은 예수회 신학생들이 복사와 촛대잡이로 시중을 들었고, 젊은 수련자가 흔드는 향로에서는 연기가 구름처럼 퍼져 나오며 감미로운 향기를 쏟아 냈다. 하지만 이것은 처음 10분 동안의 광경일 뿐이었다.

이 예식은 예로부터 내려오는 아주 긴 예식이었다. 복음이 봉독되고 나서, 주교가 성당 안에 마련된 거대한 닫집이 달린 옥좌 baldachino에 앉아 수품자들의 이름을 부르면, 그들이 "여기 있습니다!" 하고 대답했다. 이윽고 예수회 관구장이 주교 앞에 서 있는 사람들이 여러 해 동안 훈련을 받고 사제품을 받을 자격을 갖춘 것으로 판명된 사람들임을 확언하는 공식 문서를 낭독했다. 그러자 주교가 정식 승인을 선포했다. "본인은 하느님과 우리 구세주이신 주 예수 그리스도의 도우심에 의지하여 이 사람들을 사제직에 오를 우리 형제로 선택하는 바입니다." 이 말이 떨어지자 회중은 오래도록 박수갈채를 보냈다. 그리고 나서 내가 말할 수 없는 감동을 받은 광경이 뒤따랐다. 수품자들이 겸손을 나타내는 몸짓으로 성당 중앙 통로에 배를 깔고 엎드린 것이다. 그들이 엎드린 동안 오르간의 낮고 깊은 음정이 회중 위로 흘러들었고, 성가대가 성인 호칭 기도로 알려진 기다란 기도를 노래하기 시작했다.

"천주의 성모님," 성가대가 노래했다.

"저희를 위하여 빌어 주소서!" 사람들이 따라 불렀다.

"성 미카엘……."

"저희를 위하여 빌어 주소서!"

"성 요셉……."

"저희를 위하여 빌어 주소서!"

엎드렸던 사람들이 일어날 때 보니, 그 가운데 여럿이 울고 있었다.

마침내 사제 수품의 순간이 오자 주교는 사도들의 시대로 거슬러 올라가는 상징으로 팔을 내뻗어 앞에 무릎을 꿇은 이들의 머리에 가만히 손을 올려놓았다. 성당 안에 한 줄로 서 있던 예수회 사제들 모두가 그들에게로 다가가 주교의 선도를 따라 새 사제들의 머리에 손을 얹었다. 그러고 나자 새로 수품된 이들은 부제의 영대를 벗고 사제의 제의를 입었다. 그다음에 주교가 그들의 손에다 향기로운 성유를 발라 주었다. 수품 예식이 끝나고 나서 마지막으로 주교들이 새로 서품된 사제들과 함께 미사를 드렸다.

서품 미사는 거의 두 시간 동안 이어졌다. 그 아름다움에 완전히 압도당한 나머지 미사가 끝날 무렵에 눈물이 내 얼굴을 타고 줄줄 흘러내려서 나는 깜짝 놀랐다.

퇴장 성가가 울려 퍼지는 동안, 성당 바깥의 밝은 햇살 아래로 걸어 나오는 새 사제들은 황홀한 탈혼 상태에 빠져 있는 듯 보였다. 나는 그들이 여러 해 동안 준비했기에 성취감이 그만큼 클 수밖에 없을 것이라고 생각했다. 만일 할 수만 있다면, 나는 당장 그 자리에서 GE를 그만두고 예수회에 그대로 눌러앉고 싶었다.

미사가 끝나고 케인 신부가 나의 청원과 관련해서 8월 15일까지는 수도회가 어떤 결정도 내릴 수 없을 것이라고 알려 주었다. 그렇게 되면 문제는 입회 날짜인 8월 28일까지 2주일밖에 남지 않는다는 데 있었다. 청원 결과를 알 때까지 몇 달을 더 기다려야 한다는 것도 문제였지만, 2주일이라는 기간은 이사를 준비하기에 넉넉한 시간이 못 되었다. 그럼에도 불구하고 내가 스탬퍼드로 돌아갈 때는 예수회에 들어가고 싶은 열망이 그 어느 때보다 더 깊어져 있었다.

요나의 표징

하느님께서 니네베로 가라고 명하셨을 때 요나 예언자가 그러했듯이,
나는 반대쪽으로 가고 싶은, 억제하기 힘든 욕망에 사로잡혔다.
하느님은 이쪽 길을 가리키셨는데,
나의 '이상들'은 온통 반대편 길을 가리켰다.
요나는 되도록 빨리 니네베에서 멀어지려고 타르시스로 향하다가,
바다에 던져져 고래 배 속으로 들어갔고,
그 고래는 그를 하느님께서 가라고 하시던 곳으로 데려다 놓았다.

— 토마스 머튼, 《요나의 표징》

8월 15일까지 기다렸다가 예수회의 결정을 알고 난 뒤 그때 가서 직장을 그만둔다는 것은 불가능하리라는 생각이 들었다. 곧바로 그만두겠다고 말하고 떠날 수는 없는 노릇이고, 신입 사원을 돕고 내 후임자에게 잘 인계하려면 몇 주일은 소요될 게 분명했

다. 그래서 나는 예수회로부터 최종 결정을 통보받기 전에 직장을 그만두어야 할지 말아야 할지 그 문제부터 해결해야 했다.

나는 이 난감한 상황에 대한 극적이고 명확한 해답이 나타나기를 기대했다. 바꾸어 말해서 표징을 기다렸던 것이다. 만일 내가 하느님께 내 인생을 온전히 바치는 것이라면, 하느님은 적어도 보다 확실한 어떤 표지를 내게 보여 주실 거라고 생각했다. 그러나 답답하게 주저주저하며 일주일을 보냈건만 아무런 일도 일어나지 않았다. 어떤 결정적인 응답도, 어떤 목소리도, 어떤 이미지도, 어떤 뜨거운 감정도 나타나지 않았다. 물론 이런 것들 가운데 어떤 것이 실제로 일어났다면 아마 나는 겁에 질려 어쩔 줄 몰라 했을 것이다. 어쨌거나 나는 피정에서 맛본 체험들이 내 친구가 되시는 예수님과 그 밖에 모든 것들이 한낱 환상이었던가 하는 의심이 들기 시작했다.

그다음 일요일에 어쩌다 보니 스탬퍼드에 있는 또 다른 성당인 성 마리아 성당에 가게 되었다. 나는 미사 중에 징표를, 내가 어떻게 해야 할지 알려 주는 무엇인가를 보여 주십사 기도했다. 그리고 미사 후에 낙담한 채로 예수님상 앞에 꿇어앉았다. 너무나도 낙심한 나머지 눈에서 뜨거운 눈물이 쏟아졌다. 나는 기도하면서 최대한 힘주어 "저를 이끌어 주십시오."라고 말했다. 그런데 갑자기 내 안에서 무언의 음성이 "그러마." 하고 대답하는 듯이 느껴졌다. 이 느낌은 내가 그때까지 체험했던 어떤 것과도 달랐다. 내 머릿속에서 그 말씀을 느꼈던 것이다. 나는 놀라고 약간 겁도 나서 얼른 일어나 성당을 뛰쳐나왔다. 이 모든 것이 내 상상에 지나지 않는 것일까? 확실히 알 수는 없었다……. 그렇다고 그렇게 생각한 것은 아니었다. 하지만 내가 상상하지도 못한 일은 바로 내가 해야 할 일이 무엇인지 분명하게 감지했다는 것이다.

이제 해답은 뻔했다. 그래, 직장을 그만두자. 이는 다분히 비논리적인 짓이었지만 어떻게 다른 일을 정하지도 않고 직장을 그만둘 수 있겠는가? 나는 혹시라도 예수회에서 받아 주지 않는다면 다른 일거리를 찾을 수 있을 거라 생각했다. 가톨릭 신앙에 관해서는 초등학생 수준에도 미치지 못하면서 어딘가 가톨릭계 학교에서 교편을 잡을 수도 있지 않겠느냐는 터무니없는 생각까지 했을 정도였다.

나는 다음 날 사직하겠다고 통보했다. 카렌의 사무실에 앉아서 사제가 되기 위해 직장을 그만두겠노라고 설명했다. "지금 농담하는 거죠, 그렇죠?" 그녀는 믿으려 하지 않았다.

내 말이 농담이 아니라는 점을 확인시키자, 그녀는 비로소 새 사람이 들어올 때까지 남아 달라고 부탁했다. 그리고 한참 생각에 잠기더니 물었다. "어머나, 그럼 아이들에게 세례도 줄 수 있어요?" 나는 그럴 거라고 대답했다. "좋아요, 그럼 내 아이에게 세례를 베풀 수 있겠네요?" 내가 말했다. "물론이죠. 안 될 이유가 어디 있겠어요?"

GE에서 여섯 해를 보낸 마당에, 내가 모든 것을 이토록 홀가분하게 털고 일어설 수 있다는 것이 쉽사리 믿어지지 않았다. 예수회에 들어가겠다는 강렬한 욕구가 회사를 쉽게 떠나도록 만들어 준 셈이었다. 동료들이 그리워지겠지만 일만은 그렇지 않으리라는 것을 이제는 알았다. 오히려 이곳 일을 생각하면 할수록 수련원에 들어갔으면 하는 생각이 간절해졌다.

나는 엄청나게 신나서 소문을 내고 다녔다. 내 비서는 이제 나를 '마틴 신부님'이라 불렀고, 나는 그 모든 것이 대단하게 느껴졌다. 모든 것을 다 벗어던지신 분의 후광을 담뿍 받아 아주 경건해진 기분이었다. 그러나 이런 자만심 이면에는 진정한 안도감과 흥분은 물론 기쁨까지도 자리하고 있었다.

나는 앞서 피정에 들어가면서 내 비서 외에는 누구에게도 내가 어디에 가는지 이야기하지 않았었다. 그래선지 내가 보스턴에서 돌아와 보니 직장 동료들은 내가 어디로 사라졌었느냐며 상당히 궁금해했다. "어디에 갔었어?" 내 친구 케이트가 이렇게 물은 것은 월요일 아침 9시였다.

케이트에게 나는 말했다. "이야기해 줄 테니 점심이나 같이 하자. 크리스와 칩도 데려와. 알려 줄 소식이 있으니까."

나는 이렇듯 아리송하게 대답하면 그들이 12시 정각에 내 사무실로 반드시 오게 되어 있다는 것을 알았다.

"너희한테 할 이야기가 있어." 나는 문을 닫고서 입을 열었다.

"너, GE를 그만두기로 했구나!" 친구들이 합창하듯 소리쳤다. (내가 직장에서의 불행한 기분을 숨긴다고 숨겼지만 내 생각만큼 성공하지 못한 게 분명했다.)

"그건 쉽게 알 수 있는 거고. 내가 왜 그만두려는지 말해야 할 것 아니겠어."

"필라델피아로 돌아가려고 그러는거야?" 크리스가 말했다.

"아냐."

"경영학 석사 과정을 시작하려고?"

"아이고, 맙소사," 내가 혀를 차며 말했다. "절대 아니야."

이런 식으로 몇 분이 흘렀다.

"다들 손들었지?" 내가 물었다. 그들이 고개를 끄덕였다.

"예수회에 들어가기로 했어."

침묵과 함께 당황하는 눈빛들이 역력했다.

케이트가 자신 없는 투로 입을 열었다. "그러니까 말하자면…… 사제 같은 그런 건가 본데…… 그게 맞아?"

"맞아." 내가 말했다.

케이트는 앉았던 의자에서 벌떡 일어났다. "우릴 놀리는 거지?"

나는 말이 금방 퍼지리라 생각하고 그날 늦게 다른 친구들도 몇 명 만났다. 그들도 대부분 '까불지 마'와 비슷한 말들로 반응을 보였다. 내 친구 리드에게도 똑같이 알아맞히게 해 보았지만, 답은 형편없이 빗나가기만 했다. 그래서 결국 내 입으로 이야기했더니 그녀가 앉았던 자리에서 벌떡 일어나며 "농담하지 마!" 하고 소리를 지르는 바람에 그녀의 아파트에 같이 있던 다른 사람들에게도 비밀을 털어놓아야 했다.

전에 나와 방을 같이 썼던 친구 롭에게는 직접 이야기하지 않으면 안 될 것 같아서, 그의 사무실로 전화를 걸었다.

"사제라고? 너 장난하니?" 그가 말했다. 하지만 내가 장난하는 것이 아님을 확인시켜 주자 그는 유다인식으로 "축하해Mazel tov!" 하고 말했다. 내가 나머지 친구들한테는 저녁 식사를 하면서 이야기하는 게 재미있을 것 같다는 생각을 내비치자 그는 소리쳤다. "그 자리에 나를 꼭 불러야 한다. 그런 자리엔 빠질 수 없으니까."

그리하여 나는 펜실베이니아 대학 시절부터 아는 가까운 친구들 몇 사람을 맨해튼에서 내가 잘 가는 식당인 '르 브라세리'로 초대했다. 친구들에게는 벼락치기로 소식을 알리고 싶었고, 그래서 일부러 저녁 식사 자리에 나올 때까지 아무것도 모르도록 입을 다물었기 때문에 그들은 약이 올라 있었다. 우리는 자리를 잡고 앉았고, 나는 그들이 좀이 쑤셔 하는 모습을 가만히 지켜보았다. 이윽고 짐이라는 친구가 먼저 입을 열었다. "좋아, 마틴, 대체 무슨 일이야?"

나는 거두절미하고 말했다. "나 사제가 되기로 했어." 세 사람 모두가 족히 5초 동안 아무 말도 하지 않고 있었다.

그때 웨이터가 다가와서 조금 더 있다 주문하겠느냐고 물었다.

"그래요," 앤디가 대꾸했다. "있어도 한참 더 있어야겠소."

나는 다른 친구들에게도 내가 직접 말하고 싶으니 입을 꼭 다물고 있도록 그들에게 단단히 다짐을 받았다. 그 후에 나는 펜실베이니아 대학을 나온 또 다른 앤디와 만나 점심 식사를 하러 갔다. 변호사였던 그가 단도직입적으로 물었다.

"그래 아무도 내게 말하려고 하지 않는 그 중대한 소식을 네가 들려주겠다 이 말이지?"

"그래 맞아. 나 예수회 사제가 되기로 했다."

"뭐라고?" 앤디는 믿지 못하겠다는 듯이 반문했다.

나는 그가 내 말을 알아듣지 못했다고 생각했다.

"내가 사제가 되기로 했다고."

"뭐라고?" 그가 똑같이 되물었다.

"내가 사제가 되겠다 이 말이다."

"뭐야?"

"내가 사제가……."

"알아들었어. 뭐가 된다고? 언제부터 되는 거야?" 나는 할 수 있는 한 최선을 다해 사정을 설명했다. 앤디가 후에 내게 들려준 이야기에 따르면, 그날 밤 그가 집에 가서 웹스터 사전을 펴 들고 'Jesuit'을 찾아보았더니 이렇게 나와 있었다고 한다.

1) 예수회원, 이냐시오 데 로욜라가 1534년에 창설한 로마가톨릭 남자 수도회. 2) 교활한 모사꾼, 음흉한 위선자, 궤변가, 예수회 반대파가 사용하는 적대적이고 공격적인 용어.

예수회가 내가 생각했던 것만큼 잘 알려져 있지 않다는 사실은 이내 분명하게 드러났다. 내가 또 다른 친구에게 나의 새로운 인생 행로에 관해 끈기 있게 설명하고 났을 때, 유다인인 이 친구는 이렇게 말했다. "네가 사제가 되고자 한다는 이야기는 다 알아듣겠는데, 내가 이해할 수 없는 것은 네가 예수회원이 되기 위해 가톨릭교회를 떠나야 하는 이유 그거라고." 그래서 나는 사정을 다시 한 번 열심히 설명해 주었다. 그러자 그가 물었다. "자네 부모님은 예수회원들이신가?"

내 친구들 중에는 내가 달아나려 한다고 생각하는 사람이 많았다. 나는 그런 말을 들을 때마다 내가 무엇인가로부터 달아나는 것이 아니라 무엇인가를 향해 달려가는 것이라고 대답하곤 했다. 물론 이 말은 부분적으로만 맞는 말이었다. GE의 친구들은 대부분 서둘지 말고 속도를 늦추라고 당부했다. 정말로 지금 당장 입회해야 할 필요가 있기는 한 것인가?

나는 대체 무엇으로부터 도망치고 있었던가? 첫째로 집안 문제가 있었다. 나는 내가 수련기에 들어감으로써 하느님께서 그 모든 일을 어떻게든 보살펴 주시거나, 아니면 적어도 일이 좀 더 잘 풀리게 해 주실 것으로 생각했다. 적어도 나는 내 마음속에서 기업 세계가 상징하는 많은 것들로부터 도망치는 것이 분명했다. 매정함, 돈의 예찬과 물욕, 경쟁심 조장, 인간 존엄성에 대한 무시. 이런 것들은 피해 달아날 만한 것들이었다.

연재 만화 〈피넛츠〉에서 한번은 라이너스가 집에서 도망치려고 한다. 그러자 찰리 브라운이 말한다. "넌 네가 안고 있는 모든 문제들로부터 완전하게 도망칠 수는 없다고." "왜 못해?" 라이너스가 응수한다. "그래, 누구나 자기 문제에서 도망치기만 한다면 어떻게 되겠니? 그렇게 되면 우리가 있을 곳이 어디겠냐고?"

그러자 라이너스가 말한다. "적어도 우리 모두가 같은 방향으로 달리고는 있을 거야."

내가 GE를 떠나기 전에 마지막으로 해야 할 중요한 일은 우리 부서가 해마다 갖는 야유회를 주관하는 일이었다. 회사에서는 해마다 재무과 직원들에게 하루를, 우리가 초등학교 시절에 '운동회 날'이라 부르곤 했던 것과 비슷한 날로 즐기도록 배려해 주었다. 이날을 위해서는 많은 준비가 필요했다. 외식 업체를 선정하고, 수백 명의 직원들이 한꺼번에 들어갈 수 있는 인근 야외 유원지를 찾고, 그날 할 운동경기를 정하고, 그에 따른 도구와 장비를 구비하고, 끝으로 사나운 날씨를 대비해서 대형 천막 회사와 계약을 맺어 놓아야 했다.

나는 '우린 당신에게 손톱만한 덕도 보고 있지 않다'는 사람 댄에게도 예의상 초청장을 보냈다. 그는 큰 그릇답게 일정이 바쁜 데다 야유회 당일 아침까지도 응답이 없어 우리 부서에서는 아무도 그가 오리라고 생각지 않았다.

야유회 날은 모두들 기분이 좋아 보였다. 그날 구기 종목은 배구와 소프트볼로 결정되었다. 운동에 소질이 없는 사람이라도 배구는 할 수 있을 테고, 운동에 자신 있어 하는 사람은 좀 더 경쟁적인 소프트볼 시합에 참가하면 되기 때문이었다. 외식 업체 음식도 큰 인기를 끌었다. 스탬퍼드에서 고기 완자 샌드위치, 소시지 샌드위치, 히어로 샌드위치를 전문으로 하는 이탈리아 식당이었다. 게다가 날씨는 눈부시게 맑았다.

그런데 행사가 끝나 갈 무렵 구름이 끼기 시작하더니 이윽고 가랑비가 내렸다. 하얗고 노란 줄무늬가 쳐진 천막들이 마련되어 있었기에, 모두들 재빨리 천막 안으로 들어가 탄산음료를 마시며 남은 고기 완자 샌드위치를 처치했다. 초대장에는 야유회가 4시 정각에 끝난다고 적혀 있었지만, 나는 남은 음식들을 깨끗이 처리할 수 있도록 파티 시간을 연장했다. 그리고 4시 30분경에 외식 업체 직원들에게 음식을 정리하자고 말하고 그날 처음으로 샌드위치 하나를 집어 들었다.

한 손에는 탄산음료를 들고 다른 손에는 샌드위치를 든 채로 친구 몇 명과 이야기를 나누고 있었는데, 그로부터 몇 분 후 상대방들이 내가 하는 이야기를 귀담아듣는 기색이 없이 내 어깨 너머를 뚫어져라 쳐다보는 것 같았다. 그러더니 한 친구가 말했다.

"저 사람 댄 아냐? 자네가 오지 않을 거라고 한 걸로 아는데."

돌아보니 이제 막 유원지 입구에 도착한 기다란 검정색 리무진에서 댄의 모습이 보였다. 뚱뚱한 몸을 차에서 빼낸 그가 이미 비로 질퍽해진 운동장을 가로질러 우리에게로 걸어오는데, 까만 양복에 넥타이를 매고 있었다. (초대장에는 '간편한 옷차림'이라고 적혀 있었고 우리는 티셔츠에 반바지를 걸치고 있었다.)

댄이 다가오자 천막 안은 대화가 끊기면서 조용해졌다. 그는 조용히 서 있는 사람들 사이를 뚫고 내게로 다가왔다. 그가 적어도 나를 알아보는 듯싶어 기분이 좋았다.

"음식은 어디에 있나?" 그는 인사말 삼아 물었다.

그때쯤 외식 업체 직원들은 요리 보온장들과 음식 쟁반들을 모조리 트럭에다 옮겨 실었다. "어디 봅시다, 모조리 다 치워 버린 것 같군요." 내가 말했다.

내 상사 카렌은 댄에게서 눈길을 떼지 않은 채 옆걸음으로 내게 다가왔다. 댄은 음식이 없어 불쾌한 기분을 드러내느라 찡그린 얼굴로 말없이 우리를 노려보았다.

카렌이 말했다. "짐, 댄 씨에게 음식 좀 드리도록 해요."

외식 업체 직원들이 아직 치우지 않은 것은 아이스크림 냉장고뿐이었다. 나는 뚜껑을 열고 아이스캔디 하나를 꺼냈다. 내 친구들은 이 작은 사건을 홀린 듯이 지켜보았다.

"설마 아이스캔디를 주려고?" 내가 지나가는 길에 있던 친구 하나가 기가 막힌다는 듯이 물었다.

그의 말뜻을 알아차린 나는 아이스캔디를 놓아두고 빈손으로 댄에게 돌아가서 말했다. "죄송합니다만, 남아 있는 음식이 하나도 없는 것 같습니다. 사실 정한 시간을 넘겨 외식 업체 직원들을 오래 기다리도록 했기 때문에……."

"좋아," 그가 급하게 말을 잘랐다. 그러더니 물었다. "망할 놈의 화장실은 어디에 있는 거야?"

불행히도 하나뿐인 화장실이 있는 유원지 회관은 족히 수백 미터는 떨어져 있었고, 비는 꽤나 세차게 쏟아지고 있었다. 그의 낯빛이 어두워졌고, 나는 손으로 가리키며 말했다. "대신할 곳은 저기 저 남자용 간이 화장실뿐입니다." 그 간이 화장실은 천막에서 더 가깝기는 했지만, 비로 질퍽해진 운동장을 한참 걸어야 했다.

"빌어먹을." 그는 내뱉듯이 말하고 양복을 걸친 채로 빗속으로 나가 질척거리는 운동장을 걸어가기 시작했다. 바로 그 순간 굉장한 천둥소리가 들리더니 비가 억수같이 쏟아지기 시작했다.

천막 안에 있던 사람들 모두가 지켜보는 가운데, 댄은 운동장을 가로질러 간이 화장실로 들어갔다가 몇 분 후에 나와서 천막을 그대로 지나쳐 주차장으로 걸어가더니 리무진 속으로 곧장 뛰어들었고, 이어 리무진은 쏜살같이 시야에서 사라졌다. 그가 왔다 간 시간은 고작해야 5분 정도였다.

"만약 자네가 사표를 내지 않았다면, 지금 목이 달아났을 거야." 한 친구가 이렇게 말하자 모두가 웃음을 터뜨렸다.

그로부터 며칠 후인 7월 말일에, 이날은 우연히도 이냐시오 성인의 축일이었다. 내 친구들이 나를 위해 구내 식당에서 송별 파티를 열어 주었다. 나는 GE를 떠날 때까지 수십 명의 사람들을 채용하고 수십 명의 사람들을 새 일자리로 옮겨 주는 일을 해 왔기 때문에, 직원들을 거의 알았다. 내가 하는 일에 확신을 가지고 있었음에도 불구하고, 역시 여섯 해를 한 회사에서 지내고 난 다음이라 떠날 때는 마음이 착잡했다. 한편으로는 수많은 친구들을 뒤로하고 떠나게 되어 슬펐다. 그런가 하면 건전하지 못한 주변 환경이라 여겼던 것에서 벗어나게 되어 기쁘기도 했다. 그래픽 부서 사람들은 수도승 복장에 고깔모자를 쓴 내 모습을 실물 크기로 그려서 오려 낸 그림을 선물했다. 거기에는 그들 모두의 서명과 함께 가난과 순결을 비아냥대는 말들이 적혀 있었다.

현실을 떠난 듯이 보였다. 일자리도 없고, 예수회에 들어가게 될지도 알 수 없었다. 사실 앞으로 무슨 일이 일어날지 전혀 알 길이 없다. 하지만 내 친구들은 내가 수련원에 들어가지 못하면 어쩌나 걱정하기라도 하면 놀라곤 했다. 롭은 믿을 수 없다는 듯이 말했다. "대체 무슨 소리를 하는 거야? 반드시 들어갈 테니 걱정 마."

"너 정말로 그렇게 생각하니?" 내가 기대에 차서 물었다.

그가 말했다. "이봐, 내가 보기에 그들은 사람이 절박하게 필요한 입장이라고."

예수회에 대한 생각을 떨쳐 버리기 위해서, 나는 내 친구 브루스와 함께 시애틀로 그의 친구들을 찾아다니며 몇 주간을 보냈다.

스탬퍼드로 돌아온 나는 8월 15일에 케인 신부로부터 예수회가 나를 받아들이기로 했다는 전화 연락을 받았다. 황홀한 기분이었다. 완전히 새로운 삶이 시작되려 하고 있었다. 나는 즉시 가족들에게 전화를 걸어 입회 허가가 났다는 이야기를 해 주었다. 어머니는 진심으로 기뻐해 주셨다.

여동생 역시 기뻐하며 내게 물었다. "사람들이 '부르심을 받는다'는 게 이런 걸 두고 하는 말이야?"

짐 케인 신부가 몇 분 후에 다시 전화를 걸어 몇 가지 질문을 했다. 이것이 '장애 확인 질문'으로 불린다는 사실은 나중에 가서야 알았다. 다시 말해서 이 질문들 가운데 어느 하나에라도 "예."라는 답이 나오면 사제품을 받지 못하게 되는 것이다.

"결혼을 했거나 아이를 낳은 적이 있나요?" 그가 부드러운 음성으로 물었다.

나는 정말로 깜짝 놀랐다. "뭐라고요? 그동안 무려 여덟 번이나 면담을 하면서 제가 한 번도 그 이야기를 하지 않았다고 생각하시는 건 아니겠죠?"

그가 대답했다. "알아요. 그래도 전 이걸 물어봐야 해요."

"아뇨, 전 한 번도 결혼한 적이 없고 아기를 낳은 적도 없어요."

"혹시 공공연하게 교회와의 인연을 끊었던 적은 없었나요?"

"미사 중에 일어나서 '저는 정식으로 교회를 거부합니다.'라고 말하는 그런 걸 이야기하는 겁니까?"

"뭐, 대충 그런 거지요." 그가 말했다.

"없어요."

"누군가를 죽인 적은 있나요?"

갈수록 어이가 없어져서 나는 약간 장난을 쳐 볼 생각까지 들었다. "음…… 살인이라고요? 그건 말씀하시는 것이 정확하게 무엇이냐에 따라 다르겠는데요. 저어, 꼭 그렇다는 것은 아닙니다. 적어도 법적으로는 그런 일이 없습니다."

그가 이렇게 말하는 것으로 미루어 내 답변들 속에 장애 요인이 전혀 들어 있지 않은 것이 분명했다. "한 가지가 더 있어요. 당신이 준비할 물건들의 목록을 보스턴에 있는 수련장께서 가지고 계시니, 그분과 이야기를 나누도록 하세요."

"좋아요," 나는 나도 모르게 기업체 간부의 태도로 되돌아가서 말하고 있었다. "그분께 제게 전화를 주셔도 된다고 하세요."

몇 분 후에 수련장이 전화를 걸어 축하한다고 말했다. 그리고 필요한 물품의 목록을 알려 주었다. "첫째로, 2년 동안 지낼 수 있는 충분한 옷가지들이 필요하고, 둘째로, 2년 안에 서원 예식의 비용으로 들어갈 돈 250달러를 준비하세요." "알았습니다." "끝으로 성직자 셔츠와 성무일도서가 필요합니다." "좋습니다. 그런데 성직자 셔츠는 어디서 사는 겁니까? 그리고 성무일도서라는 게 무엇인가요?" 그는 성무일도서가 일종의 기도서라고 설명해 주었다. "성직자용 물품들을 파는 곳은 어디를 가나 있을 겁니다. 그 사람들에게 빨간 성무일도서를 달라고 하세요. 그러면 그들은 무슨 말인지 알아들을 겁니다."

그의 이야기를 미리 들어서 다행이었다. 내가 필라델피아에서 간신히 종교 용품 판매점 하나를 찾아냈을 때, 여자가 내게 어떤 성무일도서를 찾느냐고 물었기 때문이다. "빨간 것으로 주세요!"

내가 무심코 대답했다. 그녀는 분명 그동안 수련자 한두 명 정도는 만나 보았는지 친절하게 미소를 지으며 책을 넘겨주었다. 책장을 넘겨 보니 분명히 기도서였다. 기도는 대부분이 시편으로 되어 있었고 한 주의 요일마다 다르게 나와 있었다. 책이 엄숙하고 경건해 보였다. 그것을 들고만 다녀도 거룩해질 것 같은 느낌이 들었다.

하지만 성직자 셔츠는 그만한 운이 따라 주지 않았다. 여섯 해 동안 기업체에 있었던 뒤라, 나는 100퍼센트 순모로 된 옥스퍼드 셔츠 이외에 다른 것은 살 줄을 몰랐다. 그런데 성직자용 셔츠는 종류가 다양했지만 하나같이 감촉이 나쁜 화학 섬유 제품들밖에 없었다. 으악. 상점에 전시된 물건들을 보고만 있는데도 땀이 나기 시작했다. 나는 면과 화학 섬유를 섞어서 짠 멋지게 생긴 셔츠를 골랐는데, 오래 입어서 번들거리는 것처럼 보였다.

나는 집에 도착하자마자 내 방으로 달려 올라가 비닐 포장지를 뜯어냈다. 까만 목깃에 하얀 로만 칼라가 꼭 들어맞았고, 거울을 보니 거기에 나, 마틴 신부가 서 있었다!

수련장이 불러 준 물품 목록에는 검정색 바지가 들어 있었는데, 스탬퍼드에서 지난 두 해 동안 수십 벌의 바지를 샀던 의류 매장의 직원은 왜 갑작스럽게 검정색 바지를 사느냐고 물었다. "혹시, 신학교 같은 데라도 들어가는 건가요?"

"예, 그래요." 내가 대꾸했다. 그러자 그가 조용하게 말했다. "아 그렇군요, 절 위해서도 기도해 주세요."

나는 많든 적든 간에 가지고 있는 물건들도 모두 처분해야 했다. 처음에는 하느님께 모든 것을 바치겠다는 결심을 드러내 보이는 표지로 자신이 가진 모든 것들을 아시시 광장에 내다 놓고 불지른 프란치스코 성인 같은 기분이 들기도 했다. 하지만 내가 가진 것들을 처분하는 과정은 그보다 훨씬 더 극적이지 못했다.

수련원에서는 전혀 필요치 않을 물건들이 몇 가지 있었다. 자동차와 전축, 음반들, 여러 벌의 양복과 꽤나 많은 책들이 그것이었다. 아파트도 처분해야 했다. 다행히 당시에 함께 살던 룸메이트 에드와 피터도 GE에 있을 만큼 있어서 그 지역을 떠날 예정이었다. 한 명은 대학원에 진학하고 다른 한 명은 보스턴으로 일자리를 옮기게 된 것이다. 우리 세 사람은 8월 말까지 집을 비워야 했다.

우리의 초라한 가구를 사 갈 사람을 찾기에는 남은 시간이 빠듯했다. 놀랍게도 자선 단체 굿윌에서는 가구 일체를 거절했고 구세군은 우리 집에 들러 몇 개의 가구를 골라 가면서 나머지는 사절했다. 가구도 없이 산다는 그 많은 사람들은 다 어디로 가 버린 걸까?

남은 가구들을 가져갈 사람을 찾던 중에, 에드가 일요일에 거실로 들어와 큰 소리로 말했다. "좋은 소식이야! 우리 가구를 가져가겠다는 사람을 찾았어."

"잘됐군. 얼마에?" 내가 물었다.

"75달러야." 그가 대답했다.

"아주 좋은데."

"그게 아냐," 에드는 내가 잘못 생각한다는 것을 눈치채고 말했다. "우리가 그쪽에다 75달러를 내야 한다는 거야."

아시시의 프란치스코 성인이라도 오늘날에는 가난해지기가 쉽지 않겠다는 생각이 들었다.

어느 날 브루스가 내가 소장하던 몇 백 권의 책을 가져가려고 찾아왔다. "나쁘지 않군." 그는 보급판 책들을 한 아름 차로 옮기면서 말했다. "예수회에 입회하는 사람들이 많이 많이 생겼으면 좋겠다." (나는 그가 드디어 이번 일에서 그에게 득이 되는 점을 발견해 냈다며 놀려 주었다.) 내 자 마즈다는 어머니가 합법적인 절차를 위해 1달러를 내고 사 가셨다.

내가 떠나기 전 주말에 필라델피아에서 송별회가 또 한 차례 열렸고, 거기에서 뉴욕과 필라델피아와 워싱턴 D.C.에서 온 친구들을 만났다. 메리가 성직자 셔츠를 입고 (그녀는 그 옷을 어디에서 사는지 분명히 알고 있었을 것이다) 나타나서 나에게 선물을 하나 선사했다. 그녀가 워싱턴의 원죄 없는 잉태 대성당에서 구입했다는 이 선물은 투명한 플라스틱으로 만든 성모님상으로 (나사로 떼었다 붙였다 할 수 있도록 되어 있는) 플라스틱 왕관이 달려 있었다. 이 복되신 성모님상은 성수를 담아 두는 그릇으로도 사용할 수 있었다.

내 사촌 누이 로지는 십자가 모양의 케이크를 만들어 주었다. 케이크를 1킬로그램짜리 조각들로 나눌 수 있도록 만든 것은 정말 훌륭한 아이디어였다고 칭찬하자, 그녀가 말했다. "아냐, 이건 틀로 구워 낸 거야."

"십자형 틀이라고? 몇 번이나 쓴다고."

"안 그래, 벌써 견진 때 한 번, 첫영성체 때 한 번, 그리고 오늘 써먹었는 걸. 1년에 세 번이나 쓴 거야. 나쁘지 않잖아?" 그러면서 그녀는 내 서품식 때를 위해 그 틀을 보관하겠노라고 말했다.

보통 수준의 생활 방식

다른 면들에 있어서는 여러 가지 분명한 이유로 인해서
하느님을 보다 극진히 섬기는 데 늘 관심을 기울이되,
외적인 생활 방식에 대해서는 보통 수준을 유지한다.

– 예수회 회헌

    전통적으로 미국에서는 8월 말부터 예수회 수련자들의 수련이 시작되는 시기다. 나는 직장에 사표를 내고 적어도 속세의 재물 일부를 처분하고 작별 인사를 한 뒤 8월 28일에 가방을 꾸려 수련원으로 향했다. 나의 룸메이트 에드와 피터 그리고 에드의 여자 친구 베스가 나를 보스턴까지 배웅해 주었다. 아직도 어머니와 별거 중인 아버지가 차를 몰고 필라델피아로 가서 어머니를 태운 다음 다시 뉴욕에 들러서 여동생과 함께 보스턴으로 오셨다.

나는 아루페 하우스에 도착해 룸메이트들과 함께 짐을 내 방으로 옮겼다. 이곳은 원래 수녀원이었던 곳이라서, 방이 침대 하나(물론 2인용)와 의자 하나, 책상 하나가 들어갈 정도의 크기밖에 되지 않았다. 놀랍게도 벽장이 없었다. 수녀들에게는 수도복 두 벌뿐이라서 한 벌은 입고 다니고 남은 한 벌은 문 뒤에다 걸어 놓았던 것이다. 하지만 우리는 옷가지들이 많아서 방 바깥에 세워 놓은 이동식 옷장을 사용하게 되었다.

오후 2시에 가족들과 다른 수련자들이 참석한 가운데 작은 실내 성당에서 미사가 집전되었다. 미사 중에 친구 둘이 수련원에 도착해 바깥에서 초인종을 눌러 대며 고함을 질렀다. "짐! 여기가 맞아? 여보세요?" 하는 수 없이 누군가가 계단을 내려가서 문을 열어 주어야 했다. 그들이 후다닥 성당으로 들이닥쳤는데, 보니 땀을 흘리며 숨을 몰아쉬고 있었다.

곧이어 점심 식사 시간에 부모님과 여동생이 돌아가는 상황을 파악하느라 애쓰는 모습이 역력했다. 어머니와 여동생은 한동안 아버지와 자리를 함께해 본 일이 없었기에 매우 긴장한 모습이었다. 그리고 나를 생각해서 훌륭한 가톨릭 가정의 모습을 보여 주고자 애를 썼다. 수련장이 내 여동생에게 어디서 사느냐고 묻는 소리가 들렸다. "뉴욕에서 살아요." 캐롤린이 대답했다.

"정말 그래요?" 수련장이 물었다. "어디쯤이지요?"

"동부 84번가요." 그 애가 대답했다.

"그렇다면 성 이냐시오 본당에 다니시겠군요." 수련장은 예수회가 운영하는 성당이 여동생의 아파트와 몇 구획밖에 떨어지지 않았다고 말했다. 하지만 나는 그 애가 그 성당에 거의 나가지 않는다는 사실을 알고 있었다.

"그러고 보니, 그렇네요……." 여동생이 대꾸했다.

"제단이 아름답지 않던가요?" 수련장이 다시 물었다.

"예, 그래요, 정말 아름다워요……."

캐롤린은 후에 나를 난처하게 만들고 싶지 않았노라고 말했다. 그 애는 2년차 수련자인 톰으로부터 하버드에서 가톨릭 학생회 모임에 나가 활발하게 활동했느냐는 질문도 받았다. (캐롤린은 쾌활하게 아주 좋았노라고 대답했다.) 나는 그 같은 노력이 고마웠고 거기에 담긴 마음을 이해했다.

부모님, 특히 어머니는 이렇게 많은 성직자들 틈에 있어 본 적이 별로 없으셨다. "어느 분이 신부님인지 모르겠구나?" 오후에 어머니가 목소리를 낮추어 물었다. "아마, 마흔이 넘어 보이는 분들은 전부 신부님들일 거예요." 내가 대답했다.

어머니는 말했다. "그래? 난 그분들 중 한 분을 존칭 없이 이름만 불렀는데……."

3시쯤에 가족이 눈물을 흘리며 돌아갔다. 나는 차 옆에 서서 그분들과 작별 인사를 하고 나서 전화도 하고 편지도 쓰고 보통 때처럼 연락을 하겠노라고 약속했다. 그들이 탄 차가 멀어져 가는 것을 지켜보면서, 나는 갑자기 밀려드는 두려움을 느꼈다. 내가 대체 무슨 일에 뛰어들었단 말인가?

몇 시간 후에 새 수련자들이 몇 안 되는 짐을 풀어 정리하고 나자 공동체 저녁 식사가 있었다. 그다음에 간단한 모임이 있었고, 여기에서 수련장은 수련기에 관해 유익한 점들을 많이 이야기했지만, 나는 깊은 불안감 때문에 금방 잊어버리고 말았다.

그날 밤, 나는 이불 속에서 걱정스럽고 불안한 마음에 눈물을 흘렸다. 내가 과연 올바른 일을 하는 것일까? 내 친구 하나가 그렇게 부르곤 했듯이 '예수회에 관한 일' 전체가 새삼 불가사의하게 생각되기 시작했다.

동이 틀 무렵에는 기분이 많이 가라앉아 있었다. 첫날은 느긋했으며 모두가 더없이 정상적이고 조금도 위협적이지 않다는 사실을 깨달았다. 수련원의 기본 흐름은 피정 때 경험한 것처럼 그렇게 한가하지는 않았지만 GE의 속도에 비하면 놀랍도록 완만했다. 처음 두 주간은 특히 느슨했다. 휴가를 보내는 것과 별반 다르지 않았다.

수련기 처음 두 주간은 이른바 '청원기'로서, 새로 들어온 수련자들(수도회 입장에서는 아직 '청원자들')이 심사를 받는 기간에 해당했다. 몇 해 전까지는, 대부분의 수도회들처럼 예수회도 청원기가 끝나면 수도복을 받았다. 예수회의 경우 이 말은 허리를 까만 띠로 매는 기다란 검정색 수단을 입는다는 뜻이었다. 일부 여자 수도회에서는 청원 기간이 끝날 때 청원자가 자기 방으로 돌아가면 침대 위에 수도복이나 이전에 입던 '세속' 옷가지 둘 중 하나가 놓여 있곤 했다. 장상이 결정을 그런 방식으로 전달한 셈이었다.

뉴잉글랜드 수련원에서는 청원기가 수련자 생활에 들어가는 준비 기간 구실을 했다. 우리는 수련기의 매일 일정과 주간 일정, 수도회의 조직, 수련장과 부수련장 및 여타 장상들의 역할, 앞으로 한 해 동안 하게 될 일, 그리고 내가 지금 가장 뚜렷하게 기억하는 성무일도서 사용 방법 등을 배웠다. (나의 경우는 성무일도서 사용법을 익히는 데 거의 한 해가 걸렸다.)

두 주간이 지나 1년차 수련자 세 사람이 매사추세츠 글로스터로 가서 주말을 보냈는데, 이곳에는 예수회가 운영하는 매우 쾌적한 피정의 집이 있었다. 이곳이 피정 장소로 인기가 있는 이유는 주로 뛰어난 경관 때문이었다. 건물은 대서양에 떠 있는 암반으로 된 반도에 들어앉아 있었다. 식당에서 창밖을 내다보면 바다의 색깔이 변하는 광경을 볼 수 있다. 아침에는 연한 잿빛이었다가 태양이 중천에 뜨면 감청색으로 변하고 석양이 되면 진한 초록빛으로 바뀐다. 이른 아침에 고깃배들이 출어를 나갔다가 저녁에 잡은 고기를 싣고 돌아올 때면 갈매기들이 시끄럽게 울어 대며 고깃배를 따라온다. 피정의 집 곁에는 커다란 담수호가 있고, 거기에 야생 동물들이 우글거린다. 백조, 오리, 왜가리, 거북이들이 살고, 붉은 날개를 가진 까만 새들이 신경질적인 목청으로 고요한 대기를 찢어 놓곤 한다. 몇 개월 전 데이비드 부수련장이 피정 왔던 한 여자 이야기를 들려준 적이 있었다. 이 여자는 피정의 집 가까운 해안에 선반처럼 솟아 있는 거대한 암반 위로 올라갔다. 그런데 깊은 묵상에 잠긴 나머지 밀물이 들어오는 것을 미처 알아채지 못했다. 그녀가 몇 시간을 기도로 보낸 후에 주위를 둘러보니 바닷물이 자신을 완전히 에워싸고 있었다. "그래서 어떻게 됐어요?" 내가 묻자 데이비드 부수련장이 말했다.

"뭐, 물이 빠져나가는 데 여섯 시간이 걸렸으니까, 그녀는 엄청나게 기도를 했던 거지!"

청원기가 지나고 남은 공동체의 식구들과 함께 수련 생활에 익숙해지면서 시간은 한결 빠르게 지나갔다. 이곳에는 2년차 수련자들이 네 명이 있었다. 조지는 전직 공군 대위로, 알라스카에서 예수회 자원봉사단과 함께 일했었다. 그는 놀랄 만큼 천연덕스러운 유머 감각을 지녔다. 탁월한 역사 선생이었던 톰은 수줍음을 타는 사람이었지만 친구들을 사귀는 데 열심이었다. 또 다른 톰은 나보다 열 살이 더 많았고 경험도 다양했다. 베트남전에 참전했고, 실내장식가로 일했으며, 교사 생활도 했다. 이전에 교구 사제였던 마이클은 2년차 수업을 끝낸 상태였다.

나와 함께 수련을 시작한 사람 중에는 예수회가 운영하는 성십자가 대학을 갓 졸업한 빌이라는 젊은이가 있는가 하면 좀처럼 믿어지지 않지만 마흔 살의 체코슬로바키아인 의사 에밀도 있었다. 우리 일곱 사람이 예수회 수련원 아닌 다른 상황에서 모였다면 정녕 괴상한 집단이 되었을 것이다. 나는 예수회가 대단히 이질적인 유형의 사람들을 끌어당기는 힘이 있으며, 이는 그들에게 큰 힘이 되고 있을 뿐 아니라 공동체 안에서 이루어지는 도전적인 삶에 뿌리 구실을 한다는 사실을 이내 깨달았다. 나는 '전형적인' 가톨릭 신자가 있다고 믿지 않는 것 그 이상으로 '전형적인' 예수회원도 있다고 믿지 않는다. 나이 든 예수회원 한 명은 저마다

국적이 다른 세 사람에게 동시에 같은 질문을 던지면 같은 답변이 나온다는 말을 한 적이 있다. 그랬던 그가 웃으면서 하는 말이 이제는 최소한 다른 대답 세 가지가 또는 질문을 받은 예수회원들에 따라서는 네 가지도 나온다는 것이다.

수련원에는 수련장과 그를 보좌하는 이 외에도 몇 사람의 예수회원들이 생활하고 있었다. 뉴욕 교구에서 온 존 신부는 근처의 개신교 계통의 앤도버-뉴턴 신학교에서 사목학 박사 과정을 밟고 있었다. 댄 신부는 보스턴 대학 공중 보건학과에서 교편을 잡고 있는, 비-예수회 기관에 몸담고 있는 예수회원이었다. 그 밖에 공동체 식구로는 비교적 나이가 많고 경험이 풍부한 영성 지도자 조 신부와 빌 수사가 있었다. 빌 수사는 예수회 특유의 용어로 집안의 '내무부 장관', 다시 말해서 집안 살림을 관장하는 사람이었다. 입회 당일에 어머니는 이것저것 궁금했는지 조 신부에게 무슨 일을 하느냐고 물었다.

"저는 영성 지도자입니다."

"그게 뭐죠?" 어머니가 물었다.

"그러니까, 사람들이 자기네 기도 생활에 대해 이야기하면 그걸 귀담아 들어주는 겁니다." 조 신부가 말했다.

"그게 전부란 말이에요?"

그는 그 같은 직설적인 질문에 유쾌하게 웃음을 터뜨리며 말했다. "그래요. 그게 전부입니다!"

빌 수사가 (청구서를 지불하고, 수리공을 부르고, 집안을 전체적으로 보살피는) 자신의 임무를 이야기하자 어머니는 그때부터 자신을 우리 집안의 내무부 장관으로 자칭하기 시작했다.

청원기 이후 처음 몇 주간 동안 우리는 그해 가을에 해야 할 (기도와 결단을 결합시키는) 우리의 '사도직을 식별해' 냈다. 우리는 집 안에서 수업을 받거나 기도하며 많은 시간을 보내는 한편, 일주일에 열 시간 정도는 집 바깥에서 활동을 해야 했다.

사도직 장소 몇 곳을 돌아본 뒤에, 나는 한 병원에서 중환자들을 위한 일을 하도록 배정받았다. 아니 좀 더 정확하게 말해서 '파견'되었다. 그런데 나는 그 일을 내 '직장'이라 부르곤 해서 수련장을 대경실색하게 했다. GE에서 여섯 해 동안 직장 생활을 한 후라 충분히 있을 수 있는 실수이기는 했다. 우리는 또한 페르소날리아 personalia라 부르는 용돈을 매달 받았다. 세면 용품을 비롯한 필요 물품 이외에 개인적으로 사용할 수 있도록 주는 돈으로, 나는 이것을 '봉급'이라 불렀다.

우리의 일자리가 정해지고 나자, 우리는 라틴어로 오르도ordo라 부르는 예수회의 매일 일과에 빠른 속도로 적응해 나갔다. 아침 기도는 7시 15분이었다. 나는 다른 사람들 모두가 알고 있을 기도를 모른다거나 묵주 기도를 바치는 방법을 잊어버리지는 않았는지 걱정했다. 하지만 그것은 쓸데없는 걱정이었다. 알고 보니 아침 기도는 경직된 분위기와는 거리가 멀었다. 우리는 일주일에 한 번 성무일도를 바쳤고, 나머지 시간에는 수련자들이 하고 싶은 기도 방법을 자유로이 선택할 수 있었다. 때로는 사람들이 시편이나 찬미가 또는 성경 말씀이 들어 있는 종이를 나누어 주고 기도하는 데 사용하기도 했다. 시편은 역시 인기가 있었다. 우리는 계응 형식으로, 다시 말해서 두 편을 나누어 한 편에서 먼저 기도문을 낭송하면 다른 편에서 이를 받아서 낭송했다. 실제로 나는 수련원에 들어오기 전까지는 시편이 그토록 폭력적인 줄 몰랐다. 수련자들이 아침에 졸리는 듯한 목소리로 우리의 원수들을 죽이고 그들의 머리를 바위에 짓이기시는 하느님에 관한 구절들을 조용히 읊조리곤 했다. 그러고 나면 '하느님은 사랑에 찬 하느님이시다'가 후렴으로 이어지는 것이었다.

수련장은 우리가 아침 기도에 창의력을 발휘하도록 부추겼다. 12월의 어느 날 아침에 2년차 수련자인 조지가 향을 가득 담은 커다란 도자기 단지를 들고 자랑스러운 얼굴로 들어왔다. 그 단지에서 연기가 확확 피어오르면서 작은 성당 안은 금방 매캐한 냄새로 가득 찼다. 곧바로 숨을 쉬기가 힘들어졌다. 재빨리 창문들을 열었고, 덕분에 우리는 연기로 흐릿하고 차디찬 작은 성당에서 몸을 떨어야 했다. 이것으로는 기도에 자극제가 되지 못한다는 사실이 밝혀진 셈이고, 그 이후로 조지의 도자기 단지가 아침 기도에 등장하는 일은 없었다.

어느 날 아침에는 빌이 색소폰을 가져와서 우리를 위해 한 곡조를 연주했다. 이것 역시 수련장이 의도했던 만큼 관상에 도움이 되지는 못했다.

아침 기도가 끝나면 우리는 작은 식당으로 터덜터덜 걸어가서 아침 식사를 하곤 했다. 이상한 아침 식사 습관이 있는 몇몇 수련자들이 내 눈에 띄었다. 예를 들어 톰은 참치 샐러드를 건포도 빵에 얹어 먹기를 좋아했는데, 나는 그것을 볼 때마다 구역질이 나곤 했다.

우리는 수련원에서 소박하게 살자는 뜻에서 우리 스스로 요리를 했다. 공동체의 사람 수를 따져 보니 각자가 대체로 한 달에 세 번씩 요리를 하게 되었다. (열두 식구의 넉넉한 식사를 준비하자면 오후 시간 대부분을 부엌에서 보내지 않으면 안 되었다.) 손 잡고 끌어 준다는 의미의 라틴어인 마누둑토르manuductor라 불리는 수련자 한 사람이 식사 전에 식탁을 차리고 식사 후에 설거지를 했다. 이 마누둑토르는 집안일들을 배정하는 역할도 했다.

내가 맡은 집안일은 장보기였는데, 하다 보니 상당히 힘든 일이었다. 열두 사람이 먹을 식료품을 산다는 것은 물건을 잔뜩 실은 쇼핑 손수레 세 개를 끌고, 보스턴에 살고 있었기 때문에 r 발음이 h로 바뀐 스타 마켓Stah Mahket 체인점 통로를 돌아다녀야 한다는 뜻이었다. 결국 가장 효과적인 방법을 찾아냈는데 우선 필요한 물건들을 둘러본 다음 여러 통로에 손수레들을 각각 배치해 두고 물건들을 싣고 나서, 마지막에 이들을 한데 모아 하나는 밀고 둘은 끌면서 계산대로 가곤 했다. 줄을 선 사람들은 당연히 내가 이 많은 장을 누구 때문에 보는지 묻곤 했다. 한 여성이 말했다. "좋아요. 제가 맞추어 볼게요. 자선 단체에서 일하시죠?" (아니오, 제대로 맞추지 못했군요.) "소방서에 있어요?" (내가 소방관처럼 보이나요?) "큰 파티를 여는가 보군요!" (꽃양배추 머리가 열 개나 되니 그렇기도 하겠지요.) 내가 사정을 이야기했는데도 여전히 어리둥절한 표정이었다.

그해 성탄 대축일을 며칠 앞두고, 나는 수련원의 큰 파티에 내놓을 계란술 재료를 구해 오라는 임무를 부여받았다. 열두 개씩 담은 달걀 열 판과 크림 5갤런(약 19리터)을 실었다. 그리고 버터도 부족했기 때문에 열두 개를 찾아서 실었다. 그런 다음 계산대 앞에 줄을 서서 잡지를 읽고 있는데, 내 뒤에 섰던 여자가 내 어깨를 두드리며 낮은 목소리로 말하는 것이었다. "이봐요, 참견하고 싶지 않지만, 당신 몸의 콜레스테롤도 생각해야 하는 것 아닌가요?"

8시 아침 식사 후에 우리는 한 시간에 걸쳐 '강화講和' 모임을 가졌다. 첫해에는 이냐시오 성인이 작성한 예수회 회헌을 공부했다. 그 가운데 일부는 마음에 깊이 와 닿았다. 이냐시오의 영성이 450년 넘도록 예수회원들을 이끌어 온 일련의 지침들로 전환되는 과정을 살펴보면 분명 그랬다. 하지만 일부, 특히 나중에 파기된 원래의 지침들은 (물론 그래도 읽어 보아야 했지만) 이상했다. 예를 들어 신학생들이 어떤 종류의 잠옷을 입어야 하는지에 대한 규정들도 있었다. 대부분의 강화 모임은 예수회 역사와 예수회 영성에 대한 토론에 초점이 맞추어졌다. 그리고 두 번째 해에 다루게 되는 것은 아직 우리가 따르기로 '선서하지' 않은 서원들 즉 청빈, 정결, 순명이었다.

오전 후반부와 오후는 외부에서 하는 사도직 활동에 할애되었다. 미사는 오후 5시에 있었고 저녁 식사는 6시에 했다. 저녁이면 때때로 공동체 모임을 갖고, '집안일'을 논의했다. 때로는 손님이 찾아와 자기가 맡은 일에 관해 수련자들과 이야기를 나누기도 했다. 교도소 전담 사도직을 맡은 수녀님도 있었고, 예수회 성서 학자도 있었으며, 노숙자 쉼터를 운영하는 평신도도 있었다.

토요일 오전은 육체노동을 의미하는 마누알리아manualia에 할애되었다. 이 시간에는 수련자들이 모두 집 안을 청소했다. 화장실들(아주 많아서 군단이라는 이름을 붙였다)을 청소하고, 마루를 문질러 닦고, 잔디를 깎고, 창문을 닦는 등 상당히 넓은 수련원에 있는 모든 것들을 털고 닦는 일이었다. 1년차 수련자들의 마누둑토르인 조지는 가끔 빈 탄산음료(혹은 보스턴에서 부르듯이 '토닉') 깡통들을 상점에 반납하는 일과 같은 성가신 일들도 맡겼다. 우리가 열세 명이고 냉장고에 항상 탄산음료로 가득 차 있었기에 우리는 요란스럽고 끈적거리는 빈 깡통들로 가득 찬 쓰레기 봉지를 열댓 개씩 들어내야 했다. 나는 마누알리아가 예수회원에게 알맞은 고행이라고 생각했지만, '신부들'은 주말 마누알리아에 참여하지 않아도 된다는 사실을 알고 나서는 이 일이 상당히 귀찮게 느껴졌다. 내가 그 문제를 끄집어냈다가 들은 이야기는 그저 그렇게 하도록 되어 있다는 것이었다. 하지만 일례로 신부들 몇 사람이 조간신문을 읽고 있는 거실을 청소할 때면 화가 나기도 했다. 수련자가 진공청소기를 밀고 다가가면 그들은 앉은 주변을 청소하라고 발만 들어 주는 식이었다.

우리는 이런 모든 활동들을 해 나가면서 기도도 함께 바쳤다.

적어도 한 시간의 관상 기도와 매일 미사 그리고 저녁 성찰 기도 examen가 거기에 해당했다. 성찰 기도는 이냐시오 성인이 창안한 짧은 기도로서, 기도 중에 하느님이 자신의 하루 일과에서 어떻게 역사하셨는지를 알아보고자 노력한다. 가장 먼저 자신이 그날 하루 동안 부여받은 온갖 은총에 대해 하느님께 감사드린다. 보도에 내리쬐는 햇살의 모습, 오렌지의 맛, 누군가와 나눈 농담 등 자신이 고맙게 여기는 일이면 무엇이나 가능하고, 어쩌면 일에서 특별히 보답을 받는 순간(또는 마누알리아에서 쉬운 일을 맡는 행운)도 감사 대상이 될 수도 있다. 두 번째는 하느님이 그날 어디에서 자신과 함께하셨는지 알아볼 수 있는 은총을 주시도록 기도한다.

그다음으로는 하루 전체를 재점검한다. 나는 과연 어느 대목에서 하느님의 은총을 받아들였던가, 다시 말해서 내가 어느 대목에서 하느님께서 바라시는 바를 따랐고 어느 대목에서는 따르지 않았던가. 성찰 기도에서 이 부분은 마치 영화처럼 그날을 되돌리기 하여 다시 틀어 보는 것과 아주 흡사하다. 끝으로 하느님께 자신의 죄에 대한 용서와 이튿날에는 좀 더 잘할 수 있는 은총을 주시도록 간청한다.

기도 전체가 불과 15분 동안 이어지고 그 대부분은 그날을 점검하는 데 할애된다. (몇몇 예수회원들은 성찰 기도를 정오에 바치기도 한다.) 하지만 성찰 기도는 이처럼 짧음에도 불구하고 더없이 유익한 기도 형식이다. 실제로 이냐시오 성인은 하루에 개인 기도를 한 차례밖에 할 수 없을 경우에는 성찰 기도를 바쳐야 한다고 했을 정도로 이를 아주 소중하게 여겼다. 그 이유는 쉽게 알 수 있다. 하느님께서 나의 하루 중 어느 순간에 역사하셨고 내가 하느님께로부터 받은 은총이 무엇이었으며 어느 대목에서 하느님의 도움이 계속 필요했는지를 알아내는 것 자체가 하나의 은총이다. 성찰 기도는 내 영혼의 집이 빠르게 정돈되도록 만드는 데 도움을 준다.

또한 매주 정규적으로 영성 지도가 이루어졌는데, 이는 나의 첫 번째 피정 때 있었던 일과 결부되곤 했다. 처음에 나는 날마다 기도를 해야 한다는 생각에 주눅이 들었고, '열매를 맺어야' 한다는, 다시 말해서 결실을 내야 한다는 강한 부담을 느꼈다. 그래서 몇 가지 걱정거리가 생겼다. 내 기도가 피정 때처럼 훌륭하게 이루어지지 않으면 어쩌나? 만일 내가 기도를 할 수 없게 되면서 피정은 일종의 요행이었음이 밝혀지면 어쩌나? 그리하여 내가 엉뚱한 자리에 와 있다는 사실을 깨닫게 되면 어쩌나? 어쨌거나 수련자 대부분은 기도와 피정 면에서 나보다 훨씬 더 경험이 많았다.

다행히 내 영성 지도자인 데이비드 도노반 부수련장은 숙련된 지도자였고 참을성이 있을 뿐 아니라 수련자들이 실제로 기도할 때 필요한 도움을 주었다. 그가 곧잘하곤 했던 말은 기도는 곧 '실재를 사랑의 눈으로 오래도록 바라보기'라는 말이었는데, 이는 모든 사물에서, 자신의 일에서, 자신의 공동체에서, 자신의 기쁨과 슬픔 속에서 하느님을 발견한다는 예수회의 이상을 전달하는 또 다른 표현이었다. 데이비드 부수련장의 설명에 따르면 내 삶의 소재가 곧 기도와 명상의 소재였다. 그런 전제에서 시작하니 기도가 한결 쉽게 다가왔고 한결 자연스럽게 느껴졌다.

멋진 삶이었다. 벌써 까마득히 멀게 느껴지기 시작하는 GE에서의 삶에 비하면 훨씬 더 인간적임이 틀림없었다. 그럼에도 그해에 나는 아직도 꽤나 많은 어려움을 안고 있었다.

첫째로 부모님은 여전히 별거 중이셨고, 어머니는 여전히 걸핏하면 전화를 걸어오셨고, 그러면서 나는 왠지 내가 가족을 '버렸다'는 느낌과 함께 예수회원이 되고자 한 것이 이기적이었다는 생각이 들기 시작했다. 그러나 어머니와 여동생은 첫해에 수련원을 자주 방문한 덕분에 불투명하던 예수회 생활에 대해 어느 정도 알게 되었다. 그들은 처음에는 예수회를 온전히 이해하지 못했지만 (그 점에서는 나도 마찬가지였지만) 안면을 익힌 예수회원들을 좋아했던 것만은 분명했다. 다른 친구들도 와서 머무르다 갔다. 브루스는 이곳의 침상과 아침 식사가 자기 마음에 쏙 든다고 했다.

일요일 밤마다 수련자들은 '신앙 나눔'을 위해 거실에 모여 지난 한 주간의 기도 생활에 관해 이야기를 주고받았다. 처음에는 다른 수련자들이 기도에서 얻은 풍부한 체험들을 이야기할 때 시기심이 일곤 했다. 그러면서 다른 수련자들을 따라잡으려면 기도 때 더 열심히 노력해야겠다는 생각이 들었다. 내가 와튼 스쿨이나 직장에서 가졌던 사고방식과 너무나도 흡사했다. 나 자신을 다른 사람과 비교하면서 경쟁하려는 태도가 기도에서까지 나타났던 것이다.

하지만 내가 이런 사고방식에 젖어 있던 기간은 짧은 기간에 불과했다. 그것이 무익하다는 점을 깨달았기 때문이다. 기도를 가능하게 하는 것은 기도하는 당사자가 아니라 바로 하느님이셨다. 나는 데이비드 부수련장에게서 이 말을 쉰 번쯤 듣고 난 후에야 비로소 마음의 여유를 갖고 하느님이 다른 수련자들의 삶 속에서 어떻게 작용하시는지를 느긋이 바라보기 시작했다. 하느님은 어떤 사람에게는 음악을 통해, 다른 사람에게는 독서를 통해, 또 다른 사람에게는 어떤 예수회원이나 자기 가족 또는 사도직에서 얻는 체험을 통해 다가오셨다. 내가 한두 번 정도가 아니라 아주 많이 들었듯이, 하느님은 사람들이 있는 그 자리에서 그들을 만나고 계셨다.

수련기는 또한 나의 독서에 새로운 장을 열어 주었다. 덕분에 나는 그 옛날 주일 학교 시절에 중단했던 교리 공부를 계속할 수 있었다.

유다 성인께 그토록 기도를 바쳤음에도 불구하고, 성인들에 대한 신심을 이해하기가 늘 힘들었다. 그것은 희미하게나마 미신처럼 여겨졌다. 이 모든 것 때문에 잃은 물건을 찾아 주는 안토니오 성인이 떠올랐다. ("안토니오 성인이여, 안토니오 성인이여, 제발 와 주소서. 무엇인가 잃어버렸는데 찾을 수가 없나이다.") 집이 팔리도록 도와주는 요셉 성인. (집 뒤뜰에다 요셉 성인상을 묻는다는 것은 '신심'과는 정반대되는 일로, 내게는 충격이었다.) 예수님을 모시고 있는데 그것들이 무슨 소용이 있겠는가? 하는 것이 내 생각이었다. 하지만 수련원 도서실 나무 책장들에 가득 꽂혀 있는 성인들의 생애를 읽기 시작하면서 이런 의혹들이 잦아들었다.

나는 성인전을 몇 권밖에 읽지 않고도 드디어 성인들이 어떤 분들인지 알게 되었다. 그분들은 하느님께서 다른 시대, 다른 환경, 다른 삶 속에서 어떻게 작용하시는가를 이해하게 해 주는 효과적인 통로이자 동반자들이었다. 내가 맨 처음 집어 든 것은 리지외의 성녀 데레사의 진솔한 자서전으로, 제목은 《성녀 소화 데레사 자서전》이었다. 데레사 성녀는 다소 감성적인 성인 언행록에서 흔히 순종적이고 유순한 아이로, 작은 꽃으로 그려져 왔다. 하지만 자서전에 나타나 있는 그녀는 하느님을 향한 냉철한 신앙을 지닌 지성적인 젊은 여성으로 살아 있었으며 또한 그 이상으로 유머 감각도 있었다. 그녀의 놀라운 이야기를 접한 나는 도서실에서 다른 책들을 찾기 시작했다. 가족들의 반대에도 불구하고 700킬로미터가 넘는 길을 걸어서 수련원을 찾아간 젊은 예수회의 스타니슬라오 코스트카 성인, 로마에서 전염병에 걸린 병자들을 보살피다가 병에 걸려 쓰러진 예수회 신학생 알로이시오 곤자가 성인, 17세기에 휴런호 인디언들 사이에서 활동한 이사악 조그 성인과 요한 드 브레뵈프 성인 같은 위대한 북미 예수회 순교자들, 도로시 데이나 오스카 로메로 대주교, 복자 요한 23세 교황과 토마스 머튼 같은 현대의 성인들. 나는 마이클 모트가 쓰고 바로 그해에 《토마스 머튼의 칠층산 The Seven Mountains of Thomas Merton》이라는 제목으로 나온 지 얼마 되지 않은 토마스 머튼의 최상급 전기도 찾아냈는데, 여기에는 머튼의 파란만장한 삶이 훨씬 더 상세하게 나와 있었다.

　《다시 찾은 브라이즈헤드》에 나오는 찰스 라이더가 갈파했듯이, 성인들의 삶을 통해 그동안 내게는 닫혀 있었던 순수한 세계,

내가 무시했던 세계가 활짝 열렸다. 나는 이 소설도 다시 한 번 읽었고, 그 과정에서 이 책이 그 핵심에서는 신앙을 정말 심도 있게 다루고 있음을 알고 새삼 놀랐다.

수련자들은 또한 그해 가을에 예수회 역사와 수도회의 '카리스마' 내지는 정신을 익히는 방법의 일환으로 이냐시오 성인이 쓴 자서전을 포함하여 그분에 관한 수많은 전기들을 읽도록 권유받았다. 새삼스럽게 놀랄 일도 아니었지만, 나는 이냐시오 성인에 대해 아무것도 모르다시피 한 상태였다.

로욜라의 이니고(이냐시오의 본명, 이 이름은 라틴어로 음역하면 이냐시우스가 됨-편집자 주)는 북부 스페인의 바스크 지방에서 1491년에 태어났다. 어린 시절에 그 지역 귀족의 저택에서 기사 견습생으로 있다가, 후에 용감한 병사로서 두각을 나타냈다. 그가 자서전에서 기술하고 있는 바에 따르면, 그는 '세상의 허영에 빠져들었던 사람'으로, 자신의 용모에 유달리 신경을 썼다. 그는 귀부인들의 사랑을 받았거나 적어도 스스로 그렇다고 생각했던 것 같다. 그는 분명히 난봉꾼이었다. 그에게 사생아가 있다는 소문도 돌았다.

이니고는 병사로서 활동하기 시작한 초창기에 팜플로나 전투에서 포탄에 맞아 다리에 심한 부상을 입었다. 그래서 전장에서 들것에 실려 나와 사촌 집으로 가서 치료를 받았다. 다리는 제대로 접합이 되지 않았고, 몸에 꼭 끼는 궁정 복장을 할 때 멋진 다리를 과시하고 싶었던 이니고는 여러 차례 소름 끼치는 고통스러운 수술을 받았지만 다리는 낫지 않았다. 결국 그는 평생 절름발이 신세가 되어 버렸다.

많은 시간을 병상에서 보내던 이니고는 친척에게 책을 몇 권 달라고 부탁했다. 그런데 그 친척에게는 신심 서적들밖에 없었고, 이니고는 마지못해 그것을 펼쳐 들었다. 하지만 이니고는 자신이 성인들의 생애에 끌려 자기도 모르게 '프란치스코 성인이나 도미니코 성인이 이런 일을 할 수 있었다면 나도 위대한 일들을 할 수 있지 않겠는가.' 하고 생각했다는 데 스스로 놀랐다. 게다가 하느님을 위해 일하고 싶다는 생각을 하고 난 다음에 평화로운 느낌이 찾아들었다는 사실에 주목했다. 그는 이것을 '위안'이라고 불렀다. 그에 반해서 병사로서 성공을 하거나 어떤 여성의 마음을 사로잡는 상상을 하고 나면, 처음에는 뜨거운 열정이 생겼었는데 이제는 '씁쓸한' 느낌만 남곤 했다. 그는 이 씁쓸함과 위안이라는 느낌이 하느님이 자신에게 올바른 길을 가도록 이끌기 위한 수단임을 서서히 깨닫게 되었다.

이니고는 몸이 회복되고 나면 성지 순례를 가서 하느님을 어떻게 섬겨야 할지 알아보기로 결심했다. 이윽고 몸이 회복되자 그는 우선 스페인 몬세라트에 있는 유명한 수도원으로 순례를 가서 기사의 갑옷을 벗어 놓고 소박한 순례자의 옷을 입었다. 이니고는 몬세라트를 떠나 만레사라 부르는 작은 도시로 여행했고, 그곳에서 끊임없이 기도하고 단식하고 구걸하며 가난한 순례자의 삶을 살았다. 그는 만레사에서 지내는 동안 하느님과의 심원한 일체감을 경험했고, 그러면서 자신이 하느님을 더욱 가까이 따르라는 부르심을 받고 있다고 확신하기에 이르렀다. 여러 달 동안 은둔 생활을 하면서 갈수록 심화되어 가는 기도를 체험하게 된 이니고는 마침내 예루살렘으로 길을 떠난다.

그는 예루살렘과 여타 지역에서 불행한 사건들을 겪고 나서 이 시대에 교회 안에서 가치 있는 일을 수행하자면 좀 더 교육을 받고 사제가 되지 않으면 안 되겠다는 깨달음을 얻었다. 그리하여 이전에 병사였던 그가 공부를 다시 시작하기로 결심하고 대학 도시인 알칼라와 살라망카를 거쳐 마침내는 파리로 가게 된다. 라틴어를 잘 몰랐던 그는 서른에 소년들과 함께 교실에 앉아 라틴어 수업을 받기도 했다.

이니고는 파리에서 공부하는 동안에도 금욕을 철저하게 실천하려는 뜻에서 초라한 옷을 입고 구걸을 하여 가난한 이들을 돕고 다른 학생들의 기도를 바쳐 주다 보니 많은 사람들의 주목을 받게 되었다. 그는 파리에 있는 동안 사람들이 하느님께 보다 가까이 다가갈 수 있도록 돕고자 하느님의 사랑과 예수님의 삶을 주제로 묵상서를 써서 완성하는데, 이는 후에《영신 수련》으로 알려지게 된다. 그에게서 이 수련법으로 지도를 받은 그의 새로운 동료 프란치스코 자비에르는 뒤에 가서 교회의 위대한 선교사들 가운데 한 사람인 프란치스코 하비에르 성인으로 더 잘 알려지게 된다. 이 무렵에 이니고 자신도 이름을 라틴어 발음에 좀 더 가까운 이냐시오로 바꾸었다.

이냐시오는 여섯 사람을 끌어 모아 탄탄한 모임을 만들었고, 이들은 하느님을 섬기는 일에 함께하기로 뜻을 모았다. 하지만 무슨 일을 할 것인지가 막연했다. 그래서 마침내 모임의 방향을 뚜렷하게 알려 줄 수 있는 교황을 찾아갔다. 결국 그들은 다른 무엇보다도 우선 '영혼들을 돕는다는' 목적 아래 예수님의 동반자회 Societas를 결성했다. 이냐시오는 이 동반자회가 인정받을 수 있게 하기 위해 힘겨운 시간을 감내했다. 우선 교회 지도층 가운데 일부 사람들이 그가 공동 기도와 엄격한 공동체 생활에 역점을 둔 전통적인 수도회를 창설하려 하지 않는다는 점을 못마땅하게 여겼기 때문이다. 하지만 이냐시오를 따르는 사람들(그들을 비판하는 자들이 조롱하는 뜻으로 붙인 '예수회원들')은 세상 한가운데서 활동하기를 원했다. 언제나 기략이 뛰어났던 이냐시오는 빈틈없이 처신하면서 힘을 지닌 교회 인사들에게 동반자회에 대해 긍정적으로 받아들여 달라고 설득했다.

이런 겸허한 노력들에서 예수회가 시작되었다. 새 동반자회가 교황의 인가를 받고 로마에 정착하고 나자, 이냐시오는 예수회의 회헌을 작성하고 사업 계획을 짜는 일에 착수했다. 그는 의욕적이면서 끈기 있는 사람이었다. 그는 또한 하느님의 뜻이면 무엇이든 따를 준비가 되어 있을 만큼 유연했다. 교회 공직자가 새 동반자회에 제동을 걸 때마다 이를 위해 싸웠다. 그런 가운데서도 만일 교황이 예수회를 해체하라고 명령할 경우 기도로 마음을 가라앉히고 그 길을 따르기까지는 15분이면 충분할 것이라고 말하곤 했다.

우리 수련자들에게 이냐시오 성인은 예수회원들의 귀감 그 자체였다. 총명하고 기도를 자주하고 어디에도 얽매이지 않은, 하느님의 뜻을 행하려는 자세가 된 사람이었다. 그는 '하느님을 위해, 하느님의 보다 큰 영광을 위해 ad majorem Dei Gloriam' 큰일들을 하려는 의욕이 있었다. 이것을 달리 표현하면 예수회의 '마지스 magis'(하느님을 위한 최선, 최고, 최대) 전통이었다. 이냐시오가 세속적인 야망을 교회를 위한 야망으로 바꾼 것이 가톨릭교회에 얼마나 큰 다행인지 모른다는 지적이 자주 거론되곤 했다. 그가 궁정 신하로서 지녔던 매력, 병사로서 보여 준 끈기와 용감무쌍한 기질로 인해 그는 예수회의 탁월한 초대 장상이 되었다. 그는 교회에 대해 순명을 서약했지만, 최종적으로 '안 된다'가 확인될 때까지 밀고 또 밀어붙였다. 그는 소홀히 다룰 수 있는 사람이 아니었고 초대 예수회원들 역시 마찬가지였다.

이냐시오는 굳센 의지의 소유자였다. 예수회와 기업 세계 사이에는 내가 처음에 생각했던 것 이상으로 큰 차이가 없는 듯 싶었다. 물론 목표는 달랐지만(돈을 향한 헌신 대 하느님을 향한 헌신) 이냐시오 성인은 GE에서도 훌륭하게 성공을 거두었을 거라는 생각이 드는 어떤 끈질김이 있었다. 이냐시오는 신비가로서도 대단히 실용적인 면이 있었다. 언젠가 수하 한 사람이 스페인에서 편지를 보내 왔는데 자신이 은인에게 돈을 부탁하는 일이 '바알에게 무릎을 꿇는 일' 아니냐고 했다. 즉 하느님의 섭리에 의지하기보다는 지나치게 현세적으로 행동하는 것 아니냐고 불만을 드러낸 것이다. 이냐시오는 요셉도 파라오 궁전에서 자신의 지위를 이용하여 자기 형제들을 도왔다는 점을 상기시켰다. 바오로 사도도 적들의 손아귀에서 벗어나기 위해 로마 시민권을 주장하지 않았던가? 이냐시오는 그에게 '지나치게 영적으로 기울어져' 있다고 말한다.

이처럼 실용적인 면을 지닌 이냐시오였지만 동시에 '은총의 선물인 눈물'이 쏟아지는 바람에 미사를 계속할 수 없는 경우가 잦았던 사람이기도 했다. 그는 자신이 실재하는 현실적인 인간 세계에서 살고 있음을 알고 있었다. 자신을 따르는 예수회원들에게 하느님의 보다 큰 영광을 위해 일하는 '행동하는 관상가'가 되도록 힘을 불어넣은 것은 바로 이런 이냐시오의 실용적인 신비가의 모습이 있었기 때문이다.

하지만 '보다 더'는 익혀야 할 갖가지 새로운 언어 '수도자'의 언어이자 예수회의 언어 가운데 하나일 뿐이었다. 심지어 수도회 회원을 지칭하는 '수도자'라는 낱말조차도 내게는 새로운 것이었다.

불과 몇 십 년 전만 해도 예수회의 양성은 대부분 라틴어로 이루어졌으며, 심지어 오락 시간이나 식사 시간에도 라틴어를 썼다. 덕분에 오늘날에는 예수회 생활이 자국어로 이루어지고 있음에도 불구하고, 라틴어는 흔히 뜻을 알기 어려운 예수회 용어들로 살아남아 있다. 1년차 수련자들은 프리미primi(이 말은 너무 일찍 태어난 조산아를 연상시켰다)고 2년차 수련자들은 세쿤디secundi로 통한다. 예수회원들은 마누알리아 외에도 수많은 라보란둠laborandum을 하곤 하는데, 이것은 밖에서 하는 비교적 힘든 노동을 말한다. 그리고 어떤 사람이 양성의 한 단계에서 다음 단계로 넘어갈 때, 다른 예수회원들이 내리도록 되어 있는 평가는 인포르마시오informatio다. 그런가 하면 '양성을 완료한' 예수회원이 있고 '양성 중에 있는' 예수회원이 있는데, 이런 말들은 교육을 받고 있는 우리가 '진흙 덩어리들'이라는 것처럼 들렸다.

수련 기간의 하루 일정은 여전히 오르도라 불렸다. 이제 곧 사제품을 받을 사람들은 오르디난디ordinandi고, 서원을 발하는 사람들은 보벤디vovendi로 통했다. 철학 공부를 끝내고 치르는 종합 시험은 데 우니베르사De Universa로 말 그대로 '만물에 관하여'였다.

이냐시오 성인이 좋아했던 개념 중 아제레 콘트라agere contra가 있는데 수련원에서는 이것이 곧잘 언급되곤 했다. 이 말은 누군가가 어떤 일을 하기 싫다는 강한 기분이나 저항감을 느낄 경우 비단 그 일을 해내기 위해서뿐 아니라 그가 보다 자유로워지고 보다 큰 '포용력을 지니는 데' 방해가 되는 어떤 것을 제거하기 위해서도 그 감정에 맞서 싸워야 한다는 뜻이었다. 예를 들어 나는 병원에서 근무하는 것을 끔찍하게 싫어했는데, 하루는 수련장이 나에게 '아제레 콘트라'를 생각해 보라고 권했다. 나는 그렇게 했고, 그 결과 이냐시오가 옳았다는 사실을 깨달았다. 그런 마음을 갖고 노력하다 보니 병원과 환자에 대한 온갖 잘못된 생각들에서 벗어나는 데 도움이 되었다.

각 관구장은 관구 동료를 뜻하는 소치우스socius의 보좌를 받았다(우리나라에서는 부관구장, 보좌역으로 불린다.-편집자 주). 공동체마다 장상이 있었고, 만일 커다란 공동체의 경우라면 로마에 있는 총장이 임명한 '수도원장rector'이 있었다. 대부분의 공동체에는 손님방들을 책임지는 '손님 담당자guestmaster'가 있었다. 일부 수련원에는 집안일들을 배정하는 '책임자beadle'가 있었다. (나는 이 말을 처음 들었을 때 "딱정벌레beetle라니오?" 하고 되물었다.) 비교적 큰 공동체에는 늘 장상 앞에 대기하고 있는 고문admonitor을 두기도 했다.

설상가상으로, 뉴잉글랜드 관구 카탈로그(라틴어로는 카탈로구스 프로빈치애 노배 앙글리애Catalogus Provinciae Novae Angliae)는 내가 들어간 지 2년이 지나서까지도 헤쳐 나가기 힘든 라틴어 덤불 그 자체였다. 이 카탈로그에는 뉴잉글랜드 관구에 소속된 모든 예수회원들의 배치 장소와 맡은 일이 수록되어 있었다. 그중 수련원을 다룬 페이지 '도무스 프로바시오니스 아루페 하우스Domus Probationis Arrupe House'에는 수련장이 이렇게 소개되어 있었다.

P. Gerald J. Calhoun-Sup. NN. a die 31 jul. 1985,
Mag. nov., Exam. candid., Conf. dom. et nov.

그 의미인즉, 칼훈 신부는 1985년 7월 31일부터 우리 수련원의 장상으로 재임했다. 그의 직분에는 수련장 역할과 수도원과 수련자들의 고해 사제 역할이 포함되었다. 그는 수도회 지원자들에 대한 심사도 담당했다.

관구 내의 모든 예수회원들은 'Index Alphabeticus Sociorum Ineunte Anno 1988' 뒷부분에 함께 실려 있었다. 이 기다란 알파벳순 색인에는 각자의 예수회 장상과 각자의 생년월일, 입회 일자, 종신 서원 일자와 함께 사제의 경우에는 서품 일자가 적혀 있었다. 그 이듬해에 나는 이 책 뒷장을 뒤져 Anno 1988 Ingressi 항목에서도 'Nostri in formatione 부분에 들어 있는 내 이름을 찾아냈다. 마치 정식 예수회원이 된 기분이었다. 거기에는 지난해에 세상을 떠난 예수회원들 명단과 수도회를 떠난 이들 명단, 그리고 새로 배치를 기다리는 이들의 명단도 있었다.

나는 또한 관구 카탈로그를 통해 수도회의 예수회원 모두가 사도직을 한 가지씩 지닌다는 사실도 알게 되었다. 너무나 몸이 아파 '적극적인' 사도직을 수행하지 못하는 이들도 '자신의 건강을 보살피는 직분'을 의미하는 curat valitudenem을 줄인 약자 Cur. val. 명단에 올라 있었다. 병원에서 죽음을 앞두고 있는 중환자 역시 '교회와 수도회를 위해 기도하는 직분'을 뜻하는 Orat pro

Eccles. et Soc. 명단에 수록되어 있었다. 나는 이런 발상이 마음에 들었다. 나이 든 예수회원 한 분은 나에게 철학 과정에서 남달리 담배를 즐기던 애연가 중 한 사람의 침대 머리맡에다 함께 사는 예수회 형제들 가운데 누군가가 교회와 수도회를 위해 담배를 피우는 직분Fumat pro Eccles. et Soc.이라고 적어서 붙여 놓은 적이 있었다고 했다. 다른 예수회원들도 위스키 마시기, 타임지 읽기, 텔레비전 시청하기Bib. Whisk., Lec. Temp., Vid. Tel. 같은 표제를 가지고 농담을 하곤 했다.

하지만 익혀야 할 것은 예수회 특유의 용어들만 있는 것이 아니었다. 2천 년에 걸쳐 내려오는 낯선 가톨릭 어휘들도 있었다. 성체포, 제의, 영대, 성구집, 준성사, 장백의, 성반, 향로, 성작 수건. 이상은 사물들에 해당했다. 그런가 하면 주교 대리, 부제, 보좌 신부, 제의방지기, 복사 등은 사람을 지칭하는 용어들이었다.

그리고 수도회들은 또 어떠한가! 베네딕도회, 도미니코회, 프란치스코회, 예수 고난회, 구속주회, 빈첸시오회, 성모 승천회, 설피스회, 성모 마리아의 종회, 살레시오회, 콘솔라타회, 바오로회, 피아리스트회, 마리스타회, 마리아의 오블라티회, 마리아의 전교자 프란치스코 수녀회, 예수 마리아 성심 전교 수녀회, 루르드 성모 수녀회, 노틀담 수녀회, 성심 수녀회, 성 요셉 수녀회, 사랑의

수녀회, 사랑의 딸회, 예수의 작은 자매회, 예수와 마리아의 작은 자매회, 가난한 이들의 작은 자매회, 성 글라라회, 몬트리올의 자비의 수녀회, 가말돌리회, 티 없으신 마리아 성심 수녀회, 프레몬스트라텐스회. (마지막 수도회 이름은 발음하기조차 힘들었다.)

하루는 세네갈에서 전화를 한다는 어떤 수녀에게서 전갈을 받아놓은 일이 있었다. 몇 시간 뒤에 데이비드 부수련장에게 전화 메시지를 전했더니 그가 물었다. "이게 무슨 말이지?"

그래서 내가 되물었다. "혹시 세네갈에 아는 사람이 있나요?"

부수련장이 말했다. "아무도 없어! 수녀가 분명히 세네갈이라고 하던가?"

"제 기억으로는 분명히 맞아요."

그러자 부수련장이 큰 소리로 웃기 시작했다. "그게 아니고, 세너클에서 전화를 한 거야!" 그는 숨도 제대로 쉬지 못하고 웃어 댔다. "세네갈이 아니야!"

"뭐요? 세너클이 뭐죠?"

그는 간신히 숨을 돌리고 말했다. "그건 수도회 이름이야. '이층방'에서 나온 명칭이라고."

"그렇군요." 나는 물론 말은 그렇게 했지만, 그때까지도 '이층방'이 무엇을 말하는지 까마득히 모르고 있었다. (최후의 만찬이 이루

보통 수준의 생활 방식 235

어진 장소였는데도 말이다. (루카 22,12 참조 - 편집자 주))

    수련기는 내가 나이 든 예수회원들에게 듣는 이야기들을 통해 예수회 역사를 배우기 시작하는 비공식적인 교육의 신호탄이기도 했다. 그런 이야기들은 일반적으로 "내가 수련자였을 때……." 로 시작되곤 했는데, 이것은 부모가 자녀들에게 "내가 너만했을 때……." 하면서 들려주는 이야기와 형태만 달랐지 내용은 비슷했다. 나는 몇 십 년 전에 있었던 수많은 무시무시한 이야기들을 들으면서 솔직히 깜짝 놀랐고, 우리의 수련기는 형편없다 싶을 정도로 느슨한 것처럼 보였다. '방문' 날에만 가족은 면회가 가능했고, 부모의 장례식에도 참석할 수 없었다는 이야기는 시시한 것에 속했다. 한 예수회원은 첫 서원을 발한 다음에 어머니가 돌아가셔서 기뻤노라고 말했다. 만일 서원을 발하기 전에 돌아가셨다면 장례식에 참석하지 못할 뻔했다는 것이다. 당시에는 수련자들이 '휴식 시간'에 단둘이서 거닐지 못하도록 금지되어 있었다. '특별한 우정'을 사전에 예방하기 위해 항상 세 사람이 함께 다니게끔 한 조치였다. 둘은 절대로 안 되고, 항상 셋이서 Numquam duo, semper tres. 그럼에도 불구하고 대부분의 경우 나이 많은 신부들이 이런 회고담을 이야기할 때 보면 향수와 건전한 비판이 반반씩 섞여 있곤 했다.

무슨 일이나 규칙이 정해져 있었고, 심지어 미국 예수회원들에게는 《관습서 Customs Book》까지 있어서 예수회원은 무슨 옷을 입어야 하고, 묘비는 어떤 모양으로 세워야 하고, 성탄 대축일과 부활 대축일, 그리고 예수회 성인들의 축일과 같은 특별한 전례 축일에 내놓을 음식은 무엇인지 세세하게 지시해 놓았다. (무슨 이유에선지 굴은 대단히 귀한 음식으로 취급했던 것 같았다.)

이런 관습들 가운데 많은 것이 폐기되었음에도 불구하고, 젊은 예수회원들은 여전히 낡은 제도 속에서 '양성된' 이들과 함께 살아가고 있음을 실감하곤 한다. 수련자가 신부에게 말을 걸 수도 없었던 시절을 기억하는 일부 신부들은 젊은 예수회원이 저녁 식탁에서 비아냥거리는 말을 할 때면 깜짝 놀라기도 한다. 내가 함께 한 수련원 공동체에는 스물세 살의 젊은이가 있는가 하면 일흔 살 된 분도 있었다. 나는 철학 과정 중에 나이가 여든다섯이나 된 (그러면서 놀랍게도 온종일 일을 하는) 분과 함께 생활했다. 실로 예수회는 이 나라에서 형제와 아버지와 할아버지들이 함께 살아가는 최후의 장소 중 하나인 셈이다.

제3부
늦게야 임을 사랑했습니다

늦게야 임을 사랑했습니다.
이렇듯 오랜, 이렇듯 새로운 아름다움이시여,
늦게야 당신을 사랑했습니다…….
부르시고 외치시어 귀먹은 제 귀를 고치시고,
비추시고 밝히시어 눈먼 제 눈을 낮게 해 주셨습니다.
임께서 향내음 풍기실 제 저는 맡고 임 그리며,
임 한 번 맛본 뒤로 배고픔과 목마름을 더욱 느끼옵고,
임이 어루만지시니 임의 평화를 열망합니다.

성 아우구스티노, 《고백록》

타고난 수도자

> 사람이 공상적인 생각들을 버리고
> 가난에 초점을 맞출 경우,
> 가면이 벗겨지고 자기 존재의 핵심이 드러나면서,
> 이내 그가 타고난 수도자라는 사실이 확연하게 밝혀진다.
> 그를 무한히 초월적인 하느님의 신비와 연결시키고, 그를 사로잡고,
> 그의 가난을 드러내는 절대자에 대한 한없는 관심과
> 다시 이어 주는 끈이 그의 존재 한가운데서 모습을 드러내는 것이다.
>
> — 요한네스 메츠, 《마음의 가난》

나는 안락한 (다행히 창문도 하나 있는) 사무실에서 재정 업무에 적응해 나가던 중에, 내가 맡은 가을철 사도직이 몹시 힘들다는 사실을 깨달았다. 케임브리지에 있는 유빌 병원은 중환자와 임종자들을 보살피는 곳으로 수련원에서 지하철(보스턴에서는 '기차')로 한

시간 거리에 있었다. 이곳은 캐나다에서 창설되어 다양한 신앙을 가진 사람들을 대상으로 병원 사목을 해 온 오랜 전통을 지닌 몬트리올 자비의 수녀회가 세운 병원이었다. 유빌에 입원한 환자들은 다발 경화증, 뇌 손상, 암, 에이즈 및 여타 질병들로 고생하고 있었다. 그들 가운데는 혼수상태에 있는 이들이 많았다.

나에게 배정된 부서에는 몬트리올 자비의 수녀회 수녀 세 사람과 프란치스코회 사제 두 사람 그리고 결혼한 평신도 남자 한 사람으로 구성되어 있었다. 이들은 친절하고 박학하기도 한 훌륭한 사람들이었고, 나는 그 가운데서도 어니라는 평신도와 매주 '성찰하는' 시간을 가졌다. 나는 어니와 대화할 때 주로 병원에 있는 것 자체가 내게 얼마나 힘겨운 일인지 토로했다. 죽음과 고통과 질병 속에서 지내는 데 따르는 심리적 고충도 견디기 힘들었지만 나를 정말로 못 견디게 만든 것은 그보다 훨씬 평범한 것들인 냄새와 눈에 들어오는 광경과 귀에 들리는 소리들이었다. 무엇보다 냄새가 참기 힘들었다.

나는 처음에는 무엇인가를 행하고자, '성취하고자' 마음을 단단히 먹었지만, 내가 그런 환경에서 할 수 있는 일이 사실상 아주 미미하다는 것을 금방 확인하게 되었다. 내 일은 환자들을 찾아가서 그들의 이야기를 들어주는 것이었다⋯⋯. 무슨 이야기든 간에. 환자가 말을 할 수 없는 경우에는 그냥 그들 곁에 앉아 있어야 했다. 내 평생 그토록 거추장스럽고 어색한 기분을 느껴 본 적이 없었다. 그리고 정말 난 쓸모가 없었다. 하지만 어니는 계속해서 나를 일깨워 주었다. 이곳에 있는 것 말고는 할 수 있는 일이 별로 없다는 사실을 깨닫는 것에 비하면 그런 어색한 기분은 아무것도 아니라는 사실을 깨우치는 체험의 일부라고. 그리고 이런 체험은 사람을 겸손하게 만드는 놀라운 기적이라고.

이곳 일은 내가 GE에서 했던 일과는 정반대되는 완전히 새로운 유형의 일이었다. 여기에서는 '실적'을 강조하는 일이 별로 없었다. 마감 시간도 없었다. 경쟁적이지도 않았다. 그렇다고 해서 원목실에서 나와 함께 일하던 사람들이 전문가가 아니었다는 말은 아니다. 그들은 사람이 큰 그릇이든 작은 그릇이든, 1순위든 2순위든 3순위든, 사람이 매달 할당량을 채우든 못 채우든 관심이 없을 뿐이었다. 그들은 자신의 일 속에서 하느님을 발견하는 데에 더 큰 관심을 가지고 있었다.

환자들은 물론 모두가 고통받고 질병을 감수하며 살아가기 위해 몸부림치지만 모양새는 놀라우리만큼 다양했다. 리타라는 여성은 유빌 병원에 20년 동안 입원해 있었다. 어니는 나에게 수많은 환자들의 병실에 들어갈 때마다 그들의 집에 들어간다는 점을 명심하도록 당부했다. 실제로 리타의 병실은 베개들이 있고, 침대 머리맡 선반에 촛불들이 놓여 있고, 세상을 떠난 가족들의 사진과 엽서들이 벽에 줄지어 붙어 있는 것이 여느 사람의 침실처럼 보였다. 물론 리타의 방에는 다른 병실 침대 세 개가 더 있고, 그 가운데 하나에는 혼수상태에 빠진 여성이 누워 있기는 했다. 성탄 대축일 몇 주일 전에 리타는 나더러 자기 옷장에 넣어 둔 장식품들이 담긴 먼지투성이 상자를 가져와서 자기 방을 꾸밀 수 있게 해 달라고 부탁했다. 장식물들은 그녀가 지난 20년 동안 테이프로 붙여 두었던 바로 그곳에 자리를 잡았다. 심지어 벽에는 마분지로 만든 크리스마스트리와 마구간 풍경, 천사들을 붙일 자리가 연필로 가늘게 표시되어 있기까지 했다. 리타는 오빠 둘이 예수회 소속인데다가 여동생 하나는 수녀였기 때문에 우리는 할 이야기가 아주 많았다. 그녀가 어느 날 선언하듯이 말했다. "예수회는 최고의 수도회예요."

글래디스라는 이름의 또 다른 환자는 암으로 죽어 가는 허약하고 연로한 분이었다. 그분의 침대보 밑으로 구불구불 뻗어 나온 관들과 선들은 똘똘 감긴 채 마룻바닥을 가로질러 모니터와 약물 주머니들로 연결되어 있었다. 글래디스 할머니는 매사추세츠의 작은 도시에서 교사로 일하다가 은퇴한 후에 하나뿐인 여동생과 함께 그들이 태어났던 집에서 살았다. 할머니는 결혼한 적이 없지만, 한때는 해군에 근무하는 연인이 있었다. 그래서인지 때로는 나를 자기 연인으로 잘못 알아보며 제복을 입은 내 모습이 정말로 멋져 보이고 내가 바다에서 돌아와 얼마나 행복한지 모르겠다는 말들을 하곤 했다.

스물다섯 살의 청년인 진은 열다섯 살에 오토바이 사고로 뇌에 심한 손상을 입었다. 그가 사용할 수 있는 것은 한쪽 팔뿐이었고, 그래서 그는 쭈글쭈글한 손가락들을 움직여서 자신의 휠체어와 연결된 작은 글자판에 큼직한 블록체 문자들을 쓰곤 했다. 그는 이런 방법으로 의사소통을 했다.

처음에 나는 침을 흘리는 그의 습관 때문에 지켜보기가 민망하여 그를 피하곤 했다. 하지만 금방 거기에 익숙해졌고, 그런 뒤로는 아주 많은 시간을 그와 함께 보냈다. 우리는 거의 날마다 산책을 나갔고, 나는 그가 글자판에 한 자씩 또박또박 써 내려가는 문자를 통해 대화를 나누었다. 진은 놀라운 유머 감각을 지닌 굉장한 친구였다. 그는 특히 간호사들을 놀리기 좋아했다. 그는 복도를 걸어 내려오는 나를 발견하면 반쯤 감긴 눈으로 생긋 미소를 띠며 고개를 뒤로 젖혔다. 이것은 그가 대화를 나눌 준비가 되어 있다는 신호였다.

유빌에 있는 환자들 대부분은 독특한 습관이 있어서 나는 처음에는 얼굴을 돌리곤 했지만 일단 육체적 충격을 극복하고 나면 그들의 진면목을 있는 그대로 바라볼 수 있었다. 그들은 그저 '환자들'이 아니라 한 인간이자 친구로 바뀌었다. 어니는 그들과 그냥 함께 있는 것이 굉장히 중요하다고 말하곤 했지만, 나는 글을 읽어 준다든가 음식을 먹여 준다든가 옷을 입혀 준다든가 휠체어를 밀고 구내 성당으로 데려다 주는 것처럼 그들을 위해 실제로 무엇인가를 '할' 때 더없이 행복했다.

하지만 때로 내 구역 환자들이 깨어 있지 않거나 물리 치료로 바쁠 때면, 나는 별로 할 일이 없어 지루해지곤 했다. 그래서 시간을 보내기 위해 원목실에 틀어박혀 오래된 잡지나 책을 읽기도 하고, 병원 주위를 서성거리기도 하고, 심지어는 현관 바깥으로 나가 난간에 몸을 기댄 채 울긋불긋 물들어 가는 케임브리지의 나무들을 바라보기도 했다. 그러나 얼마 지나지 않아 내가 '무슨 일인가를 한다'는 집념에 사로잡혀 있든 있지 않든 간에, 이것은 시간 낭비라는 사실을 깨달았다. 그래서 마침내 달리 할 일이 없을 때는 적어도 혼수상태에 있는 환자들 침대 곁에 앉아서 그들을 위해 기도라도 해야겠다고 마음먹었다.

유달리 힘이 들어 내가 병원 사도직에 전혀 맞지 않는다는 느낌이 드는 날도 종종 있었다. 새로 온 환자들과 친근한 분위기를 만든다거나 실의에 빠진 환자들과 대화를 나누는 일이 특히 힘들었다. 하지만 그들을 탓할 수는 없는 노릇이었다. 병원에 와서 명랑한 기분을 내고 싶어 하는 사람이 어디 있겠는가? 누가 한 번도 만나 본 적이 없는 사람에게 자신의 문제들을 털어놓고 싶어 하겠는가? 나라도 혼자 있고 싶어 했으리라는 점은 십분 짐작할 수 있는 일이었다. 결코 놀라운 일도 아니지만, 어쨌거나 유빌에는 자신이 그곳에 와 있다는 사실 자체에 분노하고 낙담하는 환자들이 많이 있었다. 개중에는 휠체어에 말없이 마냥 앉아 있거나 침대에 누워 이불자락을 움켜쥐고 흐느끼는 이들도 있었다.

금요일 오후면 우리는 '기도 모임'을 위해 모였고, 그 자리에서 모두가 다음 주일 복음 말씀을 읽고 의견을 나누었다. 이 오후 모임은 가끔 원목실 직원들 가운데 한 사람이 노래를 부르는 것으로 시작되기도 했다. 나는 환자들의 신앙생활에 무척 놀랐다. 그들의 신앙이 지극히 소박하거나 천진난만해서 놀란 것이 아니라 무척 어른스럽게 성장해 있다는 데 놀란 것이다. 그들의 신앙생활은 나보다 훨씬 더 깊이가 있었다.

한번은 복음 말씀이 십자가의 의미를 중점적으로 다뤘는데 다발 경화증을 앓는 도리스가 십자가는 자신이 타고 있는 휠체어를 생각나게 해 준다고 말했다. 그러면서 많은 사람들은 자기네 휠체어를 멍에이자 자신의 나약함을 일깨워 주는 부담스러운 짐이자 자신을 기운 빠지게 만드는 물건으로 바라본다고 했다. 그리고 그것은 분명한 사실이지만 거기에서 끝나지는 않는다고 말했다.

"저에게 이것은 제가 모든 일을 하는 데, 돌아다니고 사람들을 만나고 자신감을 얻는 데 도움이 됩니다. 이 휠체어가 없었다면 제 삶은 정말로 암울해지고 말았을 거예요." 그녀의 말이었다.

나는 그녀의 통찰에 놀라지 않을 수 없었다. 그것은 완전한 진실이었고 예수님께서 복음서들에서 밝혀 보인 진리가 그러했듯이 더없이 놀라운 것이었다. 내가 그때까지 들어 본 십자가에 대한 어떠한 설명보다 훌륭했다. 내가 천 년을 묵상한다고 해도 그보다 더 훌륭한 통찰을 얻어낼 수 있을 것 같지 않았다.

병원에서 하루 일과를 끝내고 싸늘한 가을날 오후에 하버드 광장을 걸어서 지나 찰스 리버에서 '기차'에 몸을 싣고 나면 생각에 잠기기에 아주 좋았다. 내 삶이 불과 몇 달 사이에 얼마나 많이 변했는지 믿어지지 않았다. 나는 병원에 나가 중병을 앓는 사람들 사이에서 일하고, 날마다 죽음과 고통을 마주 대하고, 일주일에 일곱 번 미사에 참여했다. 그리고 어스름한 저녁 햇살을 받으며 '기차'에서 내려 공영 주택 단지 옆을 돌아 도미니카인과 푸에르토리코인들이 운영하는 음반 가게와 셀프서비스 세탁소와 식료 잡화점들을 지나, 커다란 본당 건물 옆을 통과하여 따뜻한 우리 집으로 들어가, 미사에 참석하기 위해 계단을 올라 조용한 실내 성당으로 들어가곤 했다.

어니와 나는 친구가 되었고, 그래서 어느 날 저녁에는 저녁 식사를 대접하기 위해 그의 가족을 수련원으로 초대했다. 그는 아내와 열한 살 난 아들 가브리엘을 데리고 아루페 하우스로 왔다. 가브리엘은 수련원에 흠뻑 빠져들었고, 우리의 냉장고에 탄산음료들이 가득 차 있는 것을 보고 감탄사를 연발했다. 사실 이 점은 수련원 내부에서도 논쟁거리가 되었다. 열 가지나 되는 다양한 종류의 탄산음료들을 마시고 산다는 것은 소박한 생활 양식에 어긋난다고 생각하는 이들이 있었다(여기에는 나도 포함되었다). 하지만 대부분은 열세 사람이 이 정도의 탄산음료를 마시는 것은 조금도 놀랄 일이 아니라고 반박했다(여기에는 수련장도 포함되어 있었는데, 그가 유일하게 다수결을 내세운 것은 이 경우뿐이었다). 어쨌거나 가브리엘은 그 냉장고를 열어 보고 눈이 휘둥그레지면서 소리쳤다. "와! 이 탄산음료들 좀 봐! 나도 여기서 살아야겠다!"

"그래?" 우리가 냉장고 앞에 서 있을 때 내가 말했다. "네가 이곳에 살려면 넌 가난해져야 하고 돈 한 푼도 가질 수 없게 된단다."

가브리엘은 조용히 손익 계산을 해 보더니 말했다. "그래도 좋아요. 전 항상 돈이 없는 걸요, 뭘."

"거기다가 여자 친구도 사귈 수 없고 수련장님의 말씀은 무엇이든 다 듣고 순종해야 한단다."

"지금도 여자 친구는 없어요. 그리고 어차피 부모님 말씀을 들어야 하는 걸요." 그러고는 잠시 동안 곰곰이 생각해 보더니 덧붙였다. "여기 들어오는 게 좋겠어요. 탄산음료를 공짜로 마실 수 있잖아요!"

실제로 우리는 모든 것을 풍부하게 누리는 것처럼 보였다. 때로는 내가 '진정한' 가난으로 생각했던 어떤 것을 생활로 실천하지 못하는 것 같아 실망하기도 했다. 떨어지지 않는 탄산음료와 간식거리(이것은 가난한 이들은 말할 것도 없고 중산층 사람들도 대부분 누리지 못하는 호사였다) 외에도, 우리는 잘 먹고 안락한 집에서 살고 있었다. 하지만 나는 이것이 필경 이냐시오가 의도했던 것과 크게 동떨어진 삶은 아니었다는 사실을 인정해야 했다. 그는 회헌에서 "생활 방식은 보통 수준으로 한다."라고, 다시 말해서 우리 주위의 사람들과 같도록 한다고, 명시했다. 그리고 우리는 대부분 그의 공식 견해에 따라 생활했다. 그럼에도 예수회의 가난에 대한 자신의 생각과 예수회 생활 속에서 실천되고 있는 그것에 때로 차이가 있다고 보는 몇몇 수련자들은 이 문제로 당혹스러워하곤 했다.

하지만 나는 그 외에는 수련원에 대한 불만이 많지 않았다. 나는 그곳 생활이 즐거웠고, 기업체를 떠날 수 있어 행복했다. 또 하나 좋은 점은 위장도 그다지 문제를 일으키지 않았다는 사실이다. (입회하고 나서 몇 달 후 한 친구가 물은 적이 있었다. "네 배 속은 수련원이 좋은가 본데, 어떻게 된 거야?")

수련기는 자신을 살펴보기에 아주 좋은 시간이었다. 아루페 하우스는 뒤로 물러나서 사물을 보되 무엇보다도 성찰하기에 알맞은 장소였다. 성찰한다는 말은 완벽한 단어였다. 나는 잔잔한 연못처럼 고요한 상태에서 지난날 내게 일어났던 일들을 내 가족과의 체험들, 내 친구들, 내 직장 생활, 나의 욕구와 사랑과 좌절들을 되새겨 보고 그것을 기도 중에 하느님 앞에 바쳤다.

나는 또한 예수회가 완벽하지 않다는 것을 서서히 깨달아 갔다. 정말 거룩한 예수회원들도 많았지만, 수도회 바깥이었다면 아마 함께 살 생각을 하지 않았을 사람들도 있었다. 모든 인간 조직체가 다 그렇듯이, 예수회원들에게도 나름대로 문제가 있었다. 나는 그 점에 무척 놀랐지만, 되돌아보면 그럴 필요가 전혀 없었다. 토마스 머튼도 《칠층산》에서 그 점을 지적하며 이렇게 기록했다.

사람이 예수회든, 프란치스코회든, 시토회든, 카르투지오회든 수도 생활로 부름받았음을 확인시켜 주는 가장 절박하고 중요한 일차적 시금석은 모두가 다소를 불문하고 불완전한 공동체 안에서 생활하는 삶을 받아들이는 흔연한 마음가짐이다.

여기에는 물론 자기 자신도 포함된다. 예를 들어 가난에 대한 나의 반응들은 수도회 안의 몇 가지 실질적인 문제들을 성찰한 데서 비롯되기도 했지만, 순간적으로 받은 몇 가지 인상들을 토대로 판단하려 드는 내 자신의 성향에서 비롯된 것이기도 했다.

토마스 머튼은, 수도원에서 처음 몇 년을 보내면서 '최초의 열정'이, 수도 생활에 대한 그의 낭만적인 생각이 어느 정도 가라앉은 반면에 신앙은 계속 심화되고 있을 때 썼던 《요나의 표징》에서, 이 같은 깨달음을 비교적 상세하게 다루고 있다. 그는 장상들(특히 자기 장상들)과 작업, 날씨, 음식, 벌레(우리 아루페 하우스에는 다행히 방충망은 있었다)를 비롯하여 수도 생활 전반에 걸쳐 끊임없이 불만을 토로한다. 덕분에 수련기 동안 그의 책을 읽으면서 나는 이상주의와 현실주의에 근접하는 어떤 것 사이의 틈새를 메우는 데 도움을 얻을 수 있었다.

예를 들어 나는 우리 수련장이 인정 많은 사람이고 훌륭한 예수회원이며 탁월한 영성 지도자면서도 집안일들에 있어서는 신병 훈련 교관과 비슷한 면도 없지 않다는 사실을 발견했다. 우리가 마누알리아를 할 때면, 창문 가리개는 정확한 높이(절반)로 내려야 했고 부엌 청소는 특수한 방식에 따라 해야 했다. 찬장들은 항상 닫혀 있어야 했고, 식탁은 일정한 방식으로 놓여 있어야 했으며, 식당에는 신문을 가지고 들어올 수 없었다. 이런 것은 커다란 공동체에서 질서를 유지하자면 어느 정도 필요했고 집 안을 생활하기에 보다 쾌적한 곳으로 만들어 주기도 했다. 하지만 나에게는 성가신 일이었다.

설상가상으로 나는 걸핏 하면 일을 까먹기 일쑤였고 게다가 이제는 나 혼자 아파트에서 살지 않다는 사실을 곧잘 망각하면서 도지곤 하는 버릇들 몇 가지가 수련장을 끝없이 괴롭히곤 했다. 내가 스탬퍼드에서 일할 때는 내 자동차 열쇠를 외투 호주머니에다 넣어 두는 것이 제대로 간수하는 최선의 방법이었다. 그래서 몇년 동안 무의식적으로 그렇게 해 왔다. 하지만 수련원에서 똑같은 행동을 한다는 것은 곧 공동체의 차량 열쇠들이 걸핏 하면 내 외투 호주머니 속으로 사라지게 한다는 것을 의미했다. 하루는 열쇠를 넣고 유빌 병원에 갔다가 돌아와 보니, 수련자 한 사람이 그날 허락을 받아 차를 쓰기로 되어 있었다. 그가 내 건망증에 불같이 화를 낸 것은 당연했다.

나와 수련장 사이에 말썽거리가 된 것은 비단 차량 열쇠 관리만이 아니었다. 내가 본래부터 지녔던 기업체의 사고방식이 곧잘 튀어나와 예수회의 '일 진행 방식'과 마찰을 일으킨다는 사실을 가끔씩 깨닫곤 했다.

일례로, 10월에 수련장은 나에게 수련원 실내 성당과 관련된 공동체 회의를 '추진하라'는 지시를 내렸다. 수련원이 비교적 새 건물이라서, 실내 성당은 여지껏 내부 장식을 하지 않은 상태였다. 수련장은 토의할 안건 몇 가지를 제시했다. 성당에 스테인드글라스를 달아야 할 것인가? 벽에도 좀 더 장식을 하는 것이 좋을까? 음악 테이프를 활용할 수 있는 스테레오 장치를 하는 것이 어떨까?

GE에서 수많은 모임을 주재했던 나로서는 이런 회의를 이끄는 일은 아무것도 아니었다. 우리는 안건을 하나씩 차례로 논의했다. 그리하여 한 시간도 채 안 걸려서 성당이 어떤 모습을 갖추어야 하는가에 대한 명확한 결론이 나왔다. 물론 성당에 관한 최종 결정권은 수련장에게 있다는 것을 알고 있었는데, 놀랍게도 수련장은 회의 내내 별 말이 없었다. 이처럼 많은 사람들이 모여 이런 문제들을 이토록 짧은 시간에 결정할 수 있었다는 것은 대단한 성과로 보였다. 그래서 나는 나의 효율적인 일 처리로 어느 정도 칭찬을 받을지도 모르겠다고 생각했다.

이튿날 수련장이 나를 보자고 했다. 나는 회의에 관해 칭찬하려고 그럴거라 믿어 의심치 않았다. 그는 나에게 회의가 잘 되었다고 생각하느냐고 물었다.

칭찬하는 방법치곤 이상하다는 생각이 들었다.

나는 그렇게 생각한다고 대답했다.

"나는 그렇게 생각하지 않네." 그가 말했다. "자네도 알다시피, 이야기할 기회도 갖지 못한 사람이 여럿이었어."

이게 무슨 소리지?

"모든 사람의 의견을 듣지 못했다는 말이네, 짐. 지난밤에 한마디도 하지 않은 사람들이 있었다고."

그것은 그들의 문제가 아니었을까? 나는 의아했다.

분명히 이건 아니었다.

수련장이 설명했다. "자네도 알다시피 우리가 회의에서 무엇인가를 결정하는 것보다는 토의를 하면서 서로의 생각을 알아내는 것이 더 중요한 거야."

"하지만 어떤 결정에 도달하는 것이 문제의 핵심 아닌가요?"

"반드시 그런 건 아냐." 그가 말했다.

나는 그의 요지를 알 수 있었다. 그는 공동체 회의에서 토의가 지니는 고유한 가치를 말하고 있었다. 하지만 불행히도 이것은 때로는 실질적인 결정에서 멀어진다는 것을 의미하기도 했다.

실제로 그런 식의 회의에서 결정된 사안들은 결코 실천으로 옮겨지지 않았다. 수련장은 결국 성당을 어떻게 꾸며야 할지 결정했고, 그 결정은 회의에서 나온 추천 사항들과는 많은 면에서 정반대로 드러났다. 나는 토의의 가치를 인정하면서도 행동 역시 중요하다고 생각했다. 수련원도 미국 기업체에서 무엇인가를 배울 수는 없는 것인지 의문이 들었다.

또한 수련자가 되면 어느 정도의 퇴행은 불가피하게 되어 있었고, 그래서 나는 때때로 내가 사춘기로 돌아간 것 아닌가 하는 느낌을 받곤 했다. 내가 늘 십 대 취급을 받았다는 말은 아니지만, 많은 성인들이 당연시 여기는 일들을 일일이 허락을 받아야 한다는 것은 상당한 충격으로 다가왔다. 공동체 차량을 사용하고, 56킬로미터 이상을 여행하고, 신발을 새로 사면서 돈을 청구하는 일들이 그랬다. 이런 일들에다 여러 가지 일을 이렇게 저렇게 해야 한다고 일일이 지시를 받다 보니, 우리 수련자들이 말하는 이른바 '유아화infantilization' 현상이 발생했다. 이전에 나름대로 자신의 삶을 주도해 왔던 사람들이라 더욱 그랬다. 일례로 톰은 성공한 사업체를 경영하던 사람이었다. 조지는 전 세계 여러 공군 기지에서 생활했고, 알라스카에서는 젊은 평신도 단체인 예수회 자원봉사단과 1년 동안 함께 일하기도 했다. 마이클은 교구 사제로서 많은 본당을 맡아 운영했던 사람이었다. 우리 가운데 어린아이는 아무도 없었다. 그럼에도 우리가 그런 대접을 받는다는 느낌이 종종 들었다. 아무튼 그것은 익숙해져야 하는 일이었고, 예로부터 어디에서나 수도회 수련자들이 불평하게끔 되어 있는 사안이었다. 물론 이런 일들은 '순명'이라는 이름하에 이루어지는 경우가 많았고, 비록 지성적으로나 영성적으로 그 취지를 이해는 했지만, 통제를 받기에는 너무나 커 버린 내 자신의 자존심은 그로 인해 어려움을 겪어야만 했다.

그렇다고 내가 나의 삶에 관해 입을 닫고 있었거나 (사실 나는 GE에 있을 때보다 예수회에 들어와서 말을 더 많이 했다고 생각한다) 한결 정성껏 귀를 기울이게 된 것은 아님에도 불구하고, 순명은 내 인생에 확실한 변화가 있었음을 보여 주었다. 그 점에서는 청빈도 마찬가지였다. 나는 배를 곯고 다니지는 않았지만, 내가 살아가는 방식에는 뚜렷한 차이가 있었다. 한 달에 35달러로 할 수 있는 일, 볼 수 있는 영화, 살 수 있는 책, 즐길 수 있는 음식은 제한되어 있었다.

강추위가 보스턴을 강타하던 날, 나는 집안의 '내무부 장관' 즉,

현금을 다루는 예수회 수사를 찾아갔다. 모자를 사야 했기 때문이다. 그는 얼마가 필요하냐고 물었다. 내게는 신용 카드가 없었고, 그래서 돈을 넉넉하게 가지고 가서 상점에서 모자를 사고 남은 돈은 돌려주면 되겠거니 생각했다.

"한 30달러만 주세요." 내 말이 떨어지기가 바쁘게 그는 5달러짜리 수표를 내밀며 나머지는 내 용돈으로 충당하라고 말했다. 이런 식의 제약은 내가 호주머니에 30달러를 넣고 갈 때보다 훨씬 검소하게 처신하도록 강요하고 있음은 말할 필요도 없었다. 내가 케임브리지에서 찾아낼 수 있었던 것은 10달러짜리 양모 베레모가 전부였다. 내가 돌아왔을 때 그가 물었다. "남은 돈은 없어요?"

나는 또 당장 여러 개의 신용 카드를 해지하기로 했다. 물론 나는 신용 카드로 물건을 구입할 생각은 하지 않았다. (그랬다가 어떻게 대금을 갚겠는가? 한 달에 35달러로는 연간 서비스 요금을 지불하기도 벅찼다.) 실제로 나는 신용 카드들을 없애고 그래서 내 생활을 좀 더 단순하게 만든다는 것이 마음에 들었다. 그래서 어느 날 아침 강화 모임이 끝난 후 나는 아메리칸익스프레스에 전화를 걸어 내 계좌를 해지해 달라고 했다. 고객 서비스 담당자는 내 카드 번호를 물었고, 이어서 그가 컴퓨터를 두드려 내 계좌를 찾는 소리가 들렸.

그가 말했다. "오, 마틴 씨, 그동안 우량 고객이셨군요. 그런데 왜 카드를 해지하시려는 거죠?"

맙소사. 나는 아메리칸익스프레스에 수도 생활을 설명하고 싶은 생각은 추호도 없었다.

나는 애매모호하게 말했다. "제가 수도회에 들어왔거든요. 그리고 돈도 별로 없고요. …… 청빈 서원을 했기 때문에……."

"수도회라고요? 어느 수도회죠?" 그가 물었다.

"예수회요."

"정말입니까? 제 영성 지도 신부님도 예수회원이랍니다!"

그런가?

"혹시 캠피언 센터에 가 본 적이 있으십니까?" 그가 물었다.

"예, 그럼요."

"저는 피정 때마다 그곳에 갑니다. 저도 예수회를 무척 좋아합니다. 그렇다면 지금 보스턴에서 전화하고 계시겠군요, 그렇죠? 손님께서는 뉴잉글랜드 관구 소속이실 테고, 맞죠? 그럼 잘 들으세요. 저도 청빈 서원에 대해 잘 압니다. 그래서 손님의 계좌를 사용 중지로 처리해 놓겠습니다. 만일 이걸 살리고 싶으시면 저희에게 전화만 주시면 됩니다. 아시겠죠? 그리고 저를 위해서도 한 번 기도해 주십시오."

"물론입니다. 고맙습니다." 대단한 서비스였다.

또 다른 변화는 수련원에서 강조하는 자기 성찰에서 비롯되었다. 자기 성찰은 때로 자신을 우주의 중심으로 생각하는 비뚤어진 자아관으로 이어질 수도 있었다. 이것은 개인을 별로 중시하지 않는 GE의 생활과는 정반대였다. 물론 이곳은 수도회로서 성찰과 기도가 필요할 뿐 아니라 중요하기도 하지만, 그런 것까지 성찰해야 한다면 성찰할 것이 너무나 많은 것 아닌가 하는 생각이 고개를 들기 시작했다. (그때는 내가 아마도 지겨운 수도승이 되어 가는 것 같다고 생각하던 시점이었다.) 우리는 매주 일대일로 지도를 받으며 우리의 기도에 대해 논의했고, 우리의 수업 담당 지도자와 매주 면담했으며, 매달 수련장과 면담을 가졌고, 강화 모임에서 배운 내용을 토의하는 '성찰 시간'을 매주 가졌다. 우리가 수련원 바깥에서 일하는 시간은 일주일에 10시간에서 15시간밖에 되지 않았기 때문에, 우리 생활의 대부분은 수련원에서 수련자들과 함께 보냈다.

자칫하면 우리는 자기 자신을 미천하게 생각할 소지가 있었다. 바로 자기 성찰이 자신의 단점들과 약점들을 보다 절실하게 깨닫도록 해 주기 때문이다. 물론 유익한 부분도 있었다. 자신의 약점을 솔직하게 받아들이는 것은 영적 성장과 좀 더 깊은 겸손으로 이어질 수 있었다. 예를 들어 나는 내가 다른 이들에게 좋은 인상을 주는가 그렇지 못한가에 지나치게 신경 쓴다는 것을 깨달았다.

이것은 영성 생활에서는 교만으로 여겨지는 것이었다.

그런가 하면 수련원의 온실 같은 분위기가 종종 자기 자신을 미천하게 생각하도록 만들기도 했다. 사소한 실수들이 중요한 영적 문제로 확대되는 경우가 가끔 있었다. 내가 모임을 주도하고 싶어 하는 것이 혹시 지나치게 '지배적인' 성격 탓은 아닐까? 내가 걸핏 하면 찬장 문을 열어 놓고 다니는 것이 혹시 '수동적-공격형'이기 때문은 아닐까? 어쩌면 나는 지배적인 데다가 또한 수동적-공격형일지도 모른다! 그러나 달리 보면 전자의 경우는 내가 효율적이라고 볼 수도 있었고 후자의 경우에는 건망증이 원인일 수도 있었다. 결국 수련원에서 수련자들에게 요구한 것은 기도에 맞들이고 자아에 눈을 뜨고, 부주의한 행동과 자기도취적 시선에서 의식적으로 균형을 유지하라는 것이었다.

마침내 추수 감사절이 돌아왔다. 수련자들 가운데 몇몇은 처음으로 가정을 떠나서 추수 감사절을 맞이하는 셈이었고, 나 역시 집에 가고 싶어질 거라 생각했다. 물론 가고는 싶었지만, 막상 닥치고 보니 보스턴에서 지내는 것도 즐거웠다. 지난날 추수 감사절에는 한 번도 그래 본 적이 없었는데, 이번에는 일을 하면서 보냈다. 그날 나는 유빌 병원에 나가서 환자들을 돌아보았다. 출근한 병원 직원들이 거의 없어서 병원은 텅 비어 고요했다.

친척들과 친한 친구들이 이미 세상을 떠났거나 발길을 끊어 버린 탓에, 내가 추수 감사절에 찾아온 유일한 방문자가 된 환자들이 여럿 있었다. 나는 내가 아는 사람들을 돌아보고 글래디스 할머니와 한동안 자리를 같이했다. 우리는 뉴욕에서 메이시스 백화점이 주관하는 추수 감사절 행진을 텔레비전으로 구경했다. "저것 좀 봐요." 글래디스 할머니는 유달리 화려한 풍선이 화면에 비칠 때마다 내게 말하곤 했다. 할머니는 몇 분 동안 잠에 빠져들었다가 깨어나면 내가 자신과 함께 있기 위해 해군에서 휴가를 나와서 얼마나 행복한지 모른다고 말했다. 나는 지난해에 메이시스 백화점에서 실습생으로 근무한 한 친구가 뽀빠이의 애인 올리브의 인형 풍선을 조종했던 이야기를 할머니에게 들려주었다. 그들이 맨해튼에서 바람이 세차게 부는 네거리에 당도할 때마다 올리브의 거대한 발이 사람들의 머리 위로 쏠리곤 했고, 그때마다 사람들이 공포에 질려 몸을 움츠리곤 했다는 이야기였다. 글래디스 할머니는 깔깔 웃다가 잠에 빠져들더니, 다시 깨어나서 나를 보고 깜짝 놀라며 내가 와 주어서 얼마나 고마운지 모른다고 말하는 것이었다. 내가 언제 다시 배 타고 나갔던가?

우리가 담당 구역에서 사도직을 수행하고 나서 (노숙자 쉼터에서 일하는 수련자도 있었고, 에이즈 호스피스에서 일하는 이도 있었으며, 빈민 공영 주택 단지에서 일하는 이도 있었고, 병원에서 일하는 이도 있었다) 집으로 돌아오니, 수련장과 부수련장이 뉴잉글랜드식으로 거창한 추수 감사절 식사를 준비해 두었다. 굴로 속을 채운 갈색 빵도 나왔다. 우리는 저녁 식사 전에 실내 성당으로 가서 추수 감사절 전례로 경축 행사를 가졌다. 이 성당은 며칠 후면 내부 장식을 하여 대림 시기를 맞이하기로 되어 있었다.

나는 대림 시기의 분위기에 푹 빠졌다. 물론 자라면서 항상 성탄 대축일을 즐겁게 보내곤 했지만, 이제는 12월 25일을 네 주일이나 남겨 둔 시점부터 매일 미사에서 듣는 놀라운 말씀들로 자양분을 얻고 부족한 것을 채워 나가고 있다. 가브리엘 천사가 갑자기 찾아와서 마리아에게 들려주는 감미로운 인사말, 광야에 나타나 이스라엘에게 회개를 촉구하는 요한 세례자, 다윗의 가지에서 멋진 새싹이 움터 나리라고 말하는 예레미야, 그리고 내가 좋아하는 구절로, 메마른 땅이 옥토로 변하고 골짜기가 메워지고 언덕들이 평지가 되리라는 이사야의 장엄한 예언.

> 그때에 눈먼 이들은 눈이 열리고
> 귀먹은 이들은 귀가 열리리라.

타고난 수도자 **263**

그때에 다리 저는 이는 사슴처럼 뛰고
말 못하는 이의 혀는 환성을 터뜨리라.

　이처럼 아름다운 말씀들은 수련원에서 마련하는 갖가지 성탄 맞이 준비 작업, 대림환에 촛불들을 밝히고, 선물들을 사고, 크리스마스트리를 장식하는 일들을 한결 더 의미 있고, 한결 더 무게 있고, 더없이 아름답게 만들어 주었다.
　사실 나는 대림 시기에서 성탄 시기, 사순과 부활 시기, 성령 강림 대축일을 거쳐 연중 시기로 이어지고 다시 대림 시기로 시작하는 전례력 내내 이런 기분을 느끼곤 했다. 예수님의 생애를 따라가는 전례력의 조용한 흐름은 내 삶에 새로운 박자와 새로운 리듬을 불어넣었다. 그해에 우리 공동체가 맞이했던 교회의 큰 축일들과 거룩한 날들은 저마다 미사를 통해 기억에 남는 아름다운 말씀들을 들려주곤 했다. 수련원에서 몇 달을 보내고 나자, 언제부턴가 성인들, 특히 예수회원 성인들의 축일이 기다려지기 시작했다. 그리고 그날이 되면 우리는 미사 때 그분들을 위해 특별한 기도를 바치고 강론을 통해 그분들이 살아간 삶의 이야기를 듣곤 했다.
　대림 3주일에는 수련자들이 캠피언 센터로 관구 요양소를 찾아가 연로한 예수회원들을 위해 캐럴을 불러 드렸다. 내가 요양소에 들어가 본 것은 그때가 처음이었고, 6월에 피정을 한 이후로 캠피언 센터도 처음 와 본 셈이었다. 예수회원들은 훌륭하게 보살핌을 받고 있었지만 너무나도 많은 분들이 병에 시달리는 모습을 보니 마음이 쓰라렸다. "이분은 더없이 훌륭한 교사셨지요." 한 간호사가 늙고 병들어 주름투성이가 된 사제를 휠체어에 태우고 밀고 가면서 뒤따르는 내게 한 말이었다. 이 요양소에 있는 예수회원들이 살아온, 그리고 살아갈 봉사의 세월을 생각하니 마음이 숙연해졌다. 관구 카탈로그에 그들의 사목을 '수도회와 교회를 위해 기도하는 직분'으로 열거해 둔 대목이 기억났다.

실제로 이전의 예수회 총장 페드로 아루페 신부도 그 당시에 뇌졸중으로 쓰러져 로마에 있는 예수회 요양소에서 마지막을 기다리고 있었다. 그는 뇌졸중을 일으킨 직후에 이렇게 기록했다.

> 그 어느때보다 더 내 자신이 하느님의 손에 맡겨져 있음을 깨닫는다. 이것은 내가 젊은 시절부터 평생토록 바랐던 것이다. 이제는 주도권이 전적으로 하느님께 있다. 내 자신이 이토록 철저히 하느님 안에 있음을 알고 느끼는 것은 정말로 심오한 영적 체험이다.

우리 수련자들은 이와 비슷한 정서 속에서 그분들을 위해 노래를 불렀다. 많은 분들이 기뻐하는 기색이 역력했다. 연로한 예수회원 한 분은 우리가 방에 들어서자 말했다. "양 떼의 희망Spes gregis."

하지만 즐겁게 해 드리기가 무척 힘든 분들도 있었다.

간호사 한 명이 보스턴 어투로 말했다. "여기 좀 보세요, 신부님. 여기 수련자들이 신부님한테 캐럴을 불러 드리려고 왔어요!"

"안녕하세요, 신부님." 우리가 인사했다.

그러자 그분은 이렇게 대꾸했다. "난 이 관구에서 제일 나이 많은 신부라고."

"신수가 훤하시네요." 조지가 공손하게 말했다. 조지는 수련원에 들어오기 전에 이 요양소에서 몇 달 동안 일을 한 사람이었다. "신부님, 캐럴을 불러 드릴까요?"

"난 뉴잉글랜드 관구 전체에서 제일 나이 많은 예수회원이야. 난 아흔넷이나 먹었다고!"

조지가 맞장구를 치며 물었다. "네, 맞아요, 캐럴을 몇 곡 들려 드릴까요?"

우리는 대답을 기다렸다.

"전에는 나보다 나이가 더 많은 이가 있었지." 그분은 잠시 숨을 고르고 말했다. "그런데 그이가 죽어 버렸어!"

그분은 고소하다는 투가 역력한 표정으로 이 말을 했고, 그래서 우리는 웃지 않을 수 없었다. 이 예수회원은 캐럴을 들을 필요가 없는 것이 분명했다. 그분은 고령에 이르도록 이룬 업적에서 성탄 대축일의 기쁨을 충분히 끌어냈다.

며칠 후 지독하게 추운 날 아침에, 수련자들은 차 한 대에 몰아타고 보스턴에서 서쪽으로 두 시간 거리에 있는 소도시 스펜서로 트라피스트 수도원을 찾아갔다. 나는 토마스 머튼의 저서들을 통해 트라피스트 수도승들에 관해 많이 읽었기 때문에 더욱 들뜬 마음으로 여행길에 올랐다. 사실 이곳 수도원은 애당초 머튼이 몸담았던 켄터키 대수도원의 분원으로 설립된 곳이었다. 이 성 요셉 수도원의 수련장은 이전에 예수회원이었을 뿐 아니라, 우리가 알기로는 유다교에서 개종한 사람이기도 했다.

성 요셉 수도원은 자급자족을 위해 전례복들과 함께 잼과 젤리를 판매했다. 잼은 '트라피스트 잼'이라는 상표를 달고 지역 슈퍼마켓에서 팔렸다. 나는 그들에게 선물로 땅콩버터 한 통을 가져가되 단지에다 조그맣게 '예수회 땅콩버터'라는 상표를 만들어 붙이자고 제안했다. 하지만 그 제안은 수련장에게 퇴짜를 맞았다. 우리가 그 대신 가져간 것은 작은 크리스마스트리였다.

가서 보니 트리는 그들에게 전혀 필요가 없었다. 돌로 지은 수도원 건물들은 수백 제곱킬로미터에 달하는 삼림 지대에 세워져 있었고, 때가 12월 말이어서 숲은 온통 눈으로 뒤덮여 있었다. 우리가 정문 입구에다 차를 세웠을 때 눈보라가 휘날리고 있었다. 그곳은 참으로 아름다운 장소였고, 나는 이런 환경이라면 기도에 굉장한 자극제가 되겠구나 하는 생각이 들었다.

흰색과 검정색이 조화를 이룬, 독특한 트라피스트 수도복을 입은 한 수도승이 우리에게 수도원을 구경시켜 주었다. 양말을 신지 않고 샌들만 신은 그의 발이 유독 눈에 띄었다. 우리가 그와 함께 돌로 된 기다란 회의실 또는 응접실에 앉아 있을 때 그가 일과 기도로 이루어지는 트라피스트 생활에 관해 이야기해 주었다. "기도하며 일하라Ora et labora."

그리고 나서 우리는 그곳 수도승들의 하루 일과에 속하는 기도 시간에 그들과 함께 성당에서 성무일도를 바쳤다. 차가운 날씨와 평화로운 석조 건물들, 노래하는 수도승들과 아름다운 기도가 서로 조화를 이루면서, 나는 트라피스트회에 입회하지 않은 것이 약간 아쉽게 느껴졌다.

수련원에서 보낸 성탄 전야와 성탄 대축일은 내가 예상했던 것보다 훨씬 더 즐거웠다. 미사는 성탄 전야에 저녁 식사가 끝나고 나서 집전되었다. 성탄 대축일에는 유빌 병원에서 일을 한 뒤 수련장과 부수련장이 준비해 둔 전통적인 성탄 대축일 저녁 식사를 들었다. (다른 예수회 공동체들이 너무나 잘 먹고 산다고 강하게 비난했던 내가 수련원에서 아무렇지도 않게 호사스럽게 축일을 즐기고 있구나 하는 생각에 약간 당혹스럽기는 했다.) 이튿날 나는 8월 이후 처음으로 필라델피아로 돌아갔다. 용돈이 변변치 않아서 대단한 선물을 내놓을 수는 없었지만, 성탄 대축일에 집에 오니 언제나 그렇듯이 기뻤다.

우리가 새해를 지내고 돌아오자마자, 2년차 수련자들은 '장기 실습'에 들어갈 준비를 시작했다. 이제 그들은 학교와 본당을 비롯해 여러 나라에서 예수회가 관장하는 일터에서 6개월 동안 일하게 된다. 나와 빌은 우리가 '제3세계 실습'을 위해 자메이카로 가서 일하게 되리라는 이야기를 이미 들어서 알았다. 뉴잉글랜드 관구는 오래전부터 자메이카에 인력과 자금을 지원해 오고 있었다. 그곳은 우리의 '선교 지역'으로 간주되었고, 그래서 지난 몇 년 동안 수련자들은 가난한 이들과 함께 일하면서 제3세계 국가의 삶을 체험하기 위해 서인도 제도로 떠나가곤 했다. 따라서 이렇게 배정받은 것은 놀랄 만한 것도 아니었다.

1년차 수련반에는 이제 나와 빌만 남았다. 체코인 의사 에밀은 10월에 수련원을 떠나겠노라고 선언했다. 에밀은 그동안 줄곧 한 여인을 사랑해 오다가 결국 그녀와 결혼하기 위해 떠날 것이 분명했다. 우리는 아무도 놀라지 않았다. 에밀은 모든 수련자들 가운데 가장 비밀스러운 사람으로 보였다. 이것은 자신의 신앙생활을 일주일에 한 번씩 털어놓도록 요구하는 공동체에서는 실로 놀라운 재주였던 셈이다. 그는 어느 날 강화 모임에서 자신의 결심을 알리고 몇 주일 지나지 않아서 떠나갔다.

1월은 1년차 수련자 전체가 대단히 중요한 '대피정'에 '들어가는' 달이기도 했다. 첫해는 영신 수련을 강화하는 측면이 강했다. (강화 모임에서 거의 날마다 되풀이되는 말이 "여러분도 대피정을 하고 나면 이걸 이해하게 될 것이다."라는 말이었다.) 그런데 수련장은 내가 입회하기 전에 기도를 바친 경험이 많지 않으니 피정은 자메이카에서 돌아온 후에 하라고 했다. 이 말은 빌을 비롯해서 나머지 수련자들은 모두 떠나는데, 나만 남아 유빌 병원에서 한 달간 더 일을 해야 한다는 뜻이었다.

제리 수련장은 대단히 지혜롭고 신중하게 결정을 내린 것이었지만, 나는 여전히 실망스러웠고 수련자로서 실패한 것은 아닌지 걱정되었다. 사람들에게 대피정에 들어갈 '준비'가 되어 있지 않다는 말을 하자니 끔찍했다. 수련장과 부수련장은 그렇게 생각하는 것이 얼마나 자기 파괴적인 것인가를 지적해 주었지만, 나는 여전히 당혹스러웠다.

2년차 수련자들이 장기 실습을 위해 떠나고 빌 또한 대피정에 들어가기 위해 떠난 후에, 나는 여러 주일을 더 병원에서 일했다. 수련자들과 수련원 담당자들이 떠나 버리고 나니, 집 안이 낯설어 보였다. 나는 날마다 유빌 병원에서 일하고 돌아와 공동체에 남아 있는 다른 예수회원들과 식사를 했다. 그러다가 1월 말에 글로스터로 가서 몇 달 전 지원기 시절에 와서 지낸 적이 있는 피정의 집에서 8일 피정을 했다. 이 피정은 자메이카에서의 현장 실습을 준비하기 위한 것이었다.

1월에 글로스터가 연출해 낸 뉴잉글랜드의 겨울 풍경은 완벽했다. 눈은 말할 것도 없고, 맑고 푸른 하늘과 얼어붙은 호수, 바닷가 바위에 부딪쳐 부서지는 차가운 대서양의 파도며, 비바람에 씻겨 나간 마을의 통나무집들이 처마에 엄청나게 기다란 고드름을 매달고 서 있는 광경은 자기 성찰이 저절로 우러나게 만들었다.

시기도 피정을 하기에 딱 알맞았다. 수련원에서 지내는 생활이 집처럼 편안하기는 했지만, 나는 몇 가지 일들 때문에 속을 태우던 참이었다. 그 가운데 하나가 자메이카 킹스턴에 가는 문제였다. 더구나 지난 몇 달 동안 2년차 수련자들로부터 극도로 가난한 킹스턴 사정과 육체적인 어려움에 관한 끔찍한 이야기들을 하도 많이 들어서인지 두려움이 갈수록 커져 갔다. 어디서 살게 될까?

빈민가일까? 음식은 어떻게 나올까? 병에 걸릴 경우 주위에 의사는 있을까? 특히 자메이카 음식 때문에 병에 걸리면 어쩌나 하는 걱정이 가장 컸다. 먹을 만한 음식이 아무것도 없으면 어쩌지? 병에 걸려 돌아와야 한다면 어쩌지? 나는 그런 일이 생기면 정말 낭패라는 생각이 들어 우울했다.

설상가상으로 이런 일들로 속을 끓인다는 사실 자체 때문에 나는 낙심되었다. 내가 이런 일로 속을 끓인다는 사실이 나를 속상하게 만든 것이다. 나는 수련자로서 여러 달을 보내고 나면 이런 일들에는 한결 초연해지고 상당히 차분해지리라고 생각했었다. (부수련장은 나중에 내게 피정이 훌륭했다고 말했지만 나는 여전히 똑같은 모습이었다!)

내가 보기에, 나는 어려운 상황이 닥치면 늘 지극히 인간적인 방식인 걱정과 두려움으로 반응했다. 그 뒤로 한참 동안 기도를 드리고 지도를 받은 다음에야 비로소 나는 점차 내 느낌과 욕구와 근심 속에서 하느님이 계시는 자리를 알아차리게 되었다. 하지만 내가 그 즉시 온갖 걱정거리들을 알아차리고 가볍게 뛰어넘지 못한 이유는 무엇일까? 나는 왜 각각의 상황 속에서 즉시 하느님을 알아볼 수 없었던 것일까? 지금 생각해 보면, 나는 일들이 벌어질 때 하느님을 좀 더 감지하고 싶어 했던 것 같다. 하느님의 현존을 생생하게 체험하고 싶었던 것이다. 내가 성인들도 이런 식으로 그저 회고 속에서가 아니라 살아가면서 하느님을 체험했을 것이 틀림없다고 생각하던 기억이 난다.

조라는 이름의 나이 많은 예수회원이 우리와 함께 수련원에서 생활했다. 나는 그분이 바로 그런 면에서, 그러니까 현재에서 하느님을 발견하는 능력 면에서, 성스러운 분이라고 생각했다. 조 신부는 항상 자유로워 보였다. 삶 속에서 중요하지 않은 온갖 일들로부터 대체로 '초탈해' 있었고, 균형이 잘 잡혀 있었다. 그분은 놀라운 유머 감각으로 삶에서 닥치는 문제들에 훌륭히 대처했다. 그분이 하루는 보스턴의 공항 활주로에서 무려 다섯 시간을 냉방도 되지 않은 비행기 안에 틀어박혀 있었던 이야기를 해 주었다. 비행기는 두 차례 이륙했다가 원을 그리며 선회하여 공항으로 되돌아왔다고 했다. 만일 내가 그 비행기에 타고 있었다면, 나는 풀이 죽은 채 비행기가 언제 뜰까, 대체 무엇이 잘못된 것일까 걱정하느라 정신이 없었을 것이다. 그런데 조 신부는 껄껄 웃으며 그때의 무용담을 이야기했고, 그런 일이 벌어져서 얼마나 신났는지 모른다고 말했다. 그분에게는 삶이 난관에 봉착했을 때조차도 이처럼 재미있는 일로 넘기는 듯 싶었다. 그분에게는 항상 하느님이 현존해 계시는 것처럼 보였다.

피정이 끝난 그 주간에 나는 거실에 앉아 신문을 읽고 있었다. 조 신부가 들어와 자메이카에서 생활하는 문제를 생각하느냐고 물었다.

"꼭 그런 건 아닙니다." 나는 계면쩍어 하다가 이윽고 그 사실을 시인했다. 솔직해져야겠다고 마음먹은 것이다. "사실 무척이나 신경이 쓰입니다." 나는 이렇게 말하고 자메이카에서 병에 걸리면 어떻게 될지 아주 두렵다고 털어놓았다. "저는 병을 이겨 내지 못할까 봐 겁이 납니다. 그래서 다시 귀국하게 되면 어떡해야 할지 걱정입니다. 그렇게 되면 아주 큰 낭패가 될……."

그분은 열심히 귀 기울여 듣고 나서 말했다. "병에 걸리면 걸리라고 놓아두지 뭘 그러나?"

그분의 통찰은 사람의 마음을 편하게 해 주는 대단한 힘이 있었다. 내가 들어야 할 말이 바로 그것이었다. 물론 그분의 말은 내가 완벽해지려고 지나치게 안간힘을 쓴다는 뜻이었다. 내가 병에 걸려서 '완전한' 예수회원이 못된다고 한들 어떻다는 말인가? 그분은 그것도 체험의 일부가 될 것이라고 말했다. 조 신부의 통찰은 그 후 몇 달 동안 한결 더 느긋한 기분을 느끼는 데 도움이 되었다.

2월 15일에 나와 빌은 자메이카로 떠났다. 나는 처음으로 카리브해를 보았고, 즐거운 마음으로 쿠바를 지나 자메이카를 에워싸고 있는 청록빛 바다를 건널 수 있었다. 빌과 나는 비치보이즈의 노래들을 부르며 4개월간의 체류를 준비했다.

단순한 임무들

제가 제 힘으로는 아무것도 할 수 없다는 사실을 깨닫자
제 임무는 금방 단순해져 버렸습니다.

— 리지외의 데레사 성녀, 《성녀 소화 데레사 자서전》

햇살이 내리쬐는 오후에 자메이카의 수도 킹스턴 공항에 도착하니 젊은 예수회원 두 사람이 마중 나와 있었다. 자메이카 최초의 총리 노먼 맨리의 이름을 따 붙인 이 공항은 적도 한가운데 자리 잡고 있어 진분홍색과 오렌지색 덩굴 관목들이 하얗게 회반죽을 입힌 담장들을 뒤덮고 있었고, 높다란 야자나무들에서는 화려한 색깔의 새들이 지저귀고 있어 활기 차 보였다. 그러나 공항을 벗어나 간선 도로로 들어서자 분위기가 달라졌다. 그것은 한마디

로 충격이었다. 내가 본 첫인상은 가난에 찌든 도시의 모습이었다. 수많은 염소들과 엄청난 돼지 떼, 썩어 가는 쓰레기, 분주한 행상인들, 불타 버린 차들, 혼잡한 교통, 불타는 쓰레기와 공장 매연, 땀 냄새, 기름 냄새. 전형적인 개발 도상국의 모습과 냄새였다.

차는 우리를 태우고 예수회에서 운영하는 성 조지 고등학교로 갔다. 넓게 퍼져 나간 킹스턴 빈민가 한가운데 여러 채의 건물들이 네모꼴로 터를 잡은 이곳은 3미터 높이의 돌담장이 둘러쳐지고 그 위에는 날카로운 철망이 얹혀 있었다. 담벼락 안에는 운동장이 있고, 적갈색 지붕을 이고 있는 회반죽으로 치장된 교실 건물들 위로 거대한 야자나무들이 머리를 내밀고 있었고, 그 한가운데 예수회 건물이 자리 잡고 있었다. 우아한 안뜰을 빙 둘러 열두어 개의 방들이 있었는데, 가장 인상적인 것은 목부용 관목들과 하루만에 피고 지는 백합들, 널따란 이파리들이 지붕까지 내리뻗어 있는 네 그루의 거대한 야자나무였다. 이 안마당 중앙에는 심장을 손가락으로 가리키고 있는 돌로된 예수님상이 서 있었다. 낮이면 햇살이 안뜰로 쏟아져 들어와 환하고 청명하고 경쾌한 느낌을 주었다. 그러나 비가 올라치면 빗방울이 점토 타일로 덮인 지붕을 시끄럽게 두들기는 소리가 마치 총소리처럼 들렸다.

하지만 이곳은 내가 살 곳이 아니었다. 나와 빌이 배정받은 곳은 1960년대에 지어진 콘크리트로 된 별채였다. 우리 주위의 아름다운 야자나무 등은 황홀한 느낌을 주었지만, 우리가 머물 숙소는 아주 열악했다. 이 별채는 여러 해 동안 사용되지 않다가 최근 들어서 손님용으로 남겨 둔 구역을 빼고는, 주로 교실로 쓰였다. 탁 트인 통로에는 곰팡내 나는 책 무더기와 녹슨 책상용 의자들이 쌓여 있었다. 공동 욕실은 깨진 창문으로 날아든 낙엽들과 죽은 벌레들이 바닥을 뒤덮고 있었다. 내가 쓰는 방은 모기며 나방이며 도마뱀 같은 야생 동물들이 아예 진을 치고 살았다. 위쪽 창턱 아래에는 벌집이 멋들어지게 둥지를 틀고 있었다.

나는 이 공동체의 장상으로 있는 호의적이면서도 무뚝뚝한 예수회원에게 이 문제를 이야기해 보았다.

"저, 방 안에 벌집이 있는데 말입니다."

"그래요?" 그가 말했다.

그래요라니? 나는 대답이 너무나 이상하다고 생각했다.

"그걸 없앴으면 좋겠는데."

"얼마나 크던가요?"

"제 기억에는 작았어요……. 하지만 그래도…… 벌이 제 방 안을 날아다니는 게 영 불안하네요." 나는 갈수록 더 당황스러웠다. "살충제 좀 구할 수 있을까요? 이곳에 레이드는 없습니까?"

그는 한동안 생각하더니 이렇게 말했다. "벌집이 좀 더 커지면 한결 쉽게 뜯어낼 수 있을 테니 그때까지 기다려 보죠."

내가 너무 미국인 티를 낸다는 말인지 아니면 내가 방을 벌들과 함께 쓰도록 노력해 보라는 말인지 갈피를 잡을 수가 없었다. 어쩌면 내 말뜻을 충분히 알아듣지 못한 것인지도 몰랐다. 나는 이 문제를 잠시 생각해 보고 내 방에서 벌들을 깨끗이 몰아내기로 마음먹었다. 그래서 살충제를 찾아 집 안을 뒤졌으나 찾지 못하고 결국 의자 위에 올라서서 이 불쾌한 벌집에다 면도용 크림을 뿌리기 시작했다. 벌집을 덮고 있던 벌들이 죽지는 않았지만 비누 거품에 푹 젖어서 방바닥으로 떨어졌고, 그래서 나는 떨어진 벌들을 쓸어 담아 창밖으로 집어던졌다. 다른 문화에 적응하는 일은 보통 벅찬 일이 아니었다.

첫날밤에 나는 낡아 빠진 쇠 침대에 누워 인근 술집들에서 쾅쾅거리는 서인도 제도 특유의 록 음악 소리, 개 짖는 소리, 총 쏘는 소리, 비명처럼 날카로운 도마뱀 울음소리, 엄청난 모기 떼의 윙윙거리는 소리에 귀를 기울였다. 맙소사, 내가 여기에서 뭘 하고 있는 거지? 에어컨이 돌아가는 쾌적한 GE의 사무실이 생각났다.

이튿날 아침 깨어나니 기분은 그다지 상쾌하지 못했지만 그래도 최소한 지난밤을 무사히 넘겼다는 안도감은 있었다.

다행히도 킹스턴에 있는 공동체들에 젊은 미국인과 자메이카인 예수회원 열댓 명이 있어서 나와 빌은 그들과 좋은 친구가 될 수 있었다. 우리는 매달 만나서 신앙을 나누고 함께 식사를 하곤 했다. 자메이카인 예수회원들은 겁 많고 잘 놀라는 미국인 수련자들을 많이 대해 왔고, 그래서 처음 몇 주간 동안 향수에 젖어 들곤 하는 우리를 능숙하게 이끌어 주었다. 그들은 나와 빌이 킹스턴 주변과 여러 섬들을 돌아보는 동안 우리를 따라다녔다. 미국인 예수회원들 역시 비슷한 경험을 했기 때문에 내가 미국의 세속적이고 안락한 안식처를 그리워하는 것이 지극히 자연스러운 일이라고 다독거려 주었다.

킹스턴에는 한 무리의 열정적인 젊은 평신도 자원봉사자들이 젊은 예수회원들의 친구로 살아가고 있었다. 이 예수회 소속 국제 자원봉사자들은 모두가 최근에 대학을 졸업한 이들로 킹스턴에서 몇 해씩 살며 학교와 사회 단체에서 일하고 있었다. 그들은 나보다 몇 년 어리지만 이미 자메이카에서 한 해 이상은 살아온 탓에 토착민이나 다름없이 킹스턴을 돌아다녔다. 내가 성 조지 고등학교에 온 지 얼마 되지 않았을 때 그들 가운데 한 사람이 나에게 "여러분이 하는 일이 정말로 놀랍습니다."라는 말을 했다. 그 말을 듣고 내가 할 수 있는 일은 웃음을 참는 것뿐이었다. 내 생각에 정말 용기 있는 사람은 바로 그들이었다. 그들은 수도 공동체의 지원도 없이 스스로의 힘으로 삶을 꾸려 가고 있었다.

나와 빌은 무엇을 할 것인지 생각하는 데 며칠을 보냈다. 우리가 가장 먼저 찾아간 곳은 성 조지 고등학교에서 돌을 던지면 닿을 만한 거리에 있는, 자비의 수녀회가 운영하는 고아원이었다. 이 알파 소년 학교는 자메이카에서 소위 문제아로 찍힌 아이들을 보살피는 집이었다.

널따란 시설에 들어서 보니, 하나같이 푸른색 셔츠에다 너덜거리는 더러운 바지를 입은 수백 명의 소년들이 지저분한 운동장을 맨발로 뛰어다녔다. 활달한 성격의 레지나 교장 수녀는 우리가 '오락 책임자'로 일해 주었으면 정말로 좋겠다고 말했다. 축구 시합을 하는 동안 소년들이 서로를 해치지 못하도록 감독하는 책임을 맡아 달라는 말로 나는 이해했다. 그녀의 말에 의하면 바로 지난주에도 한 소년이 날카로운 꼬챙이로 다른 소년의 눈을 찔렀다는 것이다. 그녀는 그렇지 않으면 개인 지도 교사로서 도움을 주어도 좋다고 했다. 나는 개인 지도 교사로서 돕는 쪽을 택했다.

그보다 앞서 수련장이 우리가 일할 곳으로 '진지하게 생각해 보라'고 당부한 곳 하나는 사랑의 선교회가 운영하는 병자와 임종자들을 위한 호스피스였다. 이 호스피스는 킹스턴 길거리에서 죽어

가는 사람들을 보살필 목적으로 세워진 곳이었다. 수녀들은 우리를 반갑게 맞이하면서 노인들을 목욕시키는 일에 우리가 필요하다고 했다. 수녀들은 여자들을 씻겨 주는 일은 할 수 있지만 남자들은 씻길 수 없어서 자메이카 사람 한 명을 고용했는데 그가 혼자 하기에는 일이 너무 벅차다는 것이었다. 나는 죽음이 횡행하는 이곳 마더 데레사의 호스피스에서 일하는 것보다는 생명력이 넘쳐 보이는 고아원에서 일하는 것이 더 낫다고 생각했다.

우리가 첫 주에 할 일 중에는 새로 온 다른 수도자와 사제와 평신도 자원봉사자들과 함께 킹스턴 대교구가 마련한 준비 교육을 받는 일이 포함되었다. 우리가 들은 지루하기 이를 데 없는 강연들은 이 나라의 정치 상황과 자메이카인들이 처한 경제적 어려움을 이야기하고 나서, 비교적 개인적인 시각에서 자메이카의 교회 역사를 설명한 후, 킹스턴 대주교를 칭송하는 이야기들로 끝을 맺었다.

뉴잉글랜드 예수회원이기도 한 이 대주교에 관해서는 이미 들은 바가 있었다. 뉴잉글랜드 관구는 지난 몇 십 년 동안 수십 명의 선교사를 자메이카에 파견했고, 그 과정에서 자메이카인 성소자 몇 사람을 받아들였다. 그리고 그 사람들 가운데 하나가 마침내 대주교가 되었던 것이다. 대주교는 가장자리를 빨간색으로 장식한 새하얀 수단을 입고 실내로 들어섰는데, 그와 대조되어 검은 피부가 유난히 두드러져 보였다. 대주교는 두 시간에 걸쳐 열정적으로 이야기를 했지만, 나는 무더운 방 안에서 꾸벅꾸벅 졸기만 했다.

마침내 대주교가 이야기를 마무리짓고 선언했다. "이제 우리 모두 메모라레Memorare를 바칩시다."

그게 뭐지?

모두가 일어났다. 콘크리트 바닥을 긁어 대는 의자 소리에 정신이 바짝 들었다. 그래서 얼른 튀어 일어났다.

물론 나는 메모라레가 무슨 기도인지 전혀 알지 못했고, 따라서 모두가 "기억하소서, 오 지극히 감미로우신 동정 마리아님……." 하며 큰 소리로 기도를 시작했을 때 몹시 곤혹스러웠다. 기도가 진행되는 동안 대주교는 벙어리처럼 멍하니 서 있는 나를 유심히 바라보았다. 불행히도 기도는 무척 길었고 (모르면서 아는 척 따라 하기도 아주 힘든 기도여서) 대주교는 충분한 여유를 가지고 최근의 예수회 양성 과정의 한심스러운 실상을 관찰할 수 있었다.

일주일쯤 지나자 나는 어느 정도 일과에 적응하게 되었다. 밤마다 작은 초록빛 모기향에 불을 붙이면 방 안은 이내 매운 연기가 가득 차면서 수많은 모기들을 내쫓았다. (물론 방충망은 어디에도 없었다.) 그러다가 여섯 시간 후에 향불이 꺼지면 모기 떼가 달려들었고, 그러면 나는 아침이 되었다는 것을 알았다. 이 모기 떼 공습은 자명종보다 훨씬 큰 효과를 발휘했다. 하지만 내가 모기 떼 자명종도 무시한 채 잠을 자면 이번에는 6시만 되면 눈부신 빛을 쏟아 내는 태양이 나를 깨웠다. 자메이카에는 어스름한 새벽이나 황혼이 없다시피 했다. 해가 떴다 하면 곧바로 대낮이 되었고, 해가 지면 섬은 즉시 어둠 속에 파묻혔다.

아침에 용기가 나면 통로에 있는 욕실에서 차가운 물로 샤워를 했다. 샤워기 꼭지가 떨어져 나가서 타일 벽에 튀어나와 있는 쇠파이프에서 걷잡을 수 없이 쏟아져 나오는 차디찬 물줄기에다 내 몸을 맡겨야 했다. 하지만 보통 때는 (대체로) 따뜻한 물이 나오는 예수회 본관 건물로 어슬렁거리며 걸어가곤 했다. 이것은 나를 빤히 쳐다보는 학생들의 눈길을 받으며 수건과 샴푸를 손에 들고 학교 건물들 사이를 지나간다는 것을 의미했다. 본관 욕실에는 수많은 도마뱀들이 터를 잡고 살아가고 있었고, 덕분에 나는 샤워를 하면서 천장을 느릿느릿 기어가는 도마뱀을 불길한 눈초리로 바라보며 제발 그 녀석이 나와 함께 목욕재계를 하겠다고 뛰어내리는 일이 없기만을 기원하곤 했다. 아침 식사로는 차와 귤 하나에다 구아바 열매로 만든 젤리 잼을 바른 토스트가 나왔다.

오후가 되면 나는 몇 구획을 걸어서 알파 소년 학교로 가 교실들을 돌아다녔다. 그곳 선생이 학생들 가운데 한 아이를 정해 주면 나는 한 시간을 그 아이의 공부를 도우며 보내곤 했다. 우리는 자메이카 태양 아래서 나무로 만든 긴 의자에 앉아 '읽기'나 '수학'을 붙들고 몸부림치곤 했다. 일반적으로 선생들은 오후마다 내게 예닐곱 아이를 배정해 주었다. 우리는 뜰에 굴러다니는 종이쪽지를 주워서 글을 쓰다가 나중에는 작은 흑판을 이용했다. 아이들 대부분이 학습 부진 정도가 매우 심각했다. 개중에 몇몇은 정신적으로 장애가 있었다. 그래서 몸부림치는 그들을 볼 때면 서글픈 생각이 들곤 했다. 많은 아이들이 알파벳조차도 몰랐고, 제 이름을 쓸 줄 모르는 아이들도 꽤 많았으며, 대부분이 기초적인 산수 문제조차 풀지 못했다.

그래도 나는 교실에서 풀려난 것은 마냥 좋아하며 걸핏 하면 깔깔거리는 수많은 어린이들에게 둘러싸여 지내면서 행복했다. 특별히 가까웠던 아이로는 두안과 리카르도가 있었다. 두안은 여섯 살 꼬마였다. 우리는 대부분의 시간을 수학 공부를 하며 보냈다. 그는 개인 지도 대상으로 뽑힐 때마다 자리에서 벌떡 일어나 내게로 달려와서 씩 웃으며 내 손을 잡곤 했다. 하루는 계산 문제를 도와주다가 물어뜯은 흔적이 있는 작은 손톱들이 선홍빛으로 물들어 있는 것을 보고 물었다.

"두안, 네 손가락들이 어떻게 된 거냐?"

"제가 붉게 칠했어요, 수사님!"

"왜 그랬지?"

아이는 양손을 앞으로 내밀고 얼굴을 찡그리며 대답했다.

"예쁘니까요!"

리카르도는 열여덟 살인데도 글을 잘 읽을 줄 몰랐는데, 유달리 폭력적인 내용의 책을 좋아했다. 물론 살인이나 폭력적인 내용의 책을 읽히는 것이 아쉽기는 했지만(특히 해적에 관한 이야기는 무엇이든 다 좋아했다) 그에게 읽기를 가르치자면 어쩔수 없다고 생각했다. 한번은 이야기에서 피에 굶주린 해적이 "자기 칼로 적을 칼자루가 들어갈 만큼 깊숙이 찔렀다."라는 대목이 나왔다. 우리는 함께 사전을 뒤져 '칼자루'를 찾아보았다. 리카르도는 이 해적이 연출한 극적인 장면이 어떠했는지 깨닫자 눈이 휘둥그레졌다.

리카르도의 읽기 실력은 하루가 다르게 늘어 갔고, 누군가가 그에게 잘 읽는다고 칭찬할 때면 얼굴이 미소로 환해지곤 했다. 결국 나는 돈을 모아서 《해적 헨리 모건》이라는 제목의 해적 이야기 모음집을 리카르도에게 사 주었고, 그는 이 책을 침대 밑 작은 상자에다 넣어 놓고 밤마다 꺼내 읽었다.

알파 소년 학교를 졸업하더라도 일부 소년들은 궁핍한 환경에 내몰리게 된다는 사실을 알고 나니 마음이 착잡했다. 수녀들이 아이들을 교육시키는 일은 더없이 훌륭했지만, 아이들은 열여덟 살이 넘으면 학교를 떠나 제 힘으로 삶을 꾸려 가야 했다. 하지만 가난과 실업자들이 넘치는 킹스턴에서 그들이 생계비를 벌며 산다는 것은 거의 불가능했다.

나는 아침마다 예수회 관사를 나와 빈민가 하나를 가로질러 마더 데레사의 호스피스로 향했다. 후덥지근한 거리를 걷다 보면 학교에 가는 수백 명의 자메이카 아이들과 마주치곤 했다. 남자아이들은 황갈색 바지에 하얀 셔츠를 입었고, 여자아이들은 밝은 빛깔 점퍼스커트에다 하얀 셔츠를 받쳐 입었다. 길 양편에서는 온갖 활동들이 이루어졌다. 목욕하는 사람들, 이를 닦는 사람들, 공터에서 빨래하는 사람들. 다부진 자메이카 여인들이 골이 패인 양철판 오두막에서 과일과 생선, 탄산음료, 싸구려 과자들을 팔았고, 젊은 사내들은 거기에 기대어 빈둥거렸다. 쓰레기는 사방에 널려 있었다. 나는 주변에 있는 유일한 백인이라 눈에 잘 띄었고, 그래서 거의 모두가 나를 보며 인사를 해 댔다. "안녕하세요, 신부님!"

'평화의 여왕이신 성모 호스피스'에 일하러 간 첫날, 냄새 때문에 정신이 아찔했다. 대소변, 쓰레기, 소독약, 표백제, 홍차, 음식

등 온갖 냄새들이 뒤엉켜 정신을 차릴 수 없었다. 수녀들이 이곳을 늘 깨끗하게 청소하고 있었지만, 그럼에도 역겨운 냄새는 가시지 않았다.

사랑의 선교회 식구들과 일한다는 것은 꽤나 흥분되는 일이었다. 콜카타의 마더 데레사 때문에 유명해진 희고 푸른 줄무늬가 있는 사리는 내게도 낯익은 것이었다. 그들은 기쁨에 차 있었고, 자기네 일을 사랑하는 기색이 역력했다. 그들은 끊임없이 깔깔거렸다. 거기에는 가식적인 흔적이 전혀 없었다. 내가 9시에 도착해서 보면 수녀들은 이미 몇 시간 전에 일어나서 아침 내내 여자들을 씻기고 식구들이 먹을 아침 식사를 준비했다. 그리고 오후가 되면 거동이 불편한 사람들의 거처를 청소했다. 그리고 그 와중에도 짬을 내서 한 시간 동안 기도하고 미사를 드렸다. 사제가 미사를 드리러 오면 수녀들은 그에게 정성껏 마련한 식사를 대접했다. 그것은 그들이 먹는 검소한 식사와 엄청나게 대조적이었다. 수녀들은 환자들의 음식에서 남은 것을 먹었다.

처음에 나는 거의 초자연적이라 할 만한 그들의 쾌활성을 의심하면서 그들을 에워싸고 있는 죽음과 고통을 떨쳐 내려는 일종의 거부 반응이라고 생각했다. 실제로 나는 그런 환경에서 이처럼 쾌활한 사람은 누구든 그런 척하는 것이라고 믿었다. 하지만 그들은 창립자 마더 데레사처럼 자기네 일에서, 그리고 사람들이 평화로이 죽음을 맞도록 돕는 자신들의 능력에서 진정으로 기쁨을 발견하고 있었다. 적어도 이 특이한 공동체에서는 행복이 거짓 없이 순수했다.

그러나 그 일이 나에게는 감당하기 힘들었다. 유빌 병원에서 했던 일도 여기에 비하면 쉬워 보였다. 호스피스에서 내가 맡은 '임무'는 무척 간단했다. 남자 노인들을 목욕시키는 일이 전부였다. 내가 하는 일은 대부분 환자를 부축하여 욕실로 데리고 가서 더럽고 대변이 잔뜩 묻은 바지를 벗기느라 몸부림치고 냄새나는 셔츠를 벗겨 낸 다음 샤워기 아래로 데려가 씻기는 일이었다. 그런가 하면 좌변기가 부착된 삐걱거리는 쇠 의자에 앉히고 목욕을 시킬 때도 있었다. 그렇게 하면 더러운 물이 페인트칠을 한 콘크리트 바닥 한가운데 나 있는 녹슨 하수구로 흘러 나갈 수 있었다.

이름이 에제키엘인 노인은 눈이 보이지 않았다. 그래서 그를 일으켜 욕실로 안내하고, 쇠 의자에 앉혀서 옷을 벗기고, 샤워기가 있는 데로 데리고 가서, 그가 넘어지지 않도록 붙잡은 채 옆으로 돌아 물을 틀고, 내 몸이 젖지 않도록 조심하면서 씻긴 다음에, 물기를 닦아 주고, 마지막으로 샤워를 하는 동안 젖지 않도록 조심스럽게 보관한 옷을 입히기까지는 상당한 노력이 필요했다. 이런 일련의 과정이 진행되는 동안 그는 곧잘 집게손가락을 이용해서 코를 풀곤 했다. 그럴 때 발사되는 콧물을 피하려면 나는 반사적으로 재빨리 움직이지 않으면 안 되었다.

나는 일하러 가기가 무척이나 싫었다. 아침에 호스피스로 향하는 내 발걸음의 보폭은 내가 그날 일하기가 얼마나 싫으냐에 따라 달라졌다. 하루는 수녀들이 환자들의 발톱을 깎아 주라고 했다. 발톱이 너무나 길고 단단해서 그것을 깎을 수 있는 사람이 나밖에 없다는 것이었다. (나는 "아이고 고맙습니다!"라고 말하고 싶은 것을 간신히 참아 냈다.) 물론 발톱은 냄새가 고약한 발가락에 달려 있었고, 그 발가락은 유달리 악취를 풍기는 발과 연결되어 있었다. 따라서 그들의 발톱을 깎아 주려면 먼저 발부터 씻겨야 했다.

손톱을 깎아 주는 일은 혐오감이 약간 덜할 뿐이었다. 하지만 적어도 나는 무엇인가 쓸모 있는 일을 하고 있었다. 때때로 모두 다 씻기고 나서도 무엇인가 쓸모 있는 일을 하지 못한다는 느낌이 들면 유빌 병원에서 그랬듯이 사람들과 이야기를 나누었다. 어떤 사람이 나를 불러서 자신의 손톱을 깎아 달라고 했다. 손톱을 보니 몇 달 동안 깎지 않은 듯 보였다. 내가 일을 끝내자 그는 손가락들을 마주 부벼 보더니 말했다. "그런데 수사님, 손톱을 다시 깎아 줘야겠요. 손톱이 너무나 거칠어요!"

나는 다시 자리를 잡고 그의 손톱을 더욱더 짧게 깎아 주고 나서 방 안 저쪽에서 "내 손톱도 깎아 줘요, 수사님! 내 손톱도 깎아 달라고요!" 하고 소리치는 다른 사람에게로 자리를 옮겼다.

그러자 지금껏 손톱을 깎아 준 사람이 저쪽에서 다시 소리 질렀다. "수사님, 손톱이 아직도 꺼칠꺼칠해요. 줄로 반듯하게 밀어 줘야겠어요!"

이건 너무 심하다 싶었다. 그래서 "저는 제 손톱도 줄질을 하지 않아요!" 하고 말했다. 그러자 모든 사람들이 웃음을 터뜨렸다.

이 모든 일들이 영적으로…… 좀 더 심원한 느낌을 주지 못하는 이유는 무엇일까? 사랑의 선교회 수녀들은 누가 자기 몸에다 토하거나 자기 옷을 더럽혀도 전혀 신경 쓰지 않는 것 같았다. 아니 설령 신경을 쓴다고 해도 그 일로 불평하지 않았다. 어느 날 아침에 장상 수녀가 나를 한쪽으로 데리고 갔다. "짐 수사님, 수사님께 보여 드리고 싶은 것이 있어요." 그러고는 피 묻은 붕대로 목을 감싼 채 앉아 있는 한 사내가 머무는 작은 방으로 나를 데리고 갔다. 그녀는 천천히 붕대를 풀어 냈다. "이 사람은 후두암을 앓고 있어요. 우린 이 사람을 위해 기도해야 해요." 나는 도저히 바라볼 엄두가 나지 않았지만 그의 질병에서 풍기는 냄새를 맡을 수는 있었다. 죽음의 냄새였다. 울컥 슬픔이 솟구치며 그에게 메스꺼움을 느낀 것에 대해 죄책감마저 들었다.

내가 이와 똑같은 광경을 영화에서 보았더라면 분명 엄청난 감동을 받았을 거라는 생각이 들었다. 나는 영화관에 앉아서 '와, 나도 저렇게 해야 하는데.'라고 생각했을 것이다. 그런데 바로 그 일을 하고 있는 지금, 내가 감동을 느끼지 못하는 이유는 무엇일까? 어느 날 아침 한 사람을 씻기다가 문득 만일 이것이 영화에 나오는 장면이었다면 틀림없이 감동적인 배경 음악이 흘러나왔으리라는 생각이 떠올랐다. 빠진 것이 어쩌면 그것일지 몰랐다. 그래서 일을 하면서 나 혼자 노래를 흥얼거리기 시작했다. 수도원 노래들은 대부분 내 기분을 북돋고 내게 대고 코를 풀어 대는 사람들에게 신경을 쓰지 않게 만들어 주었다.

하루는 어떤 수녀가 나에게 환자들 가운데 한 사람이 죽어 가고 있으니 세례를 주어야 한다고 말했다. 그는 내가 함께 일하기 좋아했던 사람들 가운데 하나였다. 그를 목욕시킬 때는 신경 쓸 일이 없었다. 그는 그만큼 다정했고 이야기하기를 좋아했다. 수녀들은 내가 그에게 세례를 주길 원했다.

나는 반대했다. 나는 사제가 아니었으며 나보다 훨씬 자격 있는 쪽은 오히려 수녀들이었다. (사실 나는 내가 남자라서 나를 내세우는 것이 아닌가 하는 의심까지 들었다.) 그들은 분명히 나에 비해 훨씬 거룩한 사람들이었다.

그러나 수녀들은 이렇게 말했다. "그렇지만 수사님, 그와 함께 일한 사람은 수사님입니다. 그 사람은 수사님을 알고 있어요. 그러니 수사님이 해야 합니다."

내가 수녀들의 안내로 그가 있는 방에 들어갔을 때 그는 피골이 상접한 모습으로 숨을 헐떡이며 침대에 누워 있었다. 입 주위에 음식물이 덕지덕지 붙어 있는 것으로 보아 방금 구토를 한 것이 분명했다. 악취가 심하게 풍겼다. 그는 보통 때 잘 돌아다니곤 했는데, 그날은 거의 꼼짝도 하지 못했다. 불쌍한 마음이 울컥 치밀어 올랐다. 나와 한 수녀가 그를 일으켜 앉히고 팔로 안아 부축했다. 나는 건조한 살갗 밑에서 허약한 뼈들이 움직이는 것을 느낄 수 있었다. 마치 아기 새를 안고 있는 것 같았다. 수녀들 몇 사람이 주위에 모였고 그중 한 수녀가 내게 플라스틱 물 잔과 구부러진 수저 하나를 건네주었다.

"수사님, 세례명은 뭐로 하고 싶으세요?" 여전히 어찌할 바를 모르던 나는 이윽고 요셉이라는 세례명으로 세례를 주면 좋겠다고 말했다. 그리고 구부러진 수저로 물을 떠서 그의 이마에 뿌리자 물이 흘러내려 그의 얇은 잠옷을 적셨다. 참으로 서글픈 순간이었지만, 방 안에 있는 모든 사람들이 특히 요셉이 크나큰 평화로 충만해지는 것 같았다. 그리고 나서 나와 수녀들은 하던 일로 되돌아갔다. 요셉은 며칠 후에 숨을 거두었다.

마더 데레사의 호스피스에서 하는 일에서 느끼는 육체적 혐오감은 결코 사라지지 않았다. 하지만 그곳에 살고 있는 사람들에게 연민의 정을 느끼게 되면서 나는 조금씩 어려움을 이겨 낼 수 있었다. 고통당하시는 예수님을 생각하는 것이 도움이 되었다. 그렇다고 해서 그 일이 더 유쾌해지는 것은 아니었고 내가 내 앞에 있는 사람들이 아닌 예수님을 도와드린다는 자부심에도 의문이 생겼지만, 그래도 최소한 내가 부여받은 사명을 (노래를 흥얼거리며) 수행해 나가는 데는 도움이 되었다.

어느 날 호스피스에서 일을 마치고 돌아오는 도중에 한 여성이 작은 집 앞에서 나를 불러 세우더니 집 안으로 들어와 '기도'를 드려 줄 수 없겠느냐고 물었다. 서른다섯가량 돼 보이는 이 뚱뚱한 여성은 한동안 집 밖으로 나오지 않고 살아온 것처럼 보였다. 붉게 충혈된 눈은 그녀가 여러 날 밤을 뜬눈으로 지새웠음을 말해 주었다.

내가 집 안으로 들어가자마자, 그녀는 흐느껴 울기 시작했다. 그러면서 자기는 일자리도, 돈도, 먹을 것도 없노라고 말했다. 그녀는 실제로 끔찍한 악몽에 시달렸다. 그녀의 처지가 너무나도 불쌍해서 나 역시 울음이 터져 나왔다. 나는 그녀의 손을 잡고 함께 기도를 드리면서 두려움을 느끼는 것은 아무 문제도 아니라고 말해 주었다. 내가 달리 해 줄 수 있는 말이 무엇이겠는가? 우리는 하느님께서 그녀를 보살펴 주시도록 기도드렸고, 아침에 내가 올 때쯤 밖을 내다보라고 일러 주었다. 그때부터 나는 그녀의 집 앞에서 걸음을 멈추어 그녀가 잘 있는지 살피고 이야기를 나누었다. 이런 식의 예상치 못한 순간들과 만남들은 내가 자메이카에서 겪는 고초라는 것이 사소한 몸부림에 불과하다는 점을 제대로 깨우치는 데 도움이 되었다.

내가 마더 데레사 호스피스에서 발톱을 깎는 일을 할 때쯤, 가끔씩 약간의 휴식 시간이 마련되곤 했다. 비교적 젊은 예수회원들과 젊은 자원봉사자들이 많았기 때문에, 주말에 일상에서 벗어날 기회는 얼마든지 있었다. 더구나 여기는 유명한 자메이카가 아니던가. 하루는 차를 타고 서늘한 블루마운틴 산악 지대로 들어갔는데, 지나가던 차에서 사람들 모두가 우리에게 손을 흔들었다. 알고 보니 소풍 나온 사랑의 선교회 사람들이었다! 나는 이튿날 그들에게 정신이 해이해졌다고 짓궂게 놀려 댔다. 그러자 그들이 말했다. "수사님, 우린 소풍 갈 것을 생각해 전날 두 배로 힘들게 일했답니다." 그 말은 사실이었다.

킹스턴에는 멋진 영화관도 있었는데, '카리브'라 부르는 커다란 호화판 건물이 그것이었다. 영화 상영은 어김없이 닌자 영화나 인도 영화 예고편으로 시작되곤 했다. 그러고 나면 킹스턴에 있는 해충약 광고가 이어졌다. "혹시 당신의 집에 이런 것들은 없습니까?" 하는 아나운서의 말이 나오면서 족히 3미터는 되는 바퀴벌레가 화면을 꽉 채우고 나타났다. (그렇소, 내 방에도 정말 있소이다.) 어느 날 밤에 우리들 몇 사람은 덴젤 워싱턴이 자메이카 경찰관으로 출연하는 〈형사 퀸〉을 관람하러 갔다. 관객들은 이 자메이카를 무대로 한 할리우드 영화와 주인공 덴젤 워싱턴의 카리브식 억양에 열광했다.

우리는 북부 자메이카에 있는 이국적인 휴양지들과는 인연이 멀었지만, 한 시간가량 떨어진 거리에 외진 해변가가 많았다. 내가 몹시 좋아했던 곳은 라임 산호초라 부르는 작은 섬이었다. 이 곳에 가려면 우선 연락선을 타고 이전에 해적들의 소굴로서 도시 남쪽에 자리 잡고 있는 로열 항구로 가야 한다. 일단 로열 항에 도착하면 낡은 보트로 라임 산호초까지 데려다 줄 그 지역 어부를 물색해야 한다. 선외 발동기로 움직이는 (서너 사람이 겨우 앉을 수 있는) 작은 보트에 올라타면, 배는 완전한 청색 바닷물 위를 날듯이 달려 탁 트인 카리브해로 나아가는 것처럼 보인다. 하지만 몇 분

지나지 않아 늘씬한 야자나무들이 보이고, 이내 작고 하얀 섬이 나타난다.

섬 자체는 도시의 한 구획 크기밖에 되지 않고, 하얀 모래와 잡목 수풀과 야자나무들 외에는 아무것도 없다. 어부는 해질 녘에 다시 오겠다는 약속을 남기고 자리를 뜬다. 혹시라도 그가 돌아오지 않으면 어떡하나 걱정할 필요는 없다. 그가 돌아올 때까지는 돈을 지불하지 않기 때문이다. 그럼에도 달리 돌아갈 수 있는 방편이 전혀 없는 삭막한 섬에 남아 있으려면 대담한 뱃심이 있어야 한다.

우리는 점심을 먹고 따뜻한 물속에서 헤엄치고 수중 호흡기를 이용하여 잠수도 즐기며 오후를 보내곤 했다. 정말로 마음 느긋한 시간이었다. 하루는 따사로운 백사장에 누워 맑고 푸른 하늘을 올려다보다 문득 이런 느긋한 기분을 또다시 맛볼 수 있을까 하는 생각과 함께, 내가 GE에 눌러앉아 있었다면 지금쯤 무엇을 하고 있을지 궁금했다. 그 순간 스탬퍼드에서 바이오피드백 전문의에게 긴장 이완 훈련을 받던 때가 갑자기 머리에 떠올랐다. 나는 실제로 이곳 무인도에 와 있었고, 그건 꿈에도 상상하지 못했던 일이었다.

성 조지 공동체에는 젊은 예수회원들과 함께 나이 든 이들도 있었는데, 그들은 킹스턴에서 여러 해 동안 일해 왔고, 모습도 상당히 다채로웠다. 예를 들어 어떤 신부는 자신의 속옷을 빠는 대신에 공기를 이용한다며 자기 방 바깥에 쳐 놓은 줄에다 널어놓곤 했다. 그리고 귀는 식사 중에 자신의 식탁 수건으로 닦고 후벼서 청소했다. 나는 저녁 식사 때 그분 옆에 앉지 않기 위해 조심스럽게 노력했다.

또 다른 신부는 자기 고양이 사만다와 함께 지내는 것이 인생의 큰 낙처럼 보였다. 그는 사만다가 사라져 보이지 않을 때마다 예수회 관사 현관에 나와서 "사마아아안다!" 하고 소리를 질러 댔고, 그것이 자메이카 학생들에게는 커다란 흥밋거리가 되곤 했다.

나는 나처럼 영화를 좋아하는 연로한 선교사 제리 신부와 격의 없이 어울리곤 했다. 몇 구획 떨어진 킹스턴의 한 빈민가 중심부에는 괴상하게도 자기 집 거실에다 비디오 대여점을 차려 놓은 사람이 있었다. 그의 집 계단을 올라가서 평소에 그의 어머니가 요리를 하느라 바쁘게 움직이는 부엌을 지나 드디어 거실에 다다르면, 안락의자와 탁자들을 비롯해 공간이 될 만한 자리 어디에나 비디오테이프가 쌓여 있었다. 족히 수천 개나 되는 이 비디오테이프들은 저마다 우여곡절을 거쳐 그의 거실까지 들어오게 된 불법 비디오들이었다. 개중에는 영화를 틀어 보면 화면에 "혹시 이 영화를 시청하고 있다면, 이것은 불법 복제품입니다. 아래 번호로 연락하시면……."이라는 경고문이 나타나는 것들도 있었다. 그런가 하면 영화관에서 상영되는 영화를 찍어 온 것이 분명한 비디오 테이프들도 있었다. 사람들이 일어섰다 앉았다 하는 모습이 화면에 나타나는가 하면, 가끔씩 웃음소리와 박수갈채도 터져 나왔다. 성 조지 공동체의 신학생들은 주말에 한두 개 정도 빌려다 볼 수 있었는데, 텔레비전 방에 맨 먼저 와 있는 사람은 언제나 제리 신부였다.

  나는 이곳에 온 지 얼마 되지 않아서 제리 신부가 이블린 워의 서간집을 읽는 광경을 목격했다. 그래서 내가 《다시 찾은 브라이즈헤드》를 얼마나 재미있게 읽었는지 그에게 이야기하자, 그는 서간집을 다 읽고 나서 나에게 빌려 주었다. 그러면서 자메이카 대주교의 부탁을 받고 이블린 워와 동행하여 섬을 돌아다닌 적이 있노라고 말했다. 이 작가가 안토니오 항구에서 자기 집을 '반딧불이'라고 이름 붙이고 살던 친구 노엘 카워드〔영국의 극작가, 배우, 작곡가-역주〕를 만나러 왔던 때였다고 했다. 제리 신부는 몇 주간 동안 그와 함께 다닌 모양이었다.

  "이블린 워는 어떤 사람이던가요?" 내가 물었다. "정말 진절머리나는 친구였어." 제리 신부는 이렇게 말하고서 나지막히 속삭

단순한 임무들 299

였다. "아무래도 그는 동성애자였던 것 같아."

사순 시기 무렵 어느 날 아침 나절에 나는 예수회 관사 정면에 돌출된 널찍한 현관에서 흔들의자에 앉아 제리 신부가 소장하고 있던 이블린 워의 저서들 가운데 한 권을 읽고 있었다. 이 집을 그늘로 덮어 주는 커다란 소나무들 중 하나에서 작은 앵무새가 재잘거리고 있었다. 그때 학교에서 몇 걸음 떨어지지 않은 대성당에서 부활 성가가 따사로운 자메이카의 대기를 타고 내 귀로 흘러들었다. 순간 문득 이런 생각이 들었다. '아, 난 참 행복하구나!' 몇 주일을 몸부림치며 보낸 뒤끝이라 몹시 놀라우면서도 더없이 유쾌한 느낌이었다.

얼마쯤 더 지나서, 나는 같은 현관에 앉아 해묵은 〈타임〉지를 읽고 있었다. 시간을 다룬 글이 실려 있었는데 그 글에 따르면 미국인들은 갈수록 자유로운 시간을 갖지 못하고 있으며, 열에 들뜬 자신의 삶을 성찰하는 기회도 점점 줄어들고 있다고 했다. 그러나 성 조지 공동체의 현관에 앉아 내가 하는 이런 일을 하고 그것을 음미할 시간을 가질 수 있는 내 자신이 얼마나 운 좋은 사람인지를 생각하기란 어렵지 않았다. 발톱을 깎아 주는 일을 포함하여 모든 일들이.

혹시나 병들면 어쩌나 하는 우려는 결코 가시지 않았지만, 내가 실제로 아파 누운 기간은 얼마 되지 않았다. 그러면서 나는 인생에서 '만약 그러면 어쩌지.' 하는 걱정은 아무 소용도 없다는 사실을 깨닫기 시작했다. 자메이카에서 나를 담당한 영성 지도자는 나에게 미래보다는 현재에 더 관심을 기울이라고 당부했다. 현재에 더 관심을 기울인다는 것은 내가 미래에 잘못될지도 모를 일들을 두고 걱정하기보다는 라임 산호초와 알파 소년 학교 아이들, 사랑의 선교회, 킹스턴의 내 친구들처럼 하느님이 지금 내게 내려 주시는 온갖 것들을 보다 온전히 알아보고 그 참된 가치를 인정할 수 있다는 뜻이었다. 확실히 자메이카에서는 좋은 시간들이 힘든 시간들보다 압도적으로 많아 보였고, 그러면서 결국 내가 이곳을 그리워하게 되리라는 사실을 깨달았다. 그리고 이것이 내가 자메이카에서 얻어 갈 교훈인 듯 싶었다. 예수님의 말씀처럼 내일의 걱정거리들은 내일 겪는 것만으로 족할 터였다.

체류 기간이 끝나 갈 무렵, 나는 신학생 한 사람과 미니버스를 타고 킹스턴의 다른 지역에 있는 그의 공동체로 향하던 중에 몇 년 전 이곳에 왔다가 되돌아간 뉴잉글랜드 수련자에 관한 이야기를 들었다. 신학생 말로는, 그 수련자가 성 조지 공동체의 생활 여건에, 벌레며 소음 기타 등등에 너무나 괴로워한 나머지 예수회 공동체에서 하룻밤을 보내고는 곧바로 장상 사무실로 뛰어들어가 당장 떠나겠노라고, 이곳 공동체를 떠나고 자메이카를 떠나고 예수회를 떠나겠노라고 선언한 후 며칠이 못 되어 사라져 버렸다는 것이다. 거기에 비하면 나는 어쨌든 그렇게까지 형편없이 처신하지는 않았구나 하는 생각이 들었다.

나와 빌이 이곳에 머무는 기간이 5월 말쯤에 끝나자, 예수회원들과 자원봉사자들은 예수회 관사 옥상에서 우리를 위해 파티를 열어 주었다.

그날 이른 시간에 나는 마더 데레사 호스피스로 가서 수녀들과 환자들에게 작별 인사를 하고 사진을 몇 장 찍었다. "다시 오세요, 수사님! 다시 와서 우리랑 일하자고요!" 이곳 호스피스에 있는 사람들과 수녀들이 보고 싶으리라. 하지만 일 자체는 끝나게 되어 기뻤다.

알파 소년 학교 아이들과는 다시 만나기 힘들 거라는 사실을 알고 있었기 때문에 작별 인사가 한층 더 힘들었다. 설령 내가 장차 언젠가 자메이카로 돌아온다 할지라도, 그들은 삶에 휩쓸려 킹스턴 거리들을 돌아다니고 있을 터였다. 나는 사진기를 가지고 가서 함께 시간을 보낸 아이들의 사진을 찍었다. 아이들은 교실에서 뛰쳐나와 무작정 달려들었다. "저도 좀 찍어 줘요, 수사님!" "수사님, 언제 돌아오실 거죠?" 리카르도는 내가 사진을 찍자 당혹한 표정을 지었고, 나는 사진을 보내 주겠다고 약속했다.

나와 빌은 5월 31일에 비행기를 타고 보스턴으로 돌아왔다. 뜨거운 물이 한정 없이 나오고 방충망도 넉넉하고 좋은 음식이 있는 나라 미국으로 돌아오니 좋았다. 주변에 백인들이 넘쳐 나는 점마저 새삼스럽게 느껴졌다. (모두가 너무나 잘 차려입고 있는 것 같았다.) 그런데 놀랍게도 자메이카에서 마주친 갖가지 불만들에도 불구하고 내가 진정으로 언젠가는 그곳으로 돌아가고 싶어 한다는 사실을 깨달았다. 그러면서 내가 그곳에서 얻은 교훈들을 잊지 않기를 바랐다.

하지만 도착하고 나서 얼마 되지 않아 곧바로 대피정에 들어간 까닭에 무엇인가를 잊어버릴까 걱정할 필요는 별로 없었다. 상상력과 기억 두 가지에 크게 의존하는 체험이 바로 피정이기 때문이다. 나는 청원기가 끝난 다음에 그리고 피정을 할 때 나를 하느님의 현존으로 충만하게 채워 주곤 했던 장소 글로스터로 다시 돌아갔다. 때는 6월 30일이었다.

예수회원은 누구나 일생 동안 두 차례, 수련기와 양성 기간이 끝난 직후에 대피정을 하도록 되어 있다. 대피정 또는 30일 피정은 본래 피정 지도자의 길잡이라 할 수 있는 이냐시오 성인의《영신 수련》에 따라 이루어진다. 이냐시오 성인은 사람들이 하느님을 좀 더 가까이 따를 수 있도록 하려는 목적에서 자신의 기도 체험을 토대로 일련의 묵상과 수련 방법을 담은 《영신 수련》을 저술했다.

글로스터 피정의 집은 대피정을 하려는 사람들로 예약이 꽉 찬 상태였다. 수많은 수녀들과 상당수의 사제들과 부제들, 많은 평신도들이 줄지어 있었다. 그런데 나는 예수회 수련자에 불과했다. 평신도 대부분은 당연히 지역 본당에서 적극적으로 활동하면서 다년간 기도와 피정을 해 온 사람들이었다. 많은 이들에게 글로스터에서 대피정을 한다는 것은 오랜 꿈을 실현하는 것을 의미했다.

피정의 집 직원들은 우리가 당도한 그날 밤에 식당에서 피정자들을 환영하는 저녁 식사 자리를 마련해 주었다. 피정에 임하는 사람들은 예외 없이 다정했기 때문에 모두가 금방 친숙해졌다. 나는 내일부터 침묵에 들어갈 사람들인데 이게 무슨 일인가 싶었다. 하지만 전혀 문제될 것은 없었다. 모두가 "당신을 위해 기도하겠습니다!"라는 말을 주고받았다.

대부분의 수련자들이 아루페 하우스에 남아서 스페인어 공부 같은 사도직 활동을 포함한 여름철 오르도에 들어갔는데도, 데이비드 부수련장은 나를 지도하기 위해 글로스터로 왔다. 데이비드 부수련장 역시 피정 중에 만난 피정자들을 많이 알았다. 그는 피정의 집에 부속되어 있는 예수회 공동체에서 지내게 되었다. 내 방은 본관에 잇대어 지은 초록색 타일로 장식한 기다란 복도에 방이 스무 개가량 있는, 2층짜리 숙소에 자리하고 있었다. 방마다 대서양이 내다보이는 커다란 전망창이 달려 있고 1인용 침대가 놓여 있었으며, 창문 폭에 맞춰 길이는 길되 폭은 좁은 포마이커 진열장이 책상으로 쓸 수 있게 놓여 있었다. 미사는 저녁 5시에 거행되었다. 그 외에 남은 하루 시간은 침묵 속에서 보내면 되었다.

첫 주간은 두 가지 묵상으로 시작되었다. 첫 번째는 하느님의 사랑에 관한 묵상이고 두 번째는 우리의 한계와 죄에 기우는 성향에 관한 묵상이었다. 피정 첫날 데이비드 부수련장은 나에게 그냥 마음을 느긋하게 먹고 창조계의 아름다움을 즐기라고 당부했다.

여름철 글로스터에서 그렇게 하는 일은 무척 쉬웠다. 파도는 피정의 집에서 몇 백 미터 떨어진 해변가 바위들에 부딪쳐 부서졌다. 아침마다 새우잡이 배들이 바다 한가운데로 모험을 떠나면 갈매기와 검은 가마우지가 떼 지어 배들을 따라나섰다. 집에서 몇 미터 떨어지지 않은 커다란 담수호에서는 붉은 날개를 가진 검은 새들이 노래를 불렀고, 갓 태어난 새끼 오리들이 어미를 에워싸고 경쾌하게 헤엄을 쳤으며, 이끼 낀 까만 바위 위에서는 거북이들이 한

가하게 햇살을 즐겼다. 시내 쪽 부두에는 글로스터의 토박이 어부들이 자기네 목선에 들어앉아 끈기 있게 그물을 손질했다. 밤이면 달이 암벽 위로 올라오면서 선명한 오렌지색 달빛을 쏟아 냈다. 우리 주위에서 하느님의 크신 사랑을 발견해 내기는 어렵지 않았다. 그분이 내 삶에 베풀어 오신 은덕을 깨닫기도 어렵지 않았다. 나는 하느님이 여러 해 동안 내게 내리신 축복들을 두고 그분께 감사드렸다. 내 가족, 내 친구들 그리고 지금 받은 예수회 성소.

부족한 내 모습도 바라보기 어렵지 않았다. 데이비드 부수련장는 나에게 시편 51장을 읽으라 했고, 그 말씀은 부족한 나의 모습을 내 눈앞에 적나라하게 펼쳐 보여 주었다.

> 하느님, 당신 자애에 따라 저를 불쌍히 여기소서.
> 당신의 크신 자비에 따라 저의 죄악을 지워 주소서.
> 저의 죄에서 저를 말끔히 씻으시고,
> 저의 잘못에서 저를 깨끗이 하소서.
> 저의 죄악을 제가 알고 있으며,
> 저의 잘못이 늘 제 앞에 있습니다.

나는 기도 중에 내 자신의 악귀들, 내 불완전한 인간 본성, 즉 모든 이가 나를 우러러보기 바라는 내 욕망과 판단하고 험담하고 싶어 하는 나의 성향, 무슨 일이든 찬사를 받으려는 나의 타고난 욕구와 대면하면서 한 주간 대부분을 그렇게 보냈다. 수련기 동안 자기 성찰에 많은 시간을 보낸 다음이라서 내 단점들을 인정하기 쉬웠고, 그런 단점들을 진실로 후회했다. 그러면서 그런 단점들을 좀 더 쉽게 극복하지 못하는 내가 원망스러웠다. 그 주간이 끝나 갈 무렵에는 내 자신이 완전히 무가치하게 느껴졌고, 그래서 데이비드 부수련장이 요한복음에서 간음하다 붙들린 여인을 생각하며 기도드리라고 했을 때 어렵지 않게 기도드릴 수 있었다. 나는 내 자신이 죄가 많다는 것을 절실하게 느끼면서도, 내 자신을 이야기에 나오는 여인으로 생각하다 보니 용서하시는 예수님의 놀랍고도 강력한 힘을 감지할 수 있었다.

기도는 한마디로 질풍노도였지만 글로스터의 생활은 송구스러울 만큼 느긋했고, 며칠 지나면서 피정의 리듬에 기쁜 마음으로 적응할 수 있었다. 처음에는 아침 식사에, 다음에는 기도에.

그에 앞서 데이비드 부수련장은 나에게 기도를 하루에 서너 차례 바치되 한 번에 한 시간씩 바치라고 했다. 처음에 나는 내가 30일 동안 줄곧 그렇게 할 수 있을지 의심스러웠다. 때때로, 특히 기도가 메마르고 삭막할 때, 성당에서 불안스레 장궤틀에 앉앉다 일어났다 하며 열심히 시계만 바라보는 일은 실로 고역이었다. 15분 남았다, 10분 남았다. …… 너무 오래 앉아 있다 보니 엉덩이가 아파오기 시작했다. 하지만 엉덩이는 (그리고 나머지 부위들도) 그런 대로 점차 적응해 나갔다. 그러면서 하느님은 피정에 필요한 인내와 은총을 사람들에게 내려 주신다는 사실을 깨달았다.

아침 기도가 끝나면 글로스터를 돌아다니는 긴 산책에 들어갔는데, 나는 우선 호수를 지나면서 물 위를 헤엄치는 것과 주위를 기어다니는 것 그리고 호수 위를 날아다니는 것 모두를 빠짐없이 관찰했다. 그러고 나서 글로스터에서도 비교적 호화스러운 주택들을 지나, 수리할 어선들이 올라앉아 있는 계류장을 거치고, 내항을 지나친 다음에 대체로 나의 최종 목적지가 되곤 했던 글로스터 뱃사람의 거대한 청동상에 다다랐다. 이 기념물은 배를 몰며 무역에 종사하다 죽은 사람들을 위해 세워진 것이었다. 이 글로스터 뱃사람은 기다란 비옷을 걸치고 손으로는 운전대를 단단히 붙잡은 채 바다를 꼬나보고 서 있었다. 돌로 만든 대좌에 새겨 놓은 시편 107장의 말씀은 배를 타고 바다로 나가는 이들에게는 쉽게 잊히지 않는 문구였다.

배를 타고 항해하던 이들

> 큰 물에서 장사하는 이들
> 그들이 주님의 일을 보았다.
> 깊은 바다에서 그분 기적들을

나는 점심 식사 전에 돌아와 대서양 해변에 앉아서 여동생에게 받은 작은 가죽 수첩에다 글을 쓰고 그림을 그렸다. 식사는 침묵 속에 이루어졌다. 식당에 비치된 확성기에서 잔잔한 음악이 흘러나오는 가운데 쉰 명의 사람들이 내는 은그릇 덜그럭거리는 소리와 음식 씹는 소리밖에 들리지 않는 상황이었고 말을 걸 수가 없었다. 사람들은 큼직한 전망창으로 대양을 바라보기 편하도록 모두가 식탁 한쪽으로 나란히 앉아 식사를 했다.

점심 식사 후에는 또다시 실내 성당이나 '마리아 소성당'이라 불리는 작지만 환한 방에서 (열댓 사람이 함께) 한 시간 동안 기도를 바쳤다. 구건물에 있는 이 소성당은 이전에는 일광욕실로 사용되던 곳이었다. 진흙을 구워 만든 건축 자재를 써서 바닥이 상쾌한 이 작은 방에는 울긋불긋한 방석들을 벽에 배치해 두고 있었다. 그리고 한쪽 구석에는 여러 색깔로 채색된 성모 마리아상이 우뚝 서 있고 그 앞으로 연철을 정성껏 두드려서 만든 화분대 위에는 아프리카 제비꽃 화분들이 놓여져 있었다. 건물 모퉁이에 있는 이 마리아 소성당은 두 벽이 대양을 마주 보는 커다란 창문들로 채워져 있었기 때문에 화분들은 햇살을 충분하게 받고 있었다. 기도하기에 알맞은 이상적인 장소였다.

이 기도가 끝나면 아주 오랜 시간 산책을 하거나 자전거를 탔다. 피정의 집 근처에는 관심을 끌 만한 갖가지 종류의 오솔길들이 뻗어 있었다. 집 맞은 편에 있는 거대한 화강암 암반을 기어올라 바다를 내려다보며 앉아 있을 수도 있었고, 호수 주위를 산책할 수도, 해변가를 한가롭게 거닐 수도 있었다. 내가 좋아하는 산책은 1킬로미터가량 떨어진 등대를 찾는 것이었다. 빨갛고 하얀 줄무늬 칠을 한 등대에는 돌로 쌓아 만든 제방이 바다로 쭉 뻗어 있었고, 그곳에 나가 앉으면 그물을 던지고 끌어올리는 어부들이 시야에 들어왔다. 어느 날 오후에 나는 그곳에 앉아 예수님이 갈릴래아 호숫가에서 사도들에게 들려주신 말씀을 묵상하며 시간을 보냈다. "나를 따라오너라. 내가 너희를 사람 낚는 어부가 되게 하겠다."

등대로 향하는 길에 떠돌이 개들이 나타나곤 했는데, 그래서 만일을 생각한 나는 피정의 집 근처 들판에서 발견한 굵직한 작대기 하나를 들고 다니기 시작했다. 그런데 프란치스코회 수녀 한 사람이 영성 지도를 받기 위해 데이비드 부수련장과 만나면서 지팡이를 들고 돌아다니는 내 모습이 요한 세례자를 연상시킨다는 말을 하더라고 했다. (그녀는 틀림없이 그날 오전에 복음서에서 요한 세례자가 나오는 대목을 주제로 기도했던 모양이다.) 데이비드 부수련장은 프란치스코회 수도자들이 동물을 아주 좋아하기 때문에 내가 사납게 날뛰는 개들을 물리칠 무기로 지팡이를 들고 다닌다는 말을 차마 그 수녀에게 할 수 없었노라고 했다.

서신은 중요한 사안 가운데 하나였다. 영성 지도자들은 피정자에게 오는 편지나 엽서를 모두 현관에 있는 커다란 대리석 탁자 위에 올려놓곤 했다. 나는 하루에 열다섯 번쯤은 그곳을 살펴보았다. 간혹 지루할 때가 있으리라 예상하고 나는 친구들에게 편지를 보내라고 부탁했었다. 롭에게 피정 이야기를 하면서 30일 동안 말을 하지 못하게 될 터인데 편지라도 가끔 와야 하지 않겠느냐고 말했었다.

내가 이 말을 하자 롭이 소리쳤다. "꼭 괴상한 짝 같구나!" 뭐라고? "괴상한 짝 말이야! 걔네들이 수도원에 갔을 때 그랬잖아."

그러면서 롭은 텔레비전 프로그램인 〈괴상한 짝〉에서 펠릭스와 오스카가 수도원을 찾아가는 특이한 에피소드를 상기시켜 주었다. 수도원에는 수십 명의 무뚝뚝한 수도승들이 갈색 수도복에 샌들을 신고 돌아다녔고, 아주 엄격하게 침묵을 지키도록 되어 있

단순한 임무들 311

어서 펠릭스와 오스카 같은 방문객들조차도 말을 했다가는 엄중한 벌을 받았다. 두 사람이 이야기를 하지 못하도록 막기 위해 각자에게 조그마한 흑판 하나씩이 주어진다. 오스카가 침묵을 깨고 자신의 이름을 부르자, 펠릭스는 이 사실을 수도원장에게 보고한다. 그로 인해 시달림을 받는 오스카는 그 작은 흑판에다 글을 써서 펠릭스에게 내보인다. "비겁하게 밀고는 하지 마라!" 그런데 피정 둘째 주에 발신인 칸에 롭의 이름이 적힌 묵직한 봉투 하나가 대리석 탁자 위에 놓여 있었다. 봉투를 뜯어 보니 아주 작은 흑판이 나왔고 거기에는 분필로 이렇게 쓰여 있었다. "비겁하게 밀고는 하지 마라!"

피정 둘째 주와 셋째 주는 그리스도의 삶에 초점이 맞추어졌다. 이냐시오는 영신 생활 전반에 걸쳐 상상력을 활발하게 활용하여 성경에 나오는 다양한 장면들을 스스로 그려 보도록 촉구했다는데, 이를 '장소의 재구성'이라 부른다. 예를 들어 성탄을 묵상할 때는 상상 속에서 자신이 구유에 들어가 아기 예수님의 탄생을 목격하며 마리아님과 요셉 성인과 함께 머물 수 있도록, 즉 그분들이 보는 것을 보고 그분들이 맡는 냄새를 맡고 그분들이 듣는 것을 들을 수 있도록 하느님께 도움을 청하라는 것이다. 나는 이 기도 방식을 흔연한 마음으로 받아들였고, 또한 그 효과가 더없이 탁월하다는 사실도 발견했다. 이러한 관상은 그 과정에서 저절로 자연스럽게 온갖 종류의 놀라운 감정과 통찰력을 경험하게 되고, 그 결과 당사자를 하느님께 보다 가까이 다가가도록 도와줄 수 있다.

나는 내가 성경에서 가장 좋아하는 구절 가운데 하나인 루카복음의 예수님 탄생 예고에서 시작하여 그리스도의 생애를 중심으로 일어나는 다양한 사건들을 상상하는 것을 좋아했다. 하느님께 "예."라고 말할 수 있었던 마리아님의 능력을 곰곰이 음미하다 보면 온갖 종류의 심상과 의문과 생각들이 떠올랐다. 마리아님의 위대한 신앙은 어디에서 나온 것일까? 하느님은 왜 그토록 미천한 사람을 선택하셨을까? 대체 그 무엇이 마리아님에게 그토록 어마어마한 책임에 "예."라고 말할 수 있는 용기를 주었던 것일까? 마리아님의 동정성이 갖는 의미는 무엇이었을까? 이처럼 한 차례의 묵상만으로도 하느님이 마리아님의 삶과 내 삶 속에서 어떻게 역사하고 계시는지에 대한 새로운 통찰들이 끊임없이 생겨나면서 나를 여러 날 계속 분주하게 만들었다.

묵상 주제가 예수님의 비유든, 기적이든, 예수님의 제자들과 함께하는 시간이든, 예수님의 십자가 수난이든 간에 기도 중에 똑같은 것들이 끊임없이 떠올랐다. 나의 교만과 나의 조바심, 나의 죄 그리고 그것들이 어떻게 해서 나를 하느님께 다가가지 못하게 가로막는가 하는 점 등이 그것이었다. 하지만 나는 동시에 나의 단점들에도 불구하고 하느님이 줄곧 내 곁에 꼭 달라붙어 계셨다는 사실도 깨달았다. 내가 늘 얼마나 심하게 걱정만 해 왔던가를 깨달았다. 자메이카에서는 병에 걸릴까 봐 걱정하고, 사람들의 존경을 받지 못할까 봐 걱정하고, 병원에서는 일을 할 수 없을 것 같다고 걱정하는 등 매사에 걱정했다. 하지만 내가 어떤 상황에서 얼마나 심하게 걱정하든 간에 하느님은 늘 여기 내 곁에서…… 나를 기다리고 계셨다.

피정 기간 동안에는 어울려 이야기할 수 있는 '휴식일'이 이틀 있었고, 관상 중에도 행동에 별다른 제약이 없었다. 바닷가에 나갈 수도 있고, 글로스터를 찾거나 이전에는 어촌이었다가 지금은 상점과 식당들과 관광객으로 북적이는 인근 도시 락포트로 나들이를 갈 수도 있었다. 어느 휴식일에 우리 몇 사람이 점심 식사를 하기 위해 떼 지어 해물 식당으로 몰려갔는데, 하마터면 쫓겨날 뻔할 정도로 시끄럽게 떠든 적도 있었다. 대화를 못하고 입을 봉한 채 2주일을 보낸 다음이었다. 이상하게도 나는 모두를 다 알고 있는 듯한 느낌이 들었다. 비록 침묵 중이었지만 함께 드리는 기도는 우리를 일종의 공동체로 만들어 주었던 것이다.

때로는 시간이 지독히 더디게 흐르는 날들도 있었고, 그럴 때면 그 많은 기도가 더없이 피곤하게 느껴졌다. 그러면서 관상이 상당한 집중력을 요구하는 아주 힘든 일임을 알게 되었다. 그러나 대부분의 시간에는 하느님과 아주 가까이 있다고 느끼며 나에게 이런 기회가 주어져서 얼마나 행복한지를 새삼 깨닫곤 했다. 한 달 동안을 기도로 보낼 수 있는 사람이 얼마나 되겠는가? 나는 이제껏 이처럼 많은 시간을 생각에 잠겨 내 자신을 성찰하면서 보낸 적이 없었다. 피정이 끝날 무렵에는 내가 하느님과 좀 더 가까이 있다고 느꼈고, 예수회원으로서 하느님을 가장 훌륭하게 섬기고 평화를 찾을 수 있다는 확신 또한 다른 어느 때보다 확고하게 들었다.

피정 마지막 날에 나는 몇 안 되는 내 물건들을 챙기고 피정자들과 작별 인사를 나누면서, 내가 그들 모두를 더없이 친근하게 느끼고 있다는 사실에 깜짝 놀랐다. 그들이 피정 기간 동안 나를 위해 기도해 주었다는 사실을 절실하게 느꼈다. 그날은 7월 마지막 날이자 '전원생활villa'이라고도 부르는 수련자들의 휴가가 시작되는 날이었다. 나는 앞으로 한 주간을 부모님의 집에서 보내고 또 한 주간은 다른 수련자들과 함께 코드곶에 있는 셋집에서 보내기로 했다.

데이비드 부수련장이 나를 보스턴 남부역까지 태워다 주었고,

거기에서 나는 전국 철도 여객 공사가 운영하는 소란스럽고 인파로 북적이는 뉴욕행 열차에 몸을 실었다. 뉴욕에 있는 롭의 아파트로 가서 간이 침대에서 하룻밤을 보낼 참이었다. 나는 좌석에 앉기 무섭게 곯아떨어져 열차가 뉴욕에 도착하기 몇 분 전에야 눈을 떴다. 이렇게 해서 그리스도의 삶을 묵상하며 바닷가에서 장소 재구성과 기도와 침묵으로 보낸 나는 열차에서 내려 펜실베이니아 기차역 주위에 몰려들어 북적이고 부산하고 시끄러운 군중 속으로 빨려 들어갔다.

삶을 온전히 이해하기

회심이란 우리가 잃어버려도 상관없는 무엇인가를 처분하는 것이 아니다.
회심은 그보다 훨씬 더 깊이 들어간다. 회심은 우리 자신의 어떤 것,
너무 지나치게 인간적이고 너무 지나치게 세속적인
편견과 신념, 태도, 가치관, 사고와 행동 방식, 우리의 일부분으로 녹아들어
이를 떼어 낸다고 생각하는 것조차 고통스럽지만
우리가 시대의 징표들을 올바로 해석하고 삶을 견실하게 바라보고
삶을 온전하게 이해하지 못하도록 방해하는
습관들을 벗어던지는 것이다.

– 페드로 아루페, 《오늘날 신앙과 함께하는 정의》

2년째 되는 해 가을에 나는 마침내 첫해의 불안감들을 떨쳐 내고 찬장문을 닫지 않는다는 이유로 예수회가 나를 내쫓으면 어쩌나 하는 걱정도 하지 않게 되었다. 나와 함께 생활하던 2년차 형

제들은 서원을 하고 철학 과정을 밟기 위해 떠났고, 나와 빌은 새로운 수련자 셋을 맞아들였다. 최근에 푸에르토리코에서 이민 와 노스이스턴 대학교에서 공부한 사교적인 젊은이 허먼과 보스턴에서 건축 기사로 일해 온 조용하고 독실한 데이비드, 그리고 예일 대학교를 갓 졸업한 올빼미처럼 둥근 얼굴에 눈이 큰 학자풍의 또 다른 데이비드가 그들이었다.

한 해를 거치면서 분명하게 드러난 사실은 내가 오늘날의 가톨릭교회에 대해 여전히 무지하다는 점, 아니면 적어도 다른 수련자들에 비해 교회에 관해 아는 것이 매우 부족하다는 점이었다. 어쨌거나 2년차 수련자들 가운데 마이클은 이미 사제품을 받은 사람이었고, 조지는 예수회 자원봉사단에서 일했으며, 다른 이들도 성인과 성사, 교회 역사에 관해 모르는 것이 없었다. 이 점 때문에 때로 나는 당황했다. 2년차들이 8월에 서원을 발하고 나자, 제리 수련장은 나더러 미사에 필요한 제구들을 준비하도록 지시했다.

"성체포 하나와 성작 수건 두 장, 성반 둘, 그리고 성작 하나가 필요하네."

나는 성작을 빼고는 나머지 물건들이 무엇인지도 몰랐고, 그래도 차마 모른다고 말하기 민망스러워 그를 멀뚱멀뚱 바라보고 있었다.

그러자 그는 자신이 이야기하고 있는 상대가 누구인지 깨닫고 다시 말했다. "그릇들 받침 수건 한 장과 잔 닦을 수건 두 장, 성체를 담을 접시 두 개, 잔 하나가 필요하다 그 말이야."

나의 이런 무지 때문이기는 했지만 또한 다른 수련자들의 진행 속도를 유지하기 위해서 그해 가을 강화 모임 중 한 주일에 하루는 성인들을 대상으로 가톨릭 신앙을 소개하는 내용의 책들을 복습하는 데 할애되었다. 내가 주일 학교에서 수업을 받던 때와는 많은 것이 바뀌었다는 데 놀랐다. 그 시간은 내가 신학을 단순한 교리 암기가 아니라 신자들이 신앙을 생활화하고 윤리적 결단을 내리도록 돕는 방편으로 바라보는 데 도움을 주었다.

일례로, 어느 날 아침에 우리는 이전까지 '고해'나 '속죄' 성사로 알려진 화해의 성사를 주제로 이야기를 나누었다. 내가 주일 학교에서 마리아 마가렛 수녀에게 고해에 관해 배울 때는, 우리가 지은 끔찍한 대죄와 소죄가 강조되었다. 우리는 통회 기도("하느님, …… 진심으로 뉘우치나이다.")를 제대로 바치고 올바른 의향으로 우리의 죄를 고백하고 보속을 다해야만 영성체를 한다는 '생각'을 해볼 수라도 있었다.

하지만 내가 수련기 동안 읽은 책에서의 접근법은 그와 전혀 딴판이었다. 보다 중요한 강조점은 공동체와의 화해에 있었다. 물론 죄는 여전히 고해와 보속의 대상이었지만, 강조되는 것은 하느님의 용서와 사람들이 공동체의 다른 이들과 화해하기를 바라시는 하느님의 의중이었다. 실제로 명칭도 이제는 '고해'나 '속죄' 대신에 '화해의 성사'로 통했다.

"이 모두가 언제 바뀐 거죠?" 나는 강화 모임 도중에 무심코 물었다.

"20년가량 되었다네." 부수련장이 어처구니없다는 표정으로 대답했다.

계산해 보니 대충 맞았다. 내가 가톨릭 신앙에 대해 마지막으로 공부했던 때가 열 살이었기 때문이다.

내가 가을철 사도직으로 일한 곳은 성 프란치스코의 집이었다. 프란치스코회원들이 운영하는 이 노숙자 쉼터는 보스턴 상업 지구에서도 열악한 구역에 있었다. 노숙자 문제는 뉴스에서 많이 다루었고, 그래서 나는 이 문제에 직접 부딪쳐 보고 싶었다. 자원봉사자들을 책임 맡은 수녀가 나에게 여러 가지 임무를 맡겼다. 덕분에 나는 부엌에서 일하기도 하고, 추운 겨울날 사람들이 모여드는 '휴게실'에서 시간을 보내기도 하고, 지하실에서 헌 옷을 골라서 나누어 주는 일도 했다.

나는 날마다 삼사백 명분 식사를 준비하는 부엌에서 일하는 것이 가장 즐거웠다. 몇 시간에 걸쳐 요리하고, 한 시간가량 음식을 나르고, 손님 대접이 끝나면 또다시 몇 시간을 들여 부엌과 식당을 청소했다. 25킬로그램가량의 감자를 강철통에 넣고 으깨서 반죽으로 만드는 것은 쉬운 일이었고, 배고픈 사람에게 음식을 퍼주는 것은 분명 기분 좋은 일이었다. 이처럼 즉석에서 결과를 알 수 있는 일은 얼마 없었다.

게다가 부엌에서 자원봉사자들과 함께 일하는 것도 재미있었다. 개중에는 그 지역 대학생들도 있었고, 은퇴한 분들도 있었고, 하루 휴가를 내어 자원봉사를 나온 전문 직업인들도 있었다. (바쁜 일정에도 불구하고 기꺼이 시간을 내서 도움의 손길을 내미는 사람들이 이토록 많을 줄 누가 알았겠는가? 나는 분명 예수회원이 되기까지는 이런 일을 할 생각은 꿈에도 하지 못했었다.) 우리는 요리가 끝나면 서둘러 점심을 먹었다. 먹는 음식은 손님들에게 대접할 음식과 똑같았다. 식사가 나오기 전에 빙 둘러서서 손을 잡고 기도를 드렸고.

수련기 동안 수행한 여러 가지 사도직을 통해 배운 한 가지 교훈은 내가 상투적으로 행동하기가 너무나 쉽다는 것이었다. 나는 유빌 병원에서 일할 때 병든 이와 함께 일하게 되리라 기대했고, 자메이카에서는 임종하는 이 또는 가난한 이와 함께 일하리라 생각했다. 하지만 나는 병든 이나 임종하는 이와 일한 적이 없었고 가난한 이와도 분명히 함께하지 않았다. 실제로 내가 함께 일한 상대는 글래디스 할머니요, 진이요, 두안이요, 리카르도였다. 사람들을 어떤 유형으로 범위를 축소시키는 것은 사실상 그들의 개인적 인격을 박탈함으로써 그들에게 손해를 끼치고 있다는 하나의 신호였다. 예를 들어 자메이카의 문화와 관련된 일들이나 임종 과정 또는 노숙의 원인을 이해하는 일이 그 사람들을 보다 온전히 이해하는 데 매우 중요하다는 점은 분명했다. 하지만 그보다 한 걸음 더 나아갈 필요가 있었다. 그들을 단순히 하나의 사회적 집단으로 바라볼 수만은 없었다. 그러기에는 개인으로서의 그들 자신이 너무나도 독특했다.

성 프란치스코의 집에서 일을 시작할 무렵만 해도, 나는 이런 교훈을 이미 배워서 알고 있다고 생각했다. 하지만 내가 똑같은 실수를 범하면서 그렇지 않다는 사실이 여실히 드러났다. 어느 겨울날 아침에 나는 헌 옷 창고에서 점퍼 하나를 찾고 있었다. 자신의 몸 치수와 필요한 옷의 종류를 이야기하면, 자원봉사자들은 기증받은 헌 옷가지들 속에서 알맞은 옷을 골라주곤 했다. 내가 골라 낸 짧은 코르덴 점퍼는 오렌지색으로, 앞쪽 한가운데 커다란 놋쇠 버클이 달린 널찍한 벨트가 매여 있었다.

상대가 말했다. "맙소사, 정말 촌스러운 옷이군. 내가 이 옷을 입으면 꼴이 뭐가 되겠소?"

그 사람 주위에 있던 사내들이 웃음을 터뜨렸다. 그중에 누군가가 말했다. "맞아, 정말 형편없는 옷이군!"

애당초 나는 그가 집 없는 사람이고, 따라서 마땅히 고마워하리라 생각했었다! 그러나 바로 그 순간 나는 그가 어쩌다가 노숙자 신세가 되었다고 해서 천박한 옷을 입고 싶어 할 이유가 어디 있겠느냐는 생각이 들었다. 노숙자라고 해서 감정이나 취향 또는 자부심을 지닌 개인이 되지 말라는 법은 없었다. 나라도 그런 옷은 입고 싶지 않았을 것이다!

나는 함께 일하는 사람들을 낭만적으로 생각하고 내 자신의 공로를 과대평가하는 경향이 있다는 점도 깨달았다. 임종을 맞이하던 그 가엾은 사람은 나를 보면 무척이나 좋아했고 고맙게도 자신의 신앙 이야기를 내게 쏟아 놓곤 했다. 또한 자메이카 소년은 나의 관심을 더없이 고마워했고 나의 아낌없는 도움으로 삶을 변화시켰다. 그러니 이 노숙자도 내가 건네주는 음식과 의복에 더없이 고마워하리라. 고마워요, 짐!

실제로 그런 일이 일어날 때도 있었다. 함께 일하는 많은 사람들이 정말로 고마워했고 고맙다는 말도 하곤 했다. 많은 이들이 나와 친구가 되었으며, 그들의 선한 마음에 나는 감동이 되었다.

그런가 하면 몇몇 사람은 곁에 있기조차 힘들 때도 종종 있었다. 병든 이, 임종하는 이, 집 없는 이 때문에 때때로 화가 나기도 했다. "이 감자는 덜 으깨어졌잖아." 음식을 타기 위해 길게 늘어서 북적거리는 사람들 틈에서 한 사내가 감자 요리를 접시에 담아 주자 투덜거렸다. 그는 내가 대략 400번째로 음식을 담아 준 사람이었다. 그런데 그가 자기 접시를 다시 밀어 넣으며 쏘아붙였다. "다시 으깨서 내놓아요."

"잠깐만 기다리세요. 저도 그걸 먹어야 하니까요."라고 내가 대답했다.

줄지어 섰던 다른 사내가 "하하!" 하고 웃음을 터뜨리더니 내게 말했다. "당신이 저 친구에게 한 방 먹였군요!"

수련자들은 기도하고 일하고 공부하며 별다른 일 없이 가을을 보냈다. 한 가지 일만 빼고는. 11월 중순에 뉴잉글랜드 관구 인사로부터 엘살바도르 중앙아메리카 대학에서 일하던 예수회원 여섯 명이 요리사와 그녀의 딸과 함께 그곳의 가난한 이들 위해서 일했다는 이유로 피살되었다는 소식이 전해졌다.

이상한 기분이 들었다. 수련원 공동체와 수도회 전체가 그렇게 느꼈듯이, 나도 심한 상실감을 느꼈다. 내가 한 번도 만난 적이 없는 사람들, 특히 살해당한 예수회원들이 그토록 가깝게 느껴지다니, 묘한 기분이었다. 실제로 나는 그들이 내 형제로 느껴졌다. 마치 내 가족 가운데 누군가가 죽은 듯 싶었고, 심지어는 예수회원이 아닌 내 친구들까지 그 점을 인정했다. 내 가족과 친구들이 전화를 걸어 무척 가슴 아픈 일이라며 나를 위로했다. 그와 동시에 예수회원들이 두 여성과 함께 위험한 지역에서 가난한 이들 곁에 머물겠다는 선택을 통해 자신의 신앙을 증거해 온 그 기백에 크나큰 자부심을 느꼈다. 그런 자부심이 잘못된 것이었을까? 어쩌면 나는 그 사건이 예수회에 가져다준 다양한 평판에서 그릇된 자부심을 얻어 내었는지 모른다. 이 사건은 모든 주요 신문 1면에 실릴 정도로 크게 다루었다.

하지만 그것은 아니었다. 그들의 행동은 내 내면의 보다 깊은 곳에 대고 무엇인가를 말해 주었다. 왜냐하면 나는 (적어도 아직까지는) 순교자가 되고 싶은 생각이 전혀 없었지만, 언젠가는 그와 같은 신앙을, 누군가로 하여금 하느님과 하느님의 백성을 위해 목숨까지 내걸고 일할 수 있도록 용기를 불어넣는 그런 신앙을 갖게 되기를 바랐기 때문이다. 이들은 예수회 말로 '실천하는 사람들'이요, '다른 이들을 위하는 사람들'이었다. 그래서 우리는 그들과 그들이 지키고자 했던 대의가 자랑스러웠다.

둘째 해는 수련자들이 네 달 동안 예수회의 사목지에 상근자로

파견되는 '장기 체험'이 주를 이루었다. 그래서 1월이 되어 1년차 수련자들이 자메이카로 떠날 때 빌은 메인 주에 있는 '우리' 고등학교로 파견되었고 나는 예수회가 뉴욕시에서 운영하는 작은 학교로 갔다.

예수 탄생이라는 이름을 가진 이 미션 스쿨은 동부 저지대 휴스턴가 인근에서 이전에 빈민 공동 주택으로 쓰였던 건물에 입주해 이민자들이 썼던 방을 교실로 사용했다. 그해에 교직원은 교장직을 맡은 예수회 사제 한 사람과 교생 실습 과정을 이수하는 예수회 신학생 두 사람, 예수회 자원봉사단이라는 이름의 프로그램으로 실시되는, 갓 대학을 졸업한 사람들을 대상으로 하는 정부 사업에 참가한 젊은 평신도 자원봉사자 다섯 사람으로 구성되어 있었다. 자원봉사자 몇 사람은 이 학교 꼭대기 층에 있는 작고 허름한 오두막에서 살았다. 자원봉사자들과 학생들이 잭 신부님이라고 부르는 헌신적인 예수회원 교장은 교실 한 칸에 붙은 벽장이나 다름없는 아주 작은 방에서 생활했다.

나는 학교에서 몇 구획 떨어져 2번가에 자리 잡고 있는, 역시 예수 탄생이라는 이름을 지닌 예수회 본당에서 기거했다. 그곳 공동체에는 교생 실습 과정에 있는 예수회원 두 사람과 본당에서 일하는 신부 세 사람 그리고 도심 병원에서 사목하는 신부 한 사람이 생활했다. 이 가운데 병원 사목을 하는 신부는 대부분을 병원에서 보내고 밤에도 그곳에서 자는 경우가 많아 만날 기회가 거의 없었다. 이곳은 수련원과는 달리 '청빈'에 걸리는 문제점이 전혀 없었다. 숙소, 특히 지하실에 본당의 회의실과 맞붙어 있는 부엌은 무척이나 황량했다. 몇 곳은 시급하게 보수가 필요했다. 바람이 솔솔 들어오는 창문들, 부서진 가구들, 떨어져 나간 천장 타일들, 대충 이런 식이었다. 가면 갈수록 수련원이 그리워졌다.

남학생 대부분은 도미니카와 푸에르토리코에서 갓 이민 온 가정의 아이들로, 부모가 영어를 못하는 경우가 많았다. 쉰 명 남짓 되는 아이들은 학교에서 몇 안 되는 교직원들의 관심과 사랑을 담뿍 받고 있었다.

교사들은 성의를 다해 일했다. 그들의 하루 일정은 더없이 빠듯했고, 그들의 열성은 실로 놀라웠다. 오전 8시에 수업이 시작해 점심때까지 이어졌다. 학교에는 손바닥만 한 부엌밖에 없었기 때문에, 잭 신부는 세 구획 거리에서 그리스도 형제회가 운영하는 라살 고등학교에서 아이들의 점심을 사다 먹었다. 그래서 학교 아이들 몇 명이 라살 고등학교에서 낡은 손수레에다 40인분 점심을 산더미처럼 싣고 2번로를 내려와 휴스턴가를 건너 학교로 돌아오곤 했는데, 도중에 보도 위에 음식을 떨어뜨리기 일쑤였다. 일례로 아이들이 칠면조 고기를 먹기로 되어 있던 날, 나는 학교로 가던 길에 덩굴월귤 열매 소스 덩어리가 인도에 덩그렇게 놓여 있는 것을 본 적도 있었다. 그런가 하면 교사들에게는 본당에서 어머니회와 할머니회가 냄새가 구수한 닭고기 볶음밥과 뚜나 볶음밥을 냄비에 담아 내놓았다. 점심 식사가 끝나고 짧은 휴식 시간이 지나면 아이들은 다시 교실로 들어가 3시까지 수업을 받았다. 많은 아이들이 결손 가정이나 공부할 장소가 없는 가정에서 살았기 때문에, 저녁 식사 시간까지 학교에 남아 있었다. 오후 5시가 되면 학교 문이 닫혔고 모두 집으로 돌아가 저녁 식사를 했다.

교사들 대부분은 매일 오후 5시 15분에 예수회 공동체의 소성당에서 거행되는 미사에 참여했다. 날마다 집전되는 공동체 미사가 대부분 예수회원들만 참여하는 데 비해서 이곳에서는 교사들과 동부 저지대에 사는 본당 신자들도 자리를 함께했던 것이다. 오후 5시 15분 미사에 늘 참석하는 본당 신자가 서너 명 있었다. 하나같이 늙고 가난한 여인들이었다. 그 가운데 한 명은 날마다 '병든 이들과 가난한 이들, 고통받는 이들'을 위해 기도했다. 다른 한 사람은 항상 '제 아들 신부 알렉산더'를 위해 기도했고, 세 번째 여성은 아무 말도 하지 않았다. 예수회 공동체와 학교 교사들과 연로한 본당 신자들이 뒤섞인 이런 연합체는 전형적인 가톨릭의 현재 모습을 보여 주었다.

예수님께서 회당에서 가르치시는 복음 구절("이 사람은 목수의 아들이 아닌가?")이 낭독되고 나서, 잭 신부는 유다인으로서의 예수님이 지닌 특성을 주제로 짤막한 강론을 했다. "예수님은 유다인 가정에서 태어나 유다인으로 자라셨습니다."

두 여성은 이 말에 참고 넘어가지 못했다. 한 여성이 나서서 말했다.

"그치만 예수님은 말할 것도 없이 그리스도인이셨지요."

"아닙니다." 잭 신부는 참을성 있게 말했다. "그분은 유다인이셨어요. 그분은 유다인으로 자랐고 유다인으로 돌아가셨습니다."

그러자 다른 여성이 나섰다. "그래도 예수님은 그리스도교를 세우셨을 때 유다인 신분을 벗어던지셨어요, 맞지요?"

"그렇지 않아요."

"그분이 유다인이셨을 리가 없어요! 그분은 예수님이셨다고요!" 첫 번째 여성이 우겼다.

나는 잭 신부가 신학 문제에서 왕따를 당하도록 보고만 있을 수 없어서 끼어들었다. "제가 어디선가 읽은 바에 따르면 예수님이 오늘날 지상으로 돌아오신다면 그분은 유다인이라는 특성 때문에 성전보다 회당에서 한결 편안함을 느끼실 거라고 하더군요."

"그렇다면," 여성들 중에 한 사람이 단념한 듯 한숨을 쉬었다. "이것도 신비들 중에 하나인가 보네요."

미사와 저녁 식사가 끝나면 학생들과 교사들은 학교 자습실로 돌아가곤 했다. 처음에는 학생들이 학교에서 보내는 시간이 너무 많다고 생각했지만, 바로 이것이 학교가 성공을 거두고 있는 비결 가운데 하나라는 사실을 금방 알 수 있었다. 교사들은 아이들에게 세심한 관심을 쏟으며 정성껏 보살폈다. 학교는 안전한 장소였고, 이 같은 주위 환경은 대체로 가정에 비해 아이들이 공부하는 데 한결 도움이 되었다.

하루 일과는 밤 10시에 끝났고, 이 시간이 되면 교사들 가운데 한 사람이 학교 차로 아이들을 집으로 데려다 주었다. 학교 인근에 위험한 요소들이 꽤나 많기 때문이었다.

내가 이 학교로 '파견될' 때, 수련장은 어쩌면 내가 오전 8시부터 밤 10시까지 이어지는 정규 교사의 일과표를 따르기 힘들 거라고 말했다. 그리고 우리 두 사람 모두 그 일과표에 따르자면 기도와 성찰 시간이 남아나지 않는다는 점을 알고 있었다. 그래서 나는 '오로지' 정오부터 밤 10시까지만 일하는 일종의 보조 교사로서 학교에 부임했다. 덕분에 내가 하는 일은 체계가 없다시피 했다. 잭 신부는 처음에 나더러 이 학교 졸업생들로 지금은 고등학교에 다니는 아이들을 위해 방과 후 프로그램을 만들어서 몇 가지 과목을 가르쳐 그들에게 다소나마 도움을 주라고 지시했다. 이것은 GE에서 우리가 말하던 이른바 '특별 프로젝트'에 해당하는 일이었다. GE에 있을 때 나는 직원들에게 특별 프로젝트는 가능하면 피하라고 당부하곤 했었다. 이것은 대체로 체계가 없어서 사람들은 자신이 맡은 임무가 무엇인지 혼란스러워했다. 그리고 실제로 나는 명확한 한계가 없는 체계적이지 못한 일에는 금방 좌절감을 느끼곤 했다. 내가 자격을 제대로 갖춘 교사가 아니라는 점 때문에 내가 당혹스러워진 면도 있기는 했다. 그러나 다른 사람 모두가 하는 일도 상당 부분 체계적이지 못하다는 사실을 이내 간파했고, 그래서 완전히 좌절하지는 않게 되었다.

내가 지금은 고등학교에 다니는 이 학교 '졸업생들'을 위해 맨 처음 한 일은 전문가들을 초빙하여 직업에 관해 이야기하고 질문에 답변하는 저녁 강좌를 마련하는 일이었다. 아이들 중에는 부모가 실직 상태에 있는 경우도 있었기 때문에, 나는 아이들이 고등학교를 마친 뒤에 어떤 기회들이 기다리고 있는지를 파악하게 하는 데 이런 강좌가 도움이 되리라고 생각했다. 그래서 몇몇 친구들에게 강의를 해 달라고 부탁했고, 사실 이 일이 그들에게도 보탬이 되리라고 믿었다. 아울러 라틴 아메리카 출신의 전문가들이 보다 효과적인 역할을 해내리라 생각하고 그들과 접촉하기 위해 노력했다. 하지만 그런 기대가 빗나가는 경우가 종종 있었다.

어느 날 밤에 나는 라틴 아메리카 출신의 건축가를 강연에 초빙했다. 그는 사람들이 망연자실할 정도로 지루하게 이야기를 하고 나서 질문이 있느냐고 물었다. 멍한 기분에서 겨우 정신을 차린 아이들 가운데 하나가 자리에서 일어나 물었다. "그건 그렇고, 지금 하고 계시는 일이 뭐죠? 제 말은 개발 사업 같은 것에 관여하시느냐 그 말입니다."

"그래, 지금은 시청에 있는 욕실들을 새로 설계하고 있단다."

"그래요? 그거 재미있을 것 같네요!" 한 아이가 말했다.

그러자 아이들이 웃음을 터뜨렸다. 내가 이 아이들 가운데서 미래의 건축가가 나올 가능성을 막아 버린거나 다름없다는 생각이 들었다.

나는 또한 낮에 고등학생들을 데리고 가까운 곳을 견학하는 프로그램도 마련했다. 하루는 고지대에 있는 NBC 방송국으로 견학을 갔다. GE는 1986년에 NBC를 사들였고, 그래서 내가 GE에서 일할 당시에 이곳으로 전출시킨 몇 사람들이 아직까지 남아 있었다. 이 친구들은 학생들의 견학을 주선해 주었을 뿐 아니라 방송국에서 일하는 것이 어떤 것인지를 그들에게 흔쾌하게 이야기해 주었다. 열예닐곱 살의 학생들 가운데 일부는 평생을 뉴욕시에서 살았으면서도 14번가 북쪽은 한 번도 가 본 적이 없다는 사실을 그때 처음 알았다. 우리가 지하철역을 나섰을 때 그들이 뉴욕에 처음 와 본 관광객처럼 높다란 록펠러 센터 건물을 올려다보는 모습을 보면서 나는 무척이나 놀랐다. 방송국 건물 안에 들어서자 그들 중 하나가 말했다. "와, 바다 전체가 양탄자로 덮여 있는 건 처음 봐요, 마틴 선생님."

열다섯 명의 고등학생들을 끌고 다닌다는 것은 엄청난 고역이었다. 견학을 하는 동안 이들은 안내자의 지시를 무시하는 것은 일쑤고, 빈 사무실들을 들여다보는가 하면 견학 장소가 아닌 홀들을 돌아다니곤 했다. 견학 안내인인 예쁘장한 젊은 여성은 나 못지않게 곤혹을 치러야 했다.

우리가 스튜디오 가운데 한 곳에 들어서자 그녀가 명랑하게 말했다. "이곳이 투데이 쇼(NBC 방송의 대표적인 뉴스 프로그램-역주)를 촬영하는 곳이랍니다."

한 학생이 물었다. "그게 무슨 쇼지요? 전 한 번도 못 봤는데. 언제 방영하는 거예요?"

그녀가 대답해 주었다. "매일 아침 7시에 방영돼요." 그러자 이 학생이 내뱉듯이 말했다. "제기랄!" 멍해진 그녀가 간신히 정신을

삶을 온전히 이해하기 333

차리고 말했다. "이제, 다른 질문은 없나요?"

"있어요, 당신은 여기서 돈을 얼마나 받나요?" 곧이어 어김없이 나옴직한 질문이 터져 나올 때까지 그녀가 대답 삼아 무슨 말을 우물거렸는지 기억이 잘 나지 않는다.

한 아이가 음흉하게 씩 웃으며 물었던 것이다. "그건 그렇고 물어볼 말이 있는데요, 저랑 사귀어 보지 않을래요?"

나는 오후마다 몇몇 나이 어린 학생들에게 개인 지도를 했다. 엔젤과 지미는 둘 다 열 살로, 읽기에 문제가 있었다. 그래서 나는 그들이 읽기에 재미를 느낄 만한 어린이용 도서 몇 권을 찾아냈다.

지미는 유명한 소년 탐정 이야기를 담은 《만물박사 브라운》을 좋아했다. 그는 일단 제목의 앞 단어를 알고 나자 그렇게 어려운 책은 아니더라고 말했다. 엔젤은 내가 좋아하는 어린이 책들 가운데 하나인 《푸른 돌고래들의 섬》을 집어 들었는데, 책의 주인공이 여자애인데도 의외로 재미있어 했다. 나머지 시간에 나는 미술 시간에 보충 수업을 들어가거나 오후나 저녁때 자습실에 들어가 감독을 하면서 숙제와 관련된 질문에 답해 주고 철자와 수학 공부를 돕는 것으로 채워졌다. 하지만 여기에는 교실을 조용하게 만들기 위한 규율상의 문제가 따랐는데, 이것은 위압적 태도로 나타났다. 사실 때때로 나오는 농담과 장난질에 터져 나오는 웃음을 막기가 어려웠다. 게다가 아이들은 입을 열 수 있는 유일한 핑계거리가 그것인지라 끊임없이 질문을 해 댔다.

어느 날 바비라는 이름의 소년이 내게 물었다. "마틴 선생님, 예수회원이 되기 전에 돈을 많이 벌었다는 게 정말이에요?"

"그렇다고 봐야겠지."

"아파트 같은 것도 가지고 있었어요?"

"그랬지."

"자가용도요?" 질문은 계속 이어졌다.

"그래."

"그런데 지금 이러고 있는 거란 말예요? 나 참, 그걸 왜 포기했어요?"

"이게 전에 했던 어떤 것보다 더 좋아서지."

바비는 휘둥그레진 눈을 뒤룩거렸다. "정말, 선생님은 미쳤군요!"

하지만 그 말이 사실이었다. 나는 자습을 감독하거나, 가끔 보충 수업에 들어가거나, 오후 미술 수업을 담당하는 식의 하잘것없는 일들을 하고 있을 뿐인데도 GE에서 일을 하던 때보다 한없이 더 큰 만족감을 맛보고 있었다.

어느 날 저녁 나는 예수회 공동체 부엌에서 요리사인 아우라와 이야기를 하고 있었다. 그녀는 맛이 기막힌 도미니카 요리들을 준비하는 중이었고, 거기에는 튀김 요리들이 많이 포함되어 있었다. 기름이 튀어 부엌 바닥이 얼룩져 있었는데, 내가 그만 미끄러지고 말았다. 발이 뒤틀린다 싶더니 무엇인가 부러지는 소리가 들렸다. 덕분에 나는 다리를 절뚝거리며 학교 자습실로 돌아갔다.

이튿날이 되자 발이 부어올라 걷기조차 힘들었다. 내가 절뚝거리며 인근에 있는 병원을 찾았더니 응급실 담당 의사가 내게 작은 뼈 하나가 부러졌다고 했다. 그러고서 내가 미심쩍은 눈으로 지켜보는 가운데 발에다 붕대를 감고 끈적거리는 젖은 거즈를 무릎까지 널찍하게 칭칭 동여맸다. 결국 나는 큼직한 깁스 붕대를 감고 목발을 짚은 채로 학교까지 걸어가야 했다.

"마틴 선생님!" 내가 문을 열고 들어서자 아이들이 소리쳤다. "대체 무슨 일이에요?" 스무 명의 아이들이 달려와서 나에게 무슨 사고를 당했냐고 물었다. 그런가 하면 목발 좀 빌려 달라고 사정하기도 했다. 점심시간에 내가 다른 교사들과 함께 앉아 식사를 하고 있을 때, 아이들은 내 목발을 가지고 놀았다. 그러다가 한 아이가 말했다. "나도 다리가 부러졌으면 좋겠다!"

자원봉사자 교사 가운데 한 사람인 미셸이 자기 반 아이들에게 마틴 선생님의 다리가 낫도록 기도를 당부했다.

이튿날 나는 아주 조심스럽게 샤워실로 들어갔다. 그리고 의사의 지시대로 깁스 붕대가 물에 젖지 않도록 하려고 쓰레기 비닐봉투로 잘 싸맸다. 하지만 소용없었다. 깁스 붕대는 금방 물에 푹 젖어 묵직한 철근을 매달고 있는 듯이 다리가 무거워졌다. 그래서 다시 병원을 찾았더니 이번에는 다른 의사가 엑스레이를 몇 장 찍어 보고는 이렇게 커다란 깁스 붕대는 전혀 필요 없었다고 말했다. 그리고 목발도 몇 주일만 짚고 다니면 될 것이라고 하면서, 빠른 솜씨로 깁스 붕대를 벗겨 내고 대신에 멋진 에이스 붕대로 발목만 싸매 주었다.

나는 학교로 걸어갔다.

"마틴 선생님!" 아이들이 나를 보고 달려들었다. "다리가 많이 좋아지셨네요! 저희가 선생님을 위해 기도해서 선생님 다리가 좋아진 거예요! 이건 정말 기적이에요!"

GE에서 일할 때보다는 용돈이 훨씬 적었음에도 불구하고, 다시 맨해튼에서 살게 되니 재미있었다. 나는 당시에 급료로 70달러를 받고 있었다. 이것은 35달러를 받던 전년에 비해 상당히 인상된 액수였고, 옛날 나의 룸메이트 롭은 놓칠세라 내 급료가 100퍼센트나 오른 것을 보면 일을 잘하는 게 분명하다고 한마디 했다.

맨해튼에는 대학 동창들이 많이 일하고 있었고, GE에서 사귄 친구들도 대부분 이 근처에 살고 있었다. 그리고 그들 가운데 많은 이들은 한 친구가 말한 이른바 '엄청난 예수회 사건'에 불편함을 느끼고 있었다. 내가 너무나도 갑작스럽게 예수회로 뛰어들었던 만큼, 결코 놀라운 일도 아니었다. 친구 가운데 한 명이 나와 비슷한 일을 했다면 나 역시 똑같은 느낌을 받았을 것이다. 상당수는 아직도 내가 고집으로 어리석은 짓을 한다고 걱정했다. 그들이 그런 것도 무리는 아니었다. 그들은 예수회에 대해 아는 것이 거의 없었기 때문이다.

롭처럼 내 뜻을 깊이 이해하고 예수회 전통과 영성, 기도에 관해 묻는 이들도 있었다. 신앙을 지닌 소수의 친구들은 물론 나에게 더없는 격려를 보냈다. 펜실베이니아 시절에 그리스도인으로 다시 태어난 친구 자크는 내가 하는 일이며 피정, 나의 장래 계획들에 관한 이야기를 들으면서 한 번도 지루해한 적이 없었다.

하지만 대부분은 여전히 예수회와 수도 생활 전반에 대해 경계심을 드러냈다. 이 점은 그들과의 대화에서 확연하게 드러나곤 했다. 그들은 기도와 신앙에 관한 이야기가 나오면 특히 불편해했다. 그래서 나는 이것을 '몸부림 발동기'라 이름 붙였다. 수련원이나 다른 예수회원들, 내가 하고 있는 일의 유형, 예수회 양성 교육에 관해 이야기하는 것은 그나마 괜찮았다. 하지만 어쩌다가 실수로 기도나 관상 같은 것을, 또는 언급해서는 안 될 하느님을 언급하기라도 하면 그들은 점차 불편한 심기를 드러내다가 앉은 자리에서 몸부림을 치기 시작했다. 그리고 대체로 화제를 바꾸려고 했다.

하지만 이렇듯 종교를 미심쩍어하는 이들도 순수한 '선행들'에는 비교적 진한 온정을 보였다. 자메이카, 예수 탄생 학교, 노숙자들에 대한 사업 같은 주제는 그들에게 호소력이 있었다. 그리고 다행히도 그들이 내가 하는 일을 편안한 마음으로 받아들인 덕분에 그 일에 필요한 영성적 토대에 대해서도 점차적으로 관심을 보이는 경우가 종종 있기는 했다. 하지만 이야기가 그런 쪽으로 흐르다 보면, 이미 내 인생에서 중요한 부분으로 굳어 있고 내가 예수회 형제들하고는 마음 놓고 이야기하는, 나의 신앙이 기괴한 춤사위처럼 불쑥불쑥 튀어나오곤 했다. 내 친구들 가운데 일부는 이것을 들을 준비가 되어 있지 않았고, 그래서 내 삶의 많은 부분을 전달할 수가 없었다.

예수회원을 정말로 싫어 한다고 생각되는 친구도 있었는데, 나 역시 그들과 만나면 불편했다. 그들도 누구 하나 내가 '잘못되고' 있다는 말을 터놓고 하지는 않았지만, 가톨릭교회가 저지른 전과와 누리고 있는 '부', 여성의 권리와 관련된 전과와 산아 제한, 낙태 등을 주제로 하는 격렬한 토론으로 나를 끌어들이는 이들이 많았다. 하느님의 존재와 기도의 실체는 나의 상상력이 만들어 낸 허구라는 것이 그들의 주장이었다. 그러면서 예수회원들은 이상할 정도로 거기에 매달린다는 것이었다. 그들은 선행들을 좋게 평가했지만, 가난한 이들과 함께하는 경우라 하더라도 그것이 가톨릭교회와 연관되어 있다는 사실 자체에는 의혹의 눈길을 보냈다. 예수회가 그런 종류의 일을 하는데는 틀림없이 숨겨진 동기가 있다는 것이었다. GE 친구 하나는 그들의 정치적 동기가 대체 뭐냐고 물었다. 예수회는 사람들이 기증한 돈을 실제로 어떻게 사용하느냐? 교회가 수많은 부동산을 가지고 있는 건 사실 아니냐? 그러면서 그들은 내가 예수회에 들어간 것을 두고 개탄했다. 그리고 나는 그들의 사고방식을 개탄했다.

브루스가 전해 준 이야기에 따르면, 나의 대학 친구 하나가 새해 전야 파티에서 무겁게 한숨을 내쉬며 말했다. "짐이 정말 안됐어. 박물관과 영화 구경 등 좋아하는 일들이 다양하고 많았잖아. 그런데 지금은 하나도 할 수 없는 처지가 되고 만거야."

그 말에 브루스가 받아쳤다고 했다. "짐은 예수회에 들어간 거지 죽은 게 아니라고."

사실 나는 예수회원이 되었다는 이유로 친구들을 잃고 싶은 생각이 없었다. 나는 그들이 일단 예수회를 더 잘 알게 되면 나의 결정을 한결 마음 편하게 받아들일 것이라고 믿었다. 그리고 실제로 그들이 나나 다른 예수회원들 주위에서 시간을 보내다 보면 대개는 내가 세뇌당한 자동인형이 돼 가고 있지 않다는 것을 확인할 수 있었다. 그럼에도 나는 소수의 적대적인 친구들과 어울리면 마음이 불편했고, 그래서 그들을 멀리하기 시작했다. (물론 그로 인해 죄책감을 느끼기도 했다.) 하지만 나로서는 내 선택을 호되게 질타하는 사람들과 어울리며 시간을 보내지 않더라도 충분히 수련자 생활만으로도 힘에 겨운 상태였다.

예수 탄생 학교에서 일하는 동안, 나는 공적인 '종교계 인사'가 된다는 것이 어떤 것인지를 맛보기도 했다. 내가 아직 목발을 짚고 다닐 때, 맨해튼에서 젊은 회사 간부들로 구성된 일종의 자선 단체가 이 학교를 위한 모금 파티를 개최하면서 교직원들을 초대했다. 그들이 웨스트사이드에 있는 커다란 클럽을 빌려 저녁 식사를 겸한 댄스 파티를 열기로 한 때는 5월이었다. 그날 밤은 습도가 높았고, 양복에 넥타이를 매고 목발을 짚은 채 빈들거리며 돌아다닌다는 생각만으로도 진땀이 흘렀다. 성직자용 셔츠를 입는 것이 훨씬 나았다. 이것은 소매가 짧으면서도 '정장'으로 통할 수 있는 옷이었다. 게다가 나는 그 옷을 입으면 어떻게 되는지 알아

보고 싶은 호기심도 있었다.

"와아, 안녕하세요, 신부님!" 내가 사제관에서 나오자마자 교사들이 일제히 소리쳤다. 내가 목발을 짚고 있다는 점을 고려해서, 우리는 택시를 타고 클럽으로 향했다.

홀에는 2년 전의 나와 별로 다르지 않은 유형의 젊은 회사 간부들이 북적거리고 있었다. 나와 교사들은 지정된 식탁에 앉았고, 예수 탄생 학교를 졸업한 아이들 몇 명이 이날 저녁 일한 대가를 두둑이 받기로 하고 와서 시중을 들어 주었다. "야아, 마틴 선생님, 드디어 사제가 되셨군요!" 그들이 로만 칼라를 가리키며 말했다.

목발을 짚고 돌아다니기는 힘들었고, 그래서 나는 우리 식탁에 눌러 앉은 채 친구들에게 음료수를 갖다 달라고 해서 마셨다. 멋지게 차려입은 사람 하나가 술을 가지러 카운터로 가다가 나와 몸이 부딪쳤다. "조심하라고!" 그는 내 곁을 지나치면서 매섭게 소리쳤다. 그리고 곁눈으로 나를 훑어보다가 내 로만 칼라를 발견했다.

"아이고, 신부님, 죄송합니다!" 그가 갑자기 어쩔 줄을 모르며 말했다. "거기 계신 걸 몰랐습니다. 정말 죄송합니다!"

기업체 직원으로 보이는 한 사람이 내게 다가와서 우리가 예수 탄생 학교에서 하고 있는 일이 참으로 훌륭한 일이라고 칭찬했다. 그는 대단히 허물없는 사람이었고, 학교와 관련해서 몇 가지 흥미로운 질문을 던졌다. 나는 그에게 무슨 일을 하느냐고 물었다.

"예, 저는 금융 계통에서 일하고 있답니다, 신부님. 투자 은행이지요." 그는 내가 벌써부터 화제에 흥미를 잃어버렸을 거라 생각했는지 잠시 입을 다물고 있다가 말했다. "그러니까 투자 은행은 다른 사람들의 돈을 맡아서 그들이 투자를 하도록 도와주는 그런 종류의 일을 하지요. 이것은 상업 은행과는 다르답니다."

"그래요, 나도 그 차이를 안답니다." 나는 살러먼 브라더스와 면접을 보던 때를 떠올리며 말했다. "실은 저도 금융업계에 있었답니다. GE 캐피탈에서 일했지요." 그는 깜짝 놀란 눈으로 나를 빤히 바라보았다. 말 그대로 입을 쩍 벌리고서. 나는 그렇듯 입이 벌어지는 모습을 한 번도 본 적이 없었다. 그는 어색하게 몇 마디 말을 더 하고는 자신의 술자리로 돌아갔다.

그날 밤 막판에 아주 매력적인 여성 하나가 흠뻑 취한 채 내게 다가왔다. 그녀는 알아듣기 힘든 말을 짧게 몇 마디 하더니 내 팔을 붙잡아 자기 곁으로 끌어당겼다. "신부님, 오늘 밤 제게 정말로 필요한 게 뭔 줄 알아요?"

나로서는 알 길이 없었다.

"누군가와 함께 자는 거라고요." 그녀는 나를 빤히 응시하며 말했다.

나는 무슨 말을 해야 좋을지 몰랐고, 그래서 잠자코 있었다.

"뭐 좀 물어봐도 될까요? …… 너무 사적인 것이 아니라면 말에요."

"그러시죠, 뭐." 나는 주저하며 대답했다.

"혹시 알코올 의존자 아니신가요?"

"아이고, 아닙니다." 그때 나는 생강차를 마시던 중이었다.

"혹시 동성애자세요?" 그녀가 다시 물었다.

"뭐라고요?"

"동성애자 아니냐고요, 신부님?"

"아가씨가 사적인 이야기는 하지 않겠다고 한 걸로 아는데요."

"아주 솔직한 분이로군요, 그렇죠?" 그녀가 말했다.

"분명히 그렇다고요."

나는 그녀의 손을 부드럽게 내 팔에서 떼어 내며 찾아와 주어 고맙다고 말했다.

그녀는 비틀거리며 떠나갔다. 예수 탄생 학교를 나온 미구엘이 다가와서 물었다. "마틴 선생님, 저 사람은 누구죠?"

나는 대답 대신에 말했다. "잘 들어라, 미구엘. 네가 혹시 여자들의 주의를 끌고 싶다면 이것과 같은 검정 셔츠를 사 입도록 해라."

"실없는 소리 마세요! 제가 어디서 그런 옷을 살 수 있겠어요?"

나는 예수 탄생 학교에서 하는 산만한 일들이 아무래도 마음에 차지 않았다. 어쩌면 나는 GE에서처럼 아직도 체계적인 구조가 너무 몸에 배어 있는지도 몰랐다. 그런데 이 학교는 왠지 체계적이지 못한 환경에서 덕을 보고 있는 듯이 보였다. 터무니없는 무질서에도 불구하고 (아니 어쩌면 그것 때문에) 일들이 이루어졌다. 아이들은 보다 엄격하고 획일적인 학교에서는 얻을 수 없는, 사랑받고 있고 편안하다는 느낌을 누리고 있었다. 사실 나는 일에 대한 불만에도 불구하고 아이들을 사랑했고 교직원들과 학교의 선교 활동에 감탄했다. 바로 이곳이 예수회원이 있어야 할 자리였다. 내 임무가 끝나는 마지막 날에, 우리는 학교 점심시간을 이용하여 특별한 케이크를 놓고 작별 인사를 나누었다. 교장 신부의 짤막한 연설이 끝나자 아이들은 식탁을 두드리고 마룻바닥에 발을 구르며 고함을 질러 감사를 표했다. 이것은 내가 지금껏 받은 어떤 사례보다 훨씬 더 값진 것이었다.

6월 초가 되자 모든 수련자들이 실습을 마치고 아루페 하우스로 돌아왔다. 여름철 오르도는 느긋했다. 우리는 보스턴 인근 도시 케임브리지에서 스페인어를 공부했고(단 스페인어권 출신인 허만은 영어를 배웠다) 정원 작업도 넉넉하게 해치웠다. 그리고 나서 한 주일 휴가를 가족과 함께 지내고 또 한 주일은 다른 수련자들과 함께 코드곶에서 보냈다.

이 시기는 2년차 수련자들이 8월로 예정되어 있는 서원에 대해 보다 심각하게 생각하는 때이기도 했다. 나는 내가 서원을 발하고 싶어 한다는 점을 한 번도 의심해 보지 않았다. 하지만 2년에 걸친 식별 기간을 보내고 난 지금은 장상들에게 정식으로 '신청'을 해야 할 때였다. 사실, 나는 처음에 내가 이미 무엇인가에 필요한 승인을 받았다는 말을 들었다. 수련장은 6월 어느 날 나에게 "축하하네." 하면서 말한 적이 있었다. "자네가 서원을 신청할 수 있는 승인이 떨어졌다네."

그때까지만 해도 나는 이것이 과정상의 신청할 수 있는 자격을 인정받은 한 단계라는 사실조차 모르고 있었다. "나는 수련장님이 방금 신청했다고 하신 말씀인 줄 알았는데요."

"아니야, 자네는 먼저 승인을 받아야 하네. 그런 다음에 자네가 신청을 하는 걸세."

내가 말했다. "그렇군요, 감사합니다. 그러리라 생각했습니다."

수련장은 나와 빌에게 지난 2년 동안 수련자로서 겪은 우리의 체험을 깊이 되새겨 보라고 당부했다. 그러고 나면 서로에 대한 '인포르마시오'를 작성하게 되어 있었는데, 알고 보니 놀랍게도 이것은 바로 우리 자신에 관한 것이었다. 그리고 자신에 대한 평가서를 쓰는 일은 자기 평가라는 면에서도 유익한 일이었다. (또한 이 것은 "당신은 이 사람과 공동체에서 함께 살기를 원합니까?" 그리고 "당신은 이 예수회원을 얼마나 잘 알고 있다고 생각합니까?" 같은 물음들에 대한 답변을 요구했다.) 마지막으로 우리는 서원일 이전에 사흘간의 '서원 피정'을 해야 했다. 이 모두는 예수회 생활을 돌아보는 기회였다. 나의 체험 가운데 어떤 것이 내 성소를 재확인시켜 주었고 어떤 것은 그렇지 못했던가, 내가 마음 편하게 대할 수 있었던 것은 무엇이고 그렇지 못했던 것은 무엇인가, 내가 좋아하는 것은 무엇이고 좋아하지 않는 것은 무엇인가, 바꾸어 말해서 나는 진정으로 예수회원이 되고자 하는가? 물론 나는 우선 서원에 대해 생각해 보지 않으면 안 되었다.

청빈은 수련자인 나에게 그다지 큰 문젯거리가 되지 못했다. 나는 GE에서 많은 봉급을 받았지만, 돈 자체가 대단한 것은 못 되었다. 내가 누린 유일한 사치라면 유럽에서 보낸 몇 차례 짤막한 휴가뿐이었다. 그것 말고 모든 돈은 그저 모으고만 있었다. 따라서 돈을 포기하는 일은 쉬울 것으로 생각했다.

그리고 실제로 그 일은 쉬운 구석이 있었다. 당좌 예금도, 신용 카드도, 자동차 할부금도, 집세도, 어떤 직장에 들어가야 돈을 가장 많이 벌 수 있는가를 두고 골머리를 썩이는 일도, 내가 받는 봉급이 마땅히 받아야 할 만큼은 되는지 또는 내가 옆 사람만큼은 받고 있는지를 알고 싶어 눈치를 살피는 일도 없었다. 그리고 이런 걱정거리들에서 벗어나자 말 그대로 엄청나게 자유로웠다. 전체적으로 볼 때, 단순하게 사는 삶이 내게는 딱 맞는 듯이 보였다.

하지만 70달러로 한 달을 지내는 것은 정말로 어려운 희생이었다. 나의 한 달 생활비가 세면 용품을 사고 장거리 전화를 몇 차례 걸고 나면 바닥이 나는 경우가 많았다. (나는 면도용 크림을 아끼기 위해 이틀에 한 번 면도를 하기 시작했다.) 게다가 나는 소요되는 금전 일체를 예수회에 의존하고 있었다. 법적으로 나는 아무것도 가진 것이 없었다. 그리고 실제로도 일을 '하기'에는 돈이 터무니없이 모자랐다. 따라서 나는 필요하거나 바라는 것이 생기면 요청을 해야 했고, 안 된다는 대답을 들을 각오가 되어 있어야 했다.

예수회 사업에 따라 내가 간 곳들 역시 호사스러운 생활은 아예 불가능하거나 설령 할 수 있다 하더라도 함께 일하는 사람들 앞에서 수치감을 느껴야 하는 그런 장소들이었다. 보스턴의 노숙자 쉼터가 그랬고, 자메이카의 빈민가도 그랬고, 뉴욕 동부 저지 대도 그랬다. 주변의 생활 환경이, 많은 것들을 누리고 싶다는 기분은 물론 심지어 많은 것들이 필요하다는 느낌조차 갖기 힘들게 만들었다. 자메이카 킹스턴에서 말 그대로 아무것도 가진 것이 없는 아이들과 함께 지내고 나서 예수회 공동체로 돌아와 음식을 놓고 불평할 수는 없었다. 아니 혹시라도 할라치면, 심한 죄책감을 느껴야 했다.

수련자 시절에 내가 '청빈'으로 이해했던 어떤 것과 우리가 때때로 그것을 살아가는 방식을 조화시키기 힘들 때가 종종 있기는 했다. 나는 어쩌면 지나치게 율법주의적인 청빈의 개념에 여전히 절대적으로 매달리고 있었는지 모른다. '우리의 청빈'이 우리에게 필요한 것만을 사용하는 검소하고 초연한 가난임에는 분명했지만, 그것은 일찍이 이냐시오 성인이 지적했듯이 극단적인 궁핍에 시달리는 그런 가난은 아니었다. 이냐시오 성인은 가난이 극단으로 흐를 때 발생하는 문제점들을 알고 있었다. 음식이 없으면 건강도 없고 사목도 불가능해진다.

그럼에도 나는 가끔 우리가 그토록 많은 것들을 '필요로 한다'는 점을 어떻게 정당화시킬 수 있는지 의아스럽게 여기곤 했다. 수련기가 끝나고 몇 년 후에 내가 방문한 어떤 예수회 공동체는 아침마다 주문을 받아 아침 식사를 요리해 내놓곤 했다. 또 다른 큰 공동체에서는 예수회원 각자가 다 자기 차를 가지고 있었다. 그런 점들 때문에 나는 혼란스러웠다. 가끔 내가 유달리 초연하다는 느낌이 들 경우, 나는 비판적이 될 소지가 있었다. 그런가 하면

때로 내 자신이 완벽과는 거리가 너무나 멀어서 형제인 예수회원 어느 누구를 판단하는 것은 잘못이라는 생각이 들 때는 그 모든 것에 느긋해질 수 있었다.

나는 가끔 가다 우리의 온갖 불완전한 결함들을 두고 하는 농담도 알아들을 수 있었다.

어떤 예수회 공동체에서 풍성한 식탁에 앉아 있을 때 한 예수회원이 귓속말로 속삭였다. "이것이 청빈이라면, 정결도 데려오라고 해!"

나는 다른 이들을 판단하려 드는 내 자신의 엄격한 기준들과 성향에도 불구하고, 내가 혹독한 가난 속에서는 살아갈 수 없다는 사실을 깨달았다. 자메이카 킹스턴에 있을 때 어느 날 저녁 몇 안 되는 우리 신학생들은 이웃 빈민가에서 생활하는 캐나다 예수회원들과 함께 저녁 식사를 하게 되었다. 물론 나도 똑같이 빈민가에 살고는 있었다. 하지만 그들은 주위에 사는 사람들의 집과 비슷한, 주거 공간도 아주 협소하고 상하수도 시설도 형편없고 걸핏하면 전기가 끊기곤 하는 작은 집에서 살았다. 그들에 비하면 나는 날카로운 철조망이 둘러쳐진 크고 안전하며 뜨거운 물도 잘 나오고 게다가 음식을 요리해 주는 사람까지 있는 복합 건물에서 살고 있었다. 그래서 그들의 생활 양식이 한결 진실하게 보였고 거기에 강렬한 매력을 느끼기도 했다. 하지만 내가 그런 방식으로 살 수 없으리라는 것을 나는 알고 있었다. 적어도 아직까지는.

예수회원이 대면하는 보다 심원한 유형의 가난도 존재했다. 모두가 저마다 어느 시점에선가는 대면하게 되는 영적 가난. 이것은 자칫하면 실패하고 병들고 굶주리고 절망하기 쉬운 지극히 인간적인 존재가 지니는 가난이다. 유빌 병원에서 사람들을 치유하거나 무엇인가 '해 줄' 수 없는 무능력, 자메이카 킹스턴에서 내가 아무리 많은 시간을 들여 개인 지도를 해 준다고 하더라도 알파 소년 학교 아이들은 결국 가난한 삶을 살 수밖에 없으리라는 뼈저린 아픔, 성 프란치스코 노숙자 쉼터에서 내가 만난 이들은 어쩌면 언제까지나 집 없이 떠돌지 모른다는 깨달음, 그리고 우리가 예수 탄생 학교의 아이들과 아무리 많은 시간을 함께 보낸다고 하더라도 그중 일부는 틀림없이 혹독한 삶 속에서 허둥거리게 되어 있다는 사실을 아는 서글픔. 나는 신앙이 없다면 이런 깨달음이 절망으로 이어질 수 있다고 생각했다. 그리고 우리가 하느님을 의지하지 않을 수 없도록 만드는 것도 바로 이런 가난이었다.

수련원에서 보낸 세월은 나로 하여금 이런 가난들을 받아들임으로써 커다란 자유를 누릴 수 있다는 사실을 깨닫게 해 주었다. 모든 일이 하느님으로부터 나온다는 사실을 받아들일 때 우리는 자립과 독립이라는 신화에서 해방될 수 있다. 모든 이의 문제들을 내 힘으로 해결하려고 덤비는 안달은 결국에는 자포자기로 이어질 수밖에 없게 된다. 개선이 아닌 해결을 오로지 내 자신의 힘에 의존하려다 보면 절망에 빠지기 마련이다. 그에 반해서 영적 가난에, 내 자신의 한계라는 가난에 나를 내맡길 때, 나는 이런 절망에서 해방되면서 하느님께서 나를 통해 보다 효과적으로 일하실 수 있도록 허용함으로써 내 사도직이 보다 큰 결실을 맺도록 만들게 된다. 간단히 말해 절망에서 희망으로 옮겨 가는 것이다.

두 번째 서원 정결은 언제나 더 어려웠다. 성은 엄청난 것이다. 성욕을, 육체적 접촉을 자제하는 것은 하나의 도전임이 분명하다. 하지만 육체적 접촉을 피하는 것보다 더 힘든 것이 내가 기댈 수 있는 누군가 한 사람을, 수도회 용어로 '독점적 관계'를 갖지 않는다는 것이다. 사실 나는 연인들이 팔짱을 끼고 가는 모습을 보면서 나의 삶에서는 그런 일이 불가능하다는 아쉬움과 부러움으로 심한 아픔을 느낀 적이 없지 않았다.

하지만 내 삶에는 자유도 있었다. 예수회원인 한 친구가 언젠가 내게 이런 말을 했다. "나는 한 사람과 결혼할 수가 없었어. 난 수많은 사람과 수없이 사랑에 빠졌거든. 그러니 결혼하려면 수백 명하고 했어야 했다고." 내가 보는 시각은 정확히 그런 것은 아니었지만, 그는 분명히 정결의 궁극적인 목표를 표현하고 있었다. 그리고 그것은 물론 사랑이었다. 사실 정결은 사람이 사랑에 빠지지 못하게 막지는 않는다. 나는 예수회원이 되고 난 이후로도 여러 번 사랑에 빠졌다. 그것은 자연스러운 일이었고, 수련장이 영성 지도 과정에서 끊임없이 일깨워 주었듯이 만일 내가 그 자리에서 사랑에 빠지지 않았다면 아마 내게 무엇인가가 잘못되고 있는 셈이었다. 사랑에 빠지는 것과 사랑하는 것은 모두가 하느님께로부터 오는 선물이다. 문제는 서원한 독신자가 사랑에 빠질 때 어떻게 하느냐는 것이다. 감정을 부정하거나 억누름으로써 비틀리고 낙담에 빠질 것인가, 아니면 그런 감정들을 정결한 삶 속에다 융합시키고자 노력할 것인가?

정결한 사람은 예수님이 그러하셨듯이 가능한 한 많은 사람을 사랑하려고 노력한다. 일부 냉소가들은 모든 사람을 사랑한다는 것은 아무도 사랑하지 않는다는 뜻이라고 말한다. 나는 이것이 독신 생활에 유일한 위험 요소가 된다고 생각한다. 연재 만화 〈피넛츠〉에서 찰리 브라운이 라이너스에게 너는 인류를 사랑하지 않기 때문에 의사가 될 수 없다고 말한다. 그러자 라이너스가 응수한다. "난 인류를 사랑해. 내가 참을 수 없는 건 사람들이라고!"

실천의 차원에서 보면, 내가 독점적인 관계를 갖는 것보다는 정결 서원을 지키며 살아갈 때 다른 사람들에게 관심을 기울이고 귀담아듣고 친교를 맺는 데 더 많은 시간과 정력을 쏟게 된다고 생각한다. 그렇다고 모두가 정결 서원을 해야 한다거나 정결을 서원한 삶이 혼자 살거나 결혼한 삶보다 '더 좋다'는 뜻은 아니다. 그것이 아니다. 정결 서원은 일부 사람들에게 걸맞은 또 다른 사랑의 길일 뿐이다. 결혼한 사람들이 그렇듯이, 나도 항상 내 서원을 완벽하게 삶으로 실천하지 못하고 때로는 일들을 엉망으로 만들어 버리기도 한다. 하지만 정결 서원이 제대로 기능을 발휘하게 되면 실로 놀라운 결과를 낳는다. 그것은 나를 해방시키고 하느님의 사랑과 은총을 체험할 수 있게 해 준다.

순명은, 적어도 수련자 시절에는, 언제나 세 가지 서원 중에 가장 쉬워 보였다. 어쨌거나 나는 GE에서 명령을 받는 데 익숙해져 있었고, 받은 명령을 재고해 본 적이 없었다. 그런 까닭인지 나는 회사를 위해 기꺼이 하루 열다섯 시간을 일하고 가족들을 데리고 태어난 고장을 떠나 멀리 이사 가기를 마다하지 않는 사람들이, 어떻게 순명 서원을 할 수 있는지 이해하지 못하겠다고 하는 말을 들으면 놀라곤 한다. "사람이 어떻게 다른 사람에게 이래라 저래라 하도록 자신을 내맡길 수 있단 말인가?" 하지만 법률 회사나 은행 또는 대학에서도 똑같은 일이 이루어진다. 흔히 이유에 대한 별다른 설명도 없이.

수련원에서 함께 생활하던 영성 지도자인 조 신부가 나에게 매년 7월 31일이 되면 관구장이 배치 명단을 공개하여 예수회원 각자가 이듬해 담당할 임무를 알려 준다면서 이런 이야기를 들려주었다. 조 신부가 철학 과정을 끝내고 나서 어느 해인가, 1950년대 말이었을 것이다. 매년 발표되는 배치 명단이 나와서 보니 자신이 서부 매사추세츠에 있는 오래된 예수회 산하 인문 고등학교인 크랜웰 고등학교에서 화학을 가르치도록 배정되었다고 한다.

"나는 뭔가 잘못된 게 분명하다고 생각하고 관구장을 찾아갔지. 난 화학을 가르쳐 보기는커녕 학창 시절에 화학을 배워 본 적도 없었거든. 그런데 관구장은 아무런 착오가 없었다고 하는 거야. 그 학교에 화학 선생이 필요해서 정한 것이라나."

"그래서 어떻게 하셨어요?" 나는 깜짝 놀라 물었다.

"하하하!" 그분은 큰 소리로 웃더니 대답했다. "3년간 화학을 가르쳤지 뭔가. 그리고 어땠는지 아나? 난 화학도 잘 알게 되었다네!"

이런 유형의 순명은 예수회원들이 자신의 경력과는 상관없이 수도회의 필요에 따라, 그리고 보다 넓게는 교회의 요구에 따라, 이 일도 하고 저 일도 해야 한다는 것을 의미했다. 이냐시오 성인은 흔히 높은 직위에서 비롯되는 자만심을 제어하기 위해 예수회 관구장과 장상은 한정된 기간 동안만 그 직책을 맡도록 했다. 그리고 자리에서 물러나게 되면 이제까지 자기 수하에 있던 형제들에게로 돌아가 함께 생활하도록 했다. 덕분에 예수회원들은 기본적으로 자만에 빠지기가 (비교적) 어렵게 되어 있다. 이냐시오 성인은 또한 예수회원이 주교나 추기경에 임명될 경우 가능한 한 이를 거부하도록 명시해 두었다. 실제로 양성을 마친 예수회원들이 종신 서원을 할 때 공식 서원문에는 예수회원으로서 높은 직위를 추구하지 않겠다는 약속이 명기되어 있다.

예수회원은 저마다 열댓 가지 다양한 직무를 수행하면서 탁구공처럼 공동체에서 공동체로 옮겨 다니는 데 반해, 한 장소 한 사목에 아예 못 박고 눌러앉아 있는 예수회원도 있다. (그를 다른 자리로 옮기려고 드는 관구장은 재앙을 면치 못하리라.) 언젠가 연로한 예수회원 한 분이 내게 말했다. "난 40년을 이 방에서 보냈다네." 나는 축하해야 할지 안쓰러워해야 할지 감을 잡을 수 없었다.

아주 최근에는, 이냐시오 성인이 좋아했던 의사 결정이 순명에 반영되면서 예수회원 당사자와 그의 장상 양쪽 모두의 요구를 중시하게 되었다. (그렇다고 해서 이냐시오가 순명을 크게 강조하지 않았다는 말은 아니다. 그는 회헌에서 예수회원은 장상의 요구를 '그리스도께서 요구하시는 것처럼' 흔연한 자세로 따라야 한다고 명기해 두었다.) 따라서 싫다고 소리 지르며 억지로 끌려가서 화학을 가르치는 것과 같은 경우는 이제 거의 없다. 그런가 하면 가르침이든, 노동이든, 공부든, 아니면 수도회와 교회를 위한 기도든 간에 매일 자신에게 맡겨진 임무를 성실히 수행하는 가운데 설령 믿기가 힘들지라도 이것이 자신에게 부여된 하느님의 뜻임을, 아니면 자신과 자기 장상이 식별할 수 있는 범위 안에서 하느님의 뜻에 가까운 것임을 깨닫는 그런 단순한 순명도 그에 못지않게 어려운 순명이 된다. 궁극적으로 예수회원은 하느님의 뜻이 자신과 자기 장상 간의 대화와 기도를 통해 실현될 수 있다고 믿는다.

나는 예수 탄생 학교에 나가면서 내 일이 전담 교사로서 가르치는 사람들의 일만큼 소중하지 않다는 생각이 들 때마다, 내가 순명에 따라 그곳에 와 있다는 점을 내 자신에게 일깨워 줄 필요가 있었다. 그리고 유빌 병원에서 따분해지거나 쓸모 없는 존재처럼 느껴질 때도, 내 자신에게 순명을 새삼 깨우쳐 주어야 했다. 또한 자메이카 킹스턴에서 날마다 노인들을 목욕시키는 일을 어떻게든 피하고 싶어 할 때, 순명은 나를 그곳에다 붙잡아 놓는 유일한 고리는 아니었을망정 속으로 당장 때려치우겠다는 생각을 하지 못하도록 막아 주는 데는 분명 도움이 되었다. 바로 이것이 나날의 순명이었고, 돌이켜 보면 내가 매번 자리를 지켜 낼 수 있었던 것은 내게 행복이었다.

서원할 날이 다가오면서, 수련장은 우리에게 우리 자신의 '기도 생활'에 대해, 다시 말해서 우리가 기도하는 방식과 기도가 우리의 일상생활에서 차지하는 역할에 대해, 깊이 생각해 보도록 당부하기도 했다.

나는 불과 2년 사이에 기도가 내 생활 속에서 거의 숨을 쉬는 일처럼 규칙적인 핵심 요소가 되었다는 사실을 깨닫고 새삼 놀랐다. 어쩌다가 기도하지 않고 하루가 지날 때면, 나는 중심에서 벗어나 내 자신의 가장 내밀한 부분과의 접촉이 나를 하느님과 연결시키는 고리가 끊겨 버린 듯한 느낌이었다. 날마다 기도하고 매주 영성 지도를 받고 피정에 많은 시간을 할애하면서 두 해를 보내고 나니 2년차 수련 기간이 끝나 갈 무렵에는 내가 기도하는 데 도움을 주는 것이 무엇인지도 알게 되었다. 나는 우선 기도하자면 아주 조용해야 한다는 것을 알았다. 외적으로나 내적으로 두루 조용할 필요가 있었다. 그런데 수련원 안에서는 대체로 외적인 고요함을 찾기 힘들었기 때문에, 나는 으레 강화 모임이 끝나는 오전 늦은 시간(집 안에서 가장 조용한 시간)에 실내 성당(집 안에서 가장 조용한 장소)에서 기도를 드리곤 했다.

나와 친구가 된 예수회원 하나가 나에게 피정 기간에 조용히 관상할 시간을 기대하며 트라피스트 수도원을 찾았던 이야기를 들려주었다. 자급자족하는 수도원들 대부분이 그렇듯이, 이 수도원도 특별한 사업이 있었다. 빵을 구워 내는 일이었다. 내 친구는 쾌활한 수도승들과 함께 따뜻한 벽돌 화덕에서 새로 구운 빵 덩어리들을 꺼내는 일을 하고, 상큼한 빵 냄새가 공중에 맴도는 그들 틈에 섞여 부드러운 목소리로 낮 기도를 읊는 자신의 모습을 상상했다. 하지만 이 친구가 수도원에 도착하여 발견한 것은 소란스럽기 그지없는 거대한 빵 공장에서 일하는 자신의 모습이었다. 그러다가 기도 시간이 되자 수도승들은 간단히 성무일도서만 들고 공장 한쪽 구석으로 가더니 엄청나게 시끄러운 기계 소음 속에서 고래고래 고함치며 기도를 바치더라고 했다.

기도하는 때와 장소를 찾는 것보다 더 중요한 일은 기도 방법을 아는 것이었고, 이 점에서 내가 주로 의지했던 것은 내 영성 지도자와 수련장이 제공해 준 조언과 통찰이었다.

기도에 도움이 되는 또 다른 통찰은 예수회원이자 노련한 영성 지도자인 윌리엄 배리 신부가 쓴 《하느님과 당신*God and You*》이라는 제목의 소책자에서 얻을 수 있었다. 그는 이 책에서 하느님과의 관계를 다른 사람과의 관계에다 견주어 보는 것도 아주 유익할 수 있다고 말한다. 물론 완전히 똑같지는 않지만, 어쨌거나 우리의 친구들은 대부분 무에서 유를 창조한 적이 없다. 그러니까 이 책의 요지는 내가 인간관계를 바라보는 방식이 나와 하느님과의 관계를 생각하고 심화시키는 데 도움이 될 수 있다는 것이었다. 예를 들어 좋은 인간관계를 유지하자면 내가 상대방과 함께 시간을 보낼 필요가 있다. 나와 하느님과의 관계도 마찬가지다. 그리고 어떤 인간관계에서든 내가 상대방의 인생 이야기며 얻고자 노력하고 있는 목표와 기쁨 등 상대에 관해 최대한 많이 알고자 하는 것은 자연스러운 일이다. 나와 하느님과의 관계에서도 마찬가지다. 그리고 이 점에서 요긴한 것이 성경이다. (예수님에 관해 알고자 한다면 복음서들을 가까이할 필요가 있다.) 마찬가지로 좋은 친구 관계는 상대방에게 귀를 기울이도록 요구한다. 만일 내가 그저 혼자 떠들고 이런저런 것들을 요구하기만 한다면, 내 스스로를 좋은 친구라고 내세우기 힘들게 된다. (그럼에도 우리는 기도할 때 흔히 그렇게 하곤 한다.) 어떤 인간관계에서나 귀담아듣는 일은 그만큼 중요하다. 어쩌면 가장 중요할지도 모른다.

이처럼 하느님을 사적인 인간관계와 연결시켜 생각하다 보면 오르락내리락하는 기도의 굴곡은 그다지 걱정할 것이 없어 보인다. 예를 들어 어떤 인간관계가 시작되는 초기에는 대체로 '맹목적으로 빠져든'다. 내가 바라는 것은 오로지 상대방과 함께 시간을 보내는 것뿐이다. 기도의 경우도 마찬가지여서, 처음 기도를 시작할 때는 오로지 하느님과 시간을 함께하고 싶을 만큼 기도가 더없이 즐겁다. 하지만 이런 관계는 피상적인 수준을 넘어서 보다 깊은 차원으로 발전할 필요가 있다. 모든 우정이 그렇듯이 인간관계는 성장해야 하고 마음을 열어 변화를 받아들일 필요가 있다. 기도 역시 일생을 살아가면서 변화하게 된다. 기도가 너무나도 쉽다고 할 만큼 저절로 이루어지고 풍요롭고 심오한 느낌을 주는 때가 있다. 그런가 하면 마치 하기 싫은 일처럼 굉장히 힘들고 '결실'도 거의 없는 때가 있다. 하지만 중요한 것은 모든 우정이 그렇듯이 이 역시 그 관계를 꾸준히 유지하는 가운데 상대방을 더욱 깊이 알고 사랑하는 일이다. 예수회원 칼 라너가 지적했듯이 중요한 것은 하느님에 관해 아는 일이 아니라 하느님을 아는 일이다.

    기도는 또한 하느님을 성실하게 추구하는 이들에게 하느님은 반드시 찾아오신다는 기본 진리를 중요한 속성으로 지니고 있다. 이슬람교 금언에 나와 있듯이, 내가 하느님을 향해 한 걸음 내디딜 때마다 하느님은 나에게 두 걸음씩 다가오신다. 내가 하느님을 향해 걸어가면 하느님은 나에게 달려오신다.

나로 말하면, 수련기 동안의 기도는 대체로 하느님이 내 인생에 어떻게 역사하고 계시는지를 생각하며 경외와 감사와 사랑을 느끼는 감정적 수준이었다. 그리고 2년의 세월을 지내오는 과정에서 하느님을 그리고 내 자신을 좀 더 잘 알게 되었다. 그것은 지극히 단순한 일이었고 나도 그 점을 알고는 있었지만, 역시 나는 이냐시오 성인이나 리지외의 데레사 성녀가 아니었고 토마스 머튼도 아니었다. 그렇기에 그저 내 자신을 찾는 일조차 무척 힘들 수밖에 없었다.

8월이 다가오면서 나와 빌은 서원을 준비하는 데 더 많은 시간을 보냈다. 우리는 우선 책으로 제본되어 수련원에 보관 중인 기록부에다 네 가지 별개의 서원 '문서들'을 자필로 적어 넣었다. 첫 번째 것은 우리가 미사 중에 낭송할 공식적인 서원문으로, 예수회원들이 수 세기 동안 사용해 온 서원문과 동일했다. 내가 가장 최근의 기록부를 펼쳐 보니 나보다 앞서 대략 10년 전부터 여기에다 기재한 수련자들의 자필이 눈에 들어왔다. 강직한 글씨체도 있었고 알아보기 힘든 글씨체도 있었고 마구 휘갈겨 쓴 글씨체도 있었지만, 모두가 하느님께 똑같은 약속들을 하고 있었다. 우리는 수도회가 우리에게 부여하는 어떤 등급이나 신분도 받아들이겠다는 약속을 적어 넣었다. 미사가 끝난 직후에 우리는 서원 문서들 하나하나에 서명을 하게 되어 있었다.

우리는 또한 '서원명'을 택할 것인지 결정하라는 당부도 받았는데, 이것은 우리가 택할 수 있는 견진명과 비슷했다. 나는 생각했다. 잠깐, 아무 이름이나 마음대로 택할까? 안 될 것 없잖아? 그러다가 사흘에 걸친 서원 피정을 하는 동안 (다른 것들은 그만두고라도) 내가 지극히 불완전함에도 불구하고 예수님께서 나를 사랑하셨다는 사실을 깨달았다. 그리고 그 점이 베드로와 비슷하다는 생각이 들었다. 그래서 나는 내 서원명을 베드로로 해 달라고 청했다.

뉴잉글랜드 관구에서 우리의 서원이 승인된 다음, 서원 미사는 원죄 없는 잉태 성당에서 드리기로 했다. 뉴잉글랜드 관구 건물과 맞붙어 있는 이 성당은 불과 몇 년 전에 새롭게 수리를 한 아름다운 성당이었다. 높다란 원형 천장에는 길게 뻗쳐오른 새하얀 기둥들 꼭대기에 안치된 예수회 성인의 흉상들이 점점이 박혀 있고, 화려한 돌 제단 저 위로는 마리아님이 천상의 성인들에게 둘러싸여 있는 모습을 그린 정교한 프레스코화가 높다랗게 드리워져 있었다. 그러나 이 성당이 아름답게 수리되기는 했지만, 아직 에어컨이 설치되어 있지 않았다. 서원일은 8월 18일이었고, 따라서 우리는 더위를 걱정해야 했다. 그러면서도 성당 안에 선풍기가 설치

되면 최악의 상황이 벌어지지는 않을 거라 결론을 내렸다.

서원식을 준비하는 일은 결혼식을 준비하는 것과 거의 흡사했다. 초대장과 행사 안내서를 인쇄하고, 부를 노래와 봉독할 말씀들을 선정하고, 미사를 집전할 주례자들과 강론을 맡아 줄 사람을 정하고, 심지어는 예식이 끝나고 손님들에게 음식을 대접하기 위한 외식 업체까지 찾아야 했다. (이렇게 해서 우리가 입회하던 날 수련원에 기증했던 250달러가 마침내 쓰여졌다.) 비용이 늘어나면서 나는 이전 예수회 총장 페드로 아루페와 관련된 이야기 하나가 문득 머리에 떠올랐다. 관구장 한 사람이 아루페 신부에게 자기네 수련원을 부자 동네에서 가난한 동네로 옮겨야 할 필요성을 설명했다. 그런데 그렇게 하자면 새 집을 구해서 제대로 시설을 갖추어야 하는데, 거기에 들어가는 비용이 상당했다. 그러자 아루페 신부가 말했다. "아, 우리 식구들이 가난하게 살도록 하려니 돈이 많이 드는구려, 안 그렇소?"

8월 18일은 햇볕이 쨍쨍 내리쬐서 찌는 듯이 더웠다. 성당으로 가기 위해 12시 정각에 다른 수련자들과 함께 수련원을 나서는데 벌써 땀이 나기 시작했다.

나는 미사에 필요한 모든 것들, 행사 안내서와 꽃다발, 오르간 연주자 등이 제자리에 있는 것을 확인한 다음에 성당 안을 돌아다니며 모든 사람들과 인사를 나누었다. 다행히 이 시점에는 부모님이 화해를 하고 다시 합치셨을 뿐 아니라 여동생이 약혼을 한 덕분에 우리 집은 식구 수가 예전 상태로 돌아간 정도가 아니라 오히려 늘어났다. 내 친척들과 고등학교 동창들이 필라델피아에서 차를 몰고 왔고, 펜실베이니아 대학 친구들은 멀리 비행기로 동해안을 날아왔고, GE 동료들은 뉴욕과 스탬퍼드에서 찾아왔다. 예수 탄생 학교 소형 버스는 교사들을 가득 싣고 뉴욕에서 순례 길에 올랐다. 여동생과 하버드 대학 친구 몇몇은 이 자리에 오기 위해 아예 사전 계획까지 세웠다고 했다. 브루스와 그의 어머니는 워싱턴 D.C.에서부터 차를 몰고 왔다. 브루스는 서원일 몇 주 전에 나에게 이런 말을 했다. "우리 어머니는 마치 내가 예수회원이 되기라도 하는 것처럼 좋아하시지 뭔가."

오르간이 연주되기 시작하자 나는 서둘러 성당 뒤편으로 가서 이미 중앙 통로를 향해 움직이기 시작한 사제들의 긴 행렬 맨 뒤에 붙어 섰다. 그리고 생각을 집중하려는 참에, 여동생의 대학 친구들이 도착해서 나를 힐끔거리며 행렬에 끼어들더니 재잘대기 시작했다.

"안녕하세요, 반가워요.", "멋져 보여요. 오빠도 멋져요."

"와 주어서 고마워."

나는 천천히 중앙 통로로 들어서기 시작했다.

"그런데, 미사는 언제 시작하는 거죠?" 그들 중에 하나가 나와 나란히 걸으며 물었다.

"음, 사실은 지금 시작된 거야." 내가 말했다. "이렇게 행렬에 끼어 있지 말고 자리를 찾아 앉도록 해야 할 거야."

미사는 순조롭게 진행되었다. 내 동생과 빌의 여동생이 차례로 성경을 봉독했다. 빌과 나는 봉독할 복음 구절로 요한복음 21장에서 예수님께서 제자들에게 "내 양들을 잘 돌보아라."라고 말씀하시는 대목을 선택했다. 우리가 이 대목을 선택한 것은 교회 안에서의 봉사 직분을 잘 묘사하고 있다고 보았기 때문이다.

수련장의 강론이 있고 나서 그와 영성 지도자 제리 신부가 성찬 기도를 바치기 시작했다. 공동으로 미사를 집전하는 수많은 사제들은 주례자가 미사 경문을 낭송하는 동안 제단 곁에 늘어서 있었다. 그런데 그중 한 사람이 유독 내 눈에 들어왔다. 빌이 장기 실습을 할 때 함께 일했던 댄이라는 이름의 이 예수회 사제는 얼굴빛이 유달리 좋지 않아 보였다. 얼굴빛이 이상하게도 핼쑥했다. 나는 재미있다고 생각했다. 여지껏 얼굴이 잿빛으로 변하는 사람들 이야기를 책에서 읽은 적은 있지만 직접 본 적은 한 번도 없었기 때문이다. 그런데 댄 신부가 갑자기 자기 의자에 털썩 주저앉았다. 다른 사제들 여럿이 허리를 굽히고 그에게 괜찮으냐고 물었다. 그때쯤 성당 안은 엄청나게 더웠다. 다음 순간 그는 정신을 잃으면서 의자에 앉은 채로 축 늘어졌다.

성당 안에는 예수회원 의사들이 여럿 있었고, 그 가운데 두 사람이 댄 신부를 보살피기 위해 중앙 통로로 달려 나왔다. 우리가 겁에 질려 바라보는 사이에, 그들은 댄 신부를 양탄자가 깔린 성당 바닥에다 눕히고 그에게 부채질을 해 주기 시작했다. 나중에 안 일이지만, 댄 신부는 식이 요법으로 유동식만 먹었고, 그날은 사실상 아무것도 먹지 않은 상태였다. 그러니까 죽만 먹는 절식과 질식할 것 같은 더위가 겹치면서 그를 때려눕히고 만 것이었다. 어쨌든 서원 미사가 진행되는 동안 이 가엾은 예수회원은 두 사제를 곁에 세워 놓은 채 마룻바닥에 누워 있었고, 나머지 관구 사람들은 그를 지켜보고 있었다. 그가 곤혹스러워하는 것도 어쩌면 이해할 만했다.

의사이자 좋은 친구인 예수회원 마일리스가 댄 신부의 맥박을 재기 위해 무릎을 꿇다가 나와 눈이 마주쳤다. 어쩌면 이때 나도 누워 있는 사제처럼 얼굴이 잿빛이었으리라. 마일리스는 어깨 너머로 내게 미소를 보내며 조용히 한마디 했다. "축하하네!"

영성 지도자 제리 신부는 이제 성찬 기도 중간에 이르러 막 축

성 기도를 바치려 했다. 그가 나중에 이야기하기를 미사를 중단하면 사람들의 주의가 댄 신부에게 더 쏠리고 그러면 그가 더 당황해할 것 같아서 미사를 계속하기로 마음먹었다고 했다. 잠시 후 제리 신부가 다가와 내게 속삭였다. "자네들 서원은 나중에 해야겠네."

뭐라고요? 나는 날짜를 미루겠다는 말로 알아듣고 깜짝 놀랐다. 하지만 그의 말은 예식에서 뒤로 약간 미루겠다는 뜻이었다. 예수회원은 보통 성변화(성체성사에서 빵과 포도주가 그리스도의 몸과 피로 변하는 일-편집자 주)가 끝나면 수련장이 그들 앞에 성체를 들고 서 있는 동안 서원을 발하곤 했다. 하지만 지금은 사람 하나가 바닥에 누워 있는지라 서원을 영성체 이후로 미루는 것이 더 낫겠다고 판단한 것이다.

데이비드 수련장과 영성 지도자 제리 신부가 성체를 분배하고 있을 때, 멀리서 사이렌 소리가 들려왔다. 그리고 몇 분 후에 긴급 의료반이 삐걱거리는 이동식 병상을 끌고 성당 안으로 들이닥쳐 곧바로 제단 앞으로 와서, 온 회중이 지켜보는 가운데 댄 신부에게 약간의 물을 먹이고서 그를 병상에 태워 성당 밖으로 밀고 나갔다. 미사에서 가장 극적인 순간이었다. 그때부터 다른 모든 일은 맥이 빠져 버렸다.

물론 이것은 내가 계획했던 예식의 모습은 결코 아니었다.

영성체가 끝나자 제리 신부는 나에게 몸짓으로 지금 서원을 발하라는 신호를 보냈다. 그래서 나는 회중이 지켜보는 가운데 땀을 흘리며 무릎을 꿇었다. 바닥 양탄자가 놀랍도록 서늘했다. 나는 눈을 감고 하느님께 함께해 주시기를 간청하며 입을 열었다.

전능하시고 영원하신 하느님, 저 제임스 피터 마틴은 하느님이신 당신의 눈에 얼마나 무가치하게 보이는지 잘 아옵니다. 하오나 저는 당신의 무한하신 연민과 자비에 힘을 얻고 당신을 섬기고자 하는 열망으로 이렇게 나섰나이다. 저는 거룩하신 동정 마리아님과 온 천상 어전 앞에서 엄위하신 하느님께 정결과 청빈과 순명을 예수회 안에서 지키기로 서원하나이다. 저는 이 수도회에 들어와 제 일생을 언제까지나 이 안에서 보내기로 약속하옵니다. 저는 이 모든 일들을 예수회의 회헌에 따라 하고 있음을 알고 있나이다. 그러므로 겸손되이 청하오니 당신의 한없으신 선과 자비로, 예수 그리스도의 성혈을 통해 제 자신의 이 철저한 투신을 옳게 판정해 주시고, 이렇듯 봉헌하고자 하는 열망을 당신께서 무상으로 저에게 주셨듯이, 이를 실현할 수 있는 풍성한 은총도 내려 주소서.

서원을 발하는 느낌은 실로 굉장했다. 갖가지 부산함, 준비 작업, 신경 과민, 손님들, 더위, 졸도, 긴급 의료반 속에서도 나는 놀라우리 만큼 정신을 집중할 수 있었다. 마치 가족과 친구들 앞에서 하느님께 큰 소리로 기도드리는 느낌이었다. 나는 '그래, 바로 여기가 내가 있어야 할 곳이다, 내가 속한 곳은 이곳이다.' 하고 생각했다. 바로 이것이 삶을 온전히 아는 길이다.

예식이 끝나자 새하얀 장백의를 입은 수십 명의 사제들이 나를 둘러싸고 양팔로 껴안으며 축하해 주었다. 물론 주요 화젯거리는 졸도한 댄 신부였다. 관구장이 말했다. "아마, 자네의 서원식은 어느 누구도 잊지 못할 걸세!" 나는 사제품은 겨울에 받아야겠다고 다짐했다. 물론 물도 충분하게 준비해 두어야 할 테고.

빌과 나는 성당 제의방에서 여러 장의 공식 문서에 서명하고 나서 축하 파티에 참석하기 위해 차를 타고 아루페 하우스 뒤뜰로 갔다. 나는 잠깐 짬을 내어 옷을 갈아입고 친구들과 어울려 시간을 보냈다. 내가 수도회에 들어왔다는 사실을 늘 미심쩍게 바라보던 수많은 친구들과 가족에게 내가 행복해하고 있다는 점을 확인시켜 줄 수 있어서 무척이나 기뻤다.

"안녕하세요, 신부님." 펜실베이니아에서 온 옛 친구 조지가 내게 말했다.

나는 그가 잘못 알고 있는 것 같아서 바로잡아 주었다. "난 아직 신부가 아니야. 신부가 되려면 아직도 9년이나 10년은 있어야 해."

그는 몹시 당황한 표정을 지었다. "웃기지 마. 그럼 이런 예식에 한 번 더 참석하러 와야 한단 말이야?"

그토록 많은 친구들이 보스턴까지 찾아와 주었다는 사실은 내게 진정 축복이었다. 그들이 그동안 내게 얼마나 큰 힘이 되어 주었던가를 새삼 깨달았다. 물론 개중에 몇 사람은 여전히 내가 하고 있는 일을 제대로 이해하지 못했다. 하지만 그들이 이렇게 와 준 것 자체가 변함없고 헌신적인 애정을 확인해 주었다. 그날 브루스는 펜실베이니아 대학 친구들 여럿이 내가 여섯 달을 버티지 못할 것이라고 보고 내기를 걸었었다는 사실을 알려 주었다. (하지만 누가 어느 쪽에다 판돈을 걸었는지는 이야기하려 하지 않았다.)

졸도했던 댄 신부는 금방 건강을 회복했다. 그에게 필요한 것은 죽을 얼마쯤 먹어 주는 것뿐이었다. 댄 신부 자신을 포함하여 모든 사람들이 그 일을 두고 한바탕 크게 웃었다. 심지어 그는 제시간에 파티에 참석하기까지 했다. 나는 '미사는 빠져도 술자리에는 빠지지 않는 것을 보면 영락없는 예수회원'이라고 농담을 던졌다.

파티는 저녁 식사 시간에 끝났고, 나는 가족들과 함께 밖으로 나가 케임브리지에서 축하를 겸한 저녁 식사를 했다. 그 자리에는 미래의 매제와 그의 부모도 있었다. 그러고 나서 나는 작별 인사를 했다. 부모님은 내가 예수회원이 된다고 해서 아주 못 만나는 것은 아니라는 사실을 아셨기에 2년 전에 비해 그다지 속상해하지 않으셨다. 나는 이튿날 시카고로 날아가 예수회원으로서 받아야 하는 다음 단계의 양성 과정을 시작하도록 되어 있었다. 그것은 로욜라 대학에서 철학을 공부하는 일이었다.

모두가 떠나고 난 다음, 나는 수련장을 찾아가 지난 2년 동안 내게 베풀어 준 수많은 친절에 감사드렸다. 그러고 나서 청빈에 따른 관행대로 친구들이 선물로 준 돈을 그에게 내밀었다. 그러자 함께 있던 영성 지도자 제리 신부가 웃음을 터뜨리며 말했다. "자넨 엉뚱한 사람에게 돈을 내밀고 있네. 이제 자넨 수련자가 아니라고!"

밤늦게 주변 정리가 끝나자, 나는 2층으로 올라가 수련원 성당으로 들어갔다. 바깥은 아직도 더웠지만, 성당 안에는 천장 선풍기가 돌면서 선선한 바람을 일으키고 있었다. 나는 아침마다 기도드리던 방석에 앉았다. 나무로 만든 작은 감실 앞에서 깜박이는 촛불이 변함없이 벗이 되어 주었다.

나는 예수회원이 되어야겠다고 생각해 본 적이 없었다. 나의 본

바탕은 나를 지금의 나와는 전혀 다른 존재로 만들어 갔다. GE에 입사했을 때 나는 그곳에서 평생 일하며 살 거라 생각했다. 많은 돈을 벌고 두둑한 예금과 신용 카드들과 자가용은 물론 심지어 부동산 담보 장기 대출까지 염두에 두었었다. 나는 점점 더 편협해지는 내 길을 바꾸어 놓을 어떤 것도 예측하지 못했다.

나는 병원에서 일하며 죽음을 준비하는 사람들과 어울리게 되리라고는 생각조차 하지 못했다. 개발 도상국으로 나가 마더 데레사의 자매들과 병자들 틈에서 고생하는 것은 다른 사람들이나 할 일이었다. 글로나 읽고 영화로나 볼 만한 일이었다. 내가 맨해튼에서 못 본 체 지나치고 무시하던 사람들이 노숙자들이었다. 그리고 중학교를 졸업할 때도 이제 다시는 이 친구들과 시간을 보낼 일이 없겠거니 하고 생각했다. 기도와 진짜 신앙은 거룩한 사람들의 몫이지 나와는 상관없었다. 하느님은 아주 멀리 계시는 것처럼 보였다. 성당에 앉아 있노라니 지난 세월 동안 내가 누렸던 축복과 은총이, 그리고 예수회원으로서의 내 삶을 채우고 있는 더할 나위 없는 기쁨이 나를 덮쳐 왔다. 불과 2년 사이에 나의 삶은, 내 의지와는 거의 무관하게 철저히 변했다. 그것도 더없이 좋은 쪽으로.

가브리엘 천사가 마리아님에게 말했듯이, 하느님께는 불가능한 일이 없었다.